20世纪中国图书馆学文库·60

宏观图书馆学

陈源蒸 著

图 國家圖書館出版社

本书据北京大学出版社 1989 年 9 月第 1 版排印

序　言

许力以

图书馆是收集和保存人类知识的场所,是帮助人们获取和使用知识的场所。图书馆负有重大职责,对社会起着无比重要的作用。

图书馆学是研究图书馆管理工作的科学,是探索图书馆管理工作规律的科学。包括资料的收集、整理、保管、利用和管理工作的现代化,都是图书馆学研究的范围,整个社会图书馆的设置和联系网络,读者的需求和服务目标,图书馆教育事业的实施与干部培养等,图书馆学都要进行研究。

我国产生文字和图书,是世界上最早的国家之一。我国古代图书资料之丰富,保存年代之长久,是其他国家不能比拟的。我们最早发明纸和印刷术,雕版印刷术的发明距今已近一千年。雕版印刷术发明以后,图书数量急剧增加。我国古代早就有皇家档案室和私人藏书楼。雕版印刷术发明以后,皇家档案室、私人藏书楼和宗教寺庙藏书室逐渐增多。我国对图书的保存、分类、编目和组织使用,早就有一套经验。

新中国成立以后,我国图书馆事业蓬勃发展,特别是近几年发展迅速。现在除了少数边远地方以外,基本上县县都建立了图书馆。职工较多的团体、学校、工厂和机关,都设有图书馆,不少大学开办了图书馆专业,虽然每年有大批图书馆系的毕业生走上工作岗位,但是由于事业发展迅速,各地图书馆还是感到人手不足。

图书馆是知识信息的总汇。世界上经济发达和科学进步的国家,图书馆事业有很大的发展。现代是信息具有巨大作用的时代,谁占有信息,谁较早地掌握信息,谁在科研和工作上就会处在领先的地位。图书馆将社会上出版的报刊、图书和资料,经过整理编目,或者经过分类综合,就成为新的知识信息和重要的科学资料。收集、整理和利用资料,国际上先进的图书馆已经排除手工和机械的方法,大都采取电子计算机处理。为了减少库存面积和在保管上的便利,图书馆采用了缩微和信息处理的方法。现在一个小磁盘,还没有一页书大,就可以储存全部莎士比亚全集。在繁杂的图书报刊资料中,只要编排程序得当,利用电子计算机进行工作,在几秒钟之内就可以找出你所需要的资料。你要利用资料也无需动手抄录。当你在终端机上阅读,认为必要,就动手在设备上复印下来。这样,在使用上,大大缩短了劳动时间,省去查书目卡片的麻烦,也减少了翻阅抄录的时间。在空间上,可以缩短距离,图书馆联成网络以后,本单位某种图书资料缺少,可以咨询收集有此资料的单位。地区与地区之间,一国与一国之间,整个国际形成网络,任何地方收存资料,都可以互相查询。

目前,我国图书馆管理的现代化还正在起步。图书馆的设置和科学管理,还比不上西方先进的国家。我们除了个别大的图书馆开始装备有现代化的设备以外,基本上还是体力操作或简单的机械操作。我们的图书资料、情报信息还未形成网络。各个地区之间,图书馆系统与情报系统还未联成整体,各部门的资料彼此很少沟通,信息隔绝。这样,对资料的查询,十分不便。现在也有个别系统加入了国际信息网络,但这是一个很小的局部。因此我们必须加紧进行工作。首先形成我们自己的网络,使各个图书馆密切合作,互相交换信息,共同咨询。

我们现代经济虽然有很大发展,但底子很薄,我们图书馆的装备,由于经济条件不可能与西方先进国家一样。按照我们自己的国情,只能逐步改善我们的条件。不过,我们必须认识到,随着科学的进步,图书资料信息的收集与使用越来越重要。如果认为图书馆事业的扩大和设备的现代化可有可无,那是极大的错误。

我们处在变革的时代,经济体制与政治体制都在进行重大的改革。为社会主义物质文明与精神文明服务的图书馆事业,也要采取措施,跟上时代的步伐。

陈源蒸同志长期研究图书馆学,现在又致力于图书馆现代化的工作。他的著作《宏观图书馆学》,着重对图书馆事业的整体研究。他探索了图书馆的历史,勾勒了图书馆未来的面貌,对文献信息和图书、档案、情报的关系,图书馆的网络建设,信息的资源,信息的交流,电子计算机的应用,以及信息为社会服务方面,都进行了深入的探讨。书中的思想都是他在实践工作中的体会和经验总结。他提出许多新的观点,值得大家进行讨论。这本书的出版,会引起社会的关注,对于图书馆学的研究,将会起着推动的作用。

目　　录

1

没有文献信息的生产就没有图书馆(38)文献信息载体与记录内容变化的影响(39)图书馆的整序与延伸功能(40)历史文献的开发与现代文献的再生(42)

2

4

6

引　论

　　宏观与微观是相对而言的。微观图书馆学主要是研究图书馆业务的处理技术，以及这些技术方法的理论基础。宏观图书馆学则是从图书馆事业的整体去研究各项业务的社会化问题，而且研究图书馆与社会的关系，与文献信息系统的关系，图书馆事业的同族关系（图书馆之间的关系）等等。

　　宏观与微观是图书馆学研究的两个不同侧面，微观研究是图书馆学存在的基础，是其学科特点的体现。但只有微观的研究还不够，比较狭窄，社会影响小，生命力不强。过去图书馆学研究偏重于微观，致力宏观甚少。这对事业建设不利。现在情况开始好转，已有不少同志就宏观研究写出了有见解的文章，提出图书馆学的研究对象应当包括微观与宏观两个方面。目前尤应加强宏观的方面。

一

　　图书馆是社会的一个有机组成部分，在我国的社会主义建设中，图书馆做了许多工作，但宣传得不够，社会上不太了解，没有做到互相沟通。这与我们对图书馆与社会的关系研究不够有关。图书馆与社会是什么关系？与两个文明建设是什么关系？与各行各业是什么关系？反过来，社会与图书馆是什么关系？两个文明建设与图书馆是什么关系？各行各业与图书馆是什么关系？对于这两方面的辩证关系,探讨得不够。社会对图书馆有什么需求? 有时需求是很大的,而图书馆的可能是什么,能满足到什么程度? 反过来,图书馆对社会的需求是什么? 社会能给予的可能又是多少? 能达到什么条件? 这相互之间有什么制约关系? 对于这些,要弄清楚,要有所研究,才能对事业建设找到一个正确的位置,并且为社会与图书馆两方面所理解。

目前图书馆与社会之间存在着矛盾,图书馆抱怨社会上对图书馆不重视,给予的投资少;社会上则反映图书馆借书证发得少,开馆时间短,借书难,服务态度差。这里似乎是一种恶性循环。如何掌握客观规律,实现良性循环,就需要进行研究。如果不找出图书馆与社会之间良性循环的客观规律,事业是很难健康发展的。这是宏观图书馆学要研究的第一个方面:图书馆与社会的关系。

二

从系统论的观点看,图书馆系统只是文献信息系统的一个组成部分。图书馆的主要社会职能是提供知识信息,但这项工作不是图书馆一个行业独立承担的,出版社、书店、情报研究部门、档案馆等也同样从事这方面的工作。因此,弄清图书馆与这些部门的关系,就成为更好地实现图书馆社会职能的一个重要条件。

所以,宏观图书馆学要研究的第二个方面,是图书馆与文献信息系统的关系。

文献信息系统包含文献的生产、引进、发行、收藏、整理、开发、传递和应用,从行业来讲有报社、出版社、杂志社、书店、图书馆、情报所、档案馆等。这些行业在古代本来是一家,随着社会的发展,科学的进步,逐渐产生分工,形成今天的局面。但他们之间的关系是非常密切的。文献信息的生产、发行与收藏利用三个子系统,对社会产生巨大的影响。

因此,要弄清楚整个文献信息系统在社会大系统中的地位与作用,文献信息系统的组成与分工,各个组成部分的具体功能要求与相互制约关系。尤其要弄清楚文献信息系统对社会的巨大影响是整个系统而不是其中某个组成部分的功能。尽管每个组成部分都具有这种属性,但不是全体。每个组成部分的研究都不能把整体的功能作用当作它这一部分的功能作用去描述,这样会失去科学的严谨性,并将导致实际工作的误解,以为它这一部分搞好了就行了,而忽视与其他组成部分的协同动作。我国实际工作中存在的问题与理论上的不严谨是有关系的。就宏观图书馆学而言,弄清楚图书馆与文献信息系统的关系,明确自身的具体功能要求,和其他组成部分的制约条件,就十分重要。

三

宏观图书馆学要研究的第三个方面,是关于图书馆事业整体建设的问题。比较突出的是图书馆网络建设的理论。

怎样办好一个具体的图书馆,固然要从微观上研究一系列具体技术问题,但必须有宏观的指导与控制,否则必然影响图书馆的社会作用的良好发挥。特别从整个事业的发展来观察,我国图书馆网络建设很不理想,这就要认真考虑一下,传统的图书馆网络理论是否完善,随着社会的进步,有无必要加以修正,能否提出新的见解。理论上的突破对改善目前协调工作的局面将是一种推动力。

图书馆网络建设理论需要回答这样一些问题:网络的必要性,怎样建设网络,谁负责建设,业务网络与计算机网络的关系,网络取什么样的形式,每个图书馆在网络中应有什么样的权利与义务,等等。对上述问题,认识上存在的差异,在相当程度上影响了网络建设的进程。当然,宏观失控的问题并不是图书馆界特有的现象,有些要从社会总的调节中去解决,但图书馆事业也有自身的规律,需要深入进行研究。

四

固然,图书馆与社会的关系,图书馆与文献信息系统的关系,图书馆事业整体建设,是宏观研究的范畴。就是图书馆的具体技术,诸如藏书建设、目录编制、阅览外借、参考咨询、计算机应用、行政管理等业务,从宏观上看,都有一个社会化的问题。前面论述的三点和这些具体业务工作有着普遍的联系。

所以,宏观图书馆学要研究的第四个方面,就是各项业务工作在事业整体范围内,有时甚至是在整个文献信息系统内的处理问题。象藏书建设就要研究文献资源保障体制的建立,目录编制就要研究社会化书目事业,阅览外借就要研究馆际互借,参考咨询就要研究情报检索系统,计算机应用就要研究商品化的软件生产和标准化问题,行政管理就要研究整个事业的反馈控制,等等。

可以看出,这一部分的内容是很丰富的,所要解决的问题也很复杂,需要提出一系列技术方法。这些技术方法和微观图书馆学研究的内容既有相同之处,又有所区别。在这方面宏观与微观的关系很密切,界限不大好划分,是研究的难点所在。

五

宏观图书馆学研究的第五个方面是图书馆与用户以及与法的关系。

图书馆与社会的关系具体体现在与用户的关系上。作为社会成员的用户对图书馆有什么要求,图书馆对用户能起什么样的作用? 从用户方面讲,学会利用图书馆的方法,就等于掌握了打开知识宝库的钥匙,踏上了巨人的肩膀。从图书馆方面讲,弄清楚用户对图书馆的需求,就能顺利地实现其社会职能。需要有良好的信息交流使两者之间协调和谐,关键是加强对用户,也就是对人的研究。现在有人提倡建立"读者学",这应是文献信息学的一门横向分支学科,目前尚在投石问路,迫切需要真正的起步。

图书馆与社会的关系另一体现是在立法上,就是要以法律的形式肯定其社会地位,运用法律武器,推动事业建设,增强图书馆界对社会的责任感。对于社会和图书馆两方面都是非常艰巨的任务,在整个国家加强法制建设的大环境下,需要加快图书馆立法的研究工作。

六

图书馆干部队伍建设和图书馆教育问题,是宏观图书馆学研究的第六个方面。目前我国图书馆服务水平不高的状况,除了其他原因之外,人员素质较低是很重要的一个方面。形成这一局面的因素很多,不只是图书馆教育本身所能解决的。但是毋庸讳言,图书馆教育落后于社会发展的现象是客观存在的。

因此,就要研究在教学内容上怎样增加新的东西,在教学方法上怎样做到生动活泼,怎样采用现代技术手段,特别是在总体上怎样进行统筹规划,实现分层次的有机安排,使现有的大学专业和业余教育的学生质量能满足人们的期望。

社会上有人把一些图书馆描述为"有硬件(好的建筑设备),缺乏软件(良好的干部队伍),因而系统运转不灵(服务质量不高)"。这是值得我们深思,也是需要认真加以研究解决的问题。

宏观图书馆学的研究,旨在说明图书馆的生存条件与社会功能,历史进程与整体关系,建设原理与发展战略,系统工程与网络前景,阐明办好一个具体图书馆与图书馆事业整体建设的关系,从而推动图书馆网络和各项社会化的业务工作顺利进展。

第一章　人类社会文明的柱石——图书馆

第一节　对图书馆的重新认识

"无纸社会"的挑战

1985 年 5 月 31 日,《人民日报》发表了下面一条消息:"日本决定推广使用电子图书馆"。略谓:据日本报纸报道,日本邮政省 28 日决定,日本将在全国范围内推广使用电子图书馆。电子图书馆使用图像通信系统,即使用通信线路和电子计算机远距离传送静的或动的图像。这一计划将在 21 世纪初完成,把电子图书馆普及到一般家庭。

兰卡斯特关于"无纸社会"的预言*,在日本将要成为事实。随着"电子出版物"的日益增加,人们对纸张型文献的使用在逐渐

---

　　*　我们正在迅速地、不可避免地走向一个无纸的社会。计算机科学和通信技术的进展,已经允许形成综合性的系统。在这个系统中,研究报告的编写、出版、传播和利用都完全是电子式的。在这个环境中,对纸的需要已不存在了。我们现在正处于从纸张印刷到电子化这一自然演变的中间阶段。计算机虽已被用于印刷,但产生出来的出版物还是印在纸上邮寄;机读数据库同印刷版数据库并存,但还没有取代它们。这种状况无疑将会改变。当出版物的绝大多数潜在用户已经能在终端存取的时候,当用户的数目大到足以完全支持机读文档的时候,信息资源将开始转向电子式的分发与利用。(F. W. 兰卡斯特:《情报检索系统》,书目文献出版社,1984)

减少,而通过计算机网络从"电子图书馆"(还有其他种种说法,如电子数据库、电子数据中心等)获取所需文献信息。由此,当然要回答一个问题:目前的图书馆是否将要消亡? 对于我国图书馆界来说,还要弄清楚:这一情况在我国将于何时出现,我们为此需要做哪些工作,人们对图书馆的认识将要发生什么变化,电子图书馆又是怎么一回事情,等等。

关于"电子图书馆"的工作方式,将在本章第五节进行讨论。这里先说明一点:20世纪是科学技术迅猛发展的时代,导致文献信息呈爆炸性增长状态,社会对文献信息的大量需求和所提供的物质与技术条件,使图书馆的工作内容发生了深刻的变化。我国图书馆事业虽然与世界发展趋势还存在相当大的差距,但也不可避免地受到这一趋势的冲击:电子计算机的应用,电子出版物的获得,情报服务的加强,等等。原先对图书馆的认识,已经不能解释这些现象了。

我们的出版界还在为缺乏纸张发愁,无纸出版系统却已在孕育之中,事物就是这样矛盾,而且时时刻刻向我们提出挑战。既要面对现实,又要考虑未来。

需要对图书馆重新认识

长期以来,我国图书馆界对图书馆的认识不可避免地受到历史条件的限制,因而未能确切地揭示其属性,说明其发展规律。

有人说,"图书馆的存在差不多和历史一样悠久,人类对文献记录的收藏,形成了最原始的图书馆形态。这种以收藏文献记录为宗旨的图书馆形态差不多已经延续了四五千年。"*① 虽然这些同志也强调要不断改变图书馆的"概念"与"图像",以适应外界社会的需要。但是,第一,以收藏文献记录为宗旨不是图书馆的本质

---

* 所引文献全书统一编序,重复引用时只标序号,为查检方便,统一列于书末。

属性。第二,图书馆和世间万物一样,有发生、发展和消亡的过程,既不是"古已有之",也不会"永世长存"。然而,上述看法在图书馆界是比较普遍的,而且"这种以收藏文献为宗旨"的指导思想,与藏书楼思想很容易混淆,对图书馆实际工作有很大影响。相当多的人分不清藏书楼与图书馆的界限,不知其间质的区别,也没有不断改变自己的形象,而是用近似办藏书楼的方法办图书馆,当然更谈不上向情报化的方向发展。这成为我国图书馆界当前的一个主要矛盾:社会需要图书馆向情报中心转移,图书馆却受着藏书楼思想的羁绊,步履蹒跚,难以前进。

科学研究可以追本溯源,但把古代的藏书楼思想说成是图书馆思想则未必妥帖,其客观的消极影响也是学者们所始料未及。从当前我国社会对文献信息的需求和图书馆服务的现状来看,藏书楼思想严重妨碍了图书馆职能的发挥,社会各界屡屡对此提出批评[2],因此,重新认识图书馆的本质属性及其发生、发展规律,就是一项非常紧迫的任务。

当代社会提供的条件

现代科学技术的发展,在推动社会进步的同时,自身也发生了伟大的革命,科学的分化和综合这两种趋势都明显地加快。不同学科之间的相互渗透与结合,打破了传统的界限,涌现出一大批新的学科,许多原有学科也注入了新的内容。由于历史条件的限制,曾经无法解释的一些现象获得了答案;那些不为人知的奥秘,已经或正在被揭示出来;已经流传很久的一些错误的或者不够确切的概念,也有了新的说明。

这样一个背景,为重新认识图书馆学提供了条件,特别是信息论、系统论、控制论的相继出现,赋予图书馆学新的生命。信息论揭示了图书馆学的属性,系统论为图书馆学找到了应有的位置,控制论则为图书馆学提供了新的研究方法,而现代信息技术的应用,把图书馆学推向了一个前所未有的高度。人们对于图书馆学研究对象的认识，从"要素说"、"矛盾说"、"规律说"到"交流说"的发展过程，和整个科学技术的发展进程是紧密相联的。

八十年代以来，我国图书馆学界已有不少学者相继提出："图书馆学的理论基础是信息交流"[3]，"图书馆学是信息科学的分支学科"[4]，"文献信息理论是目录学、图书馆学、情报学的共同理论基础"[5]，"发挥图书馆的信息辐射功能"[6]等看法。近来一些同志进而发出"从图书馆学中解放出来"，"转变图书馆的研究方向"[7]的呼吁。这些看法说明了图书馆以及图书馆学的信息属性已为图书馆界广泛接受，"交流说"逐步居于主导地位。虽然在如何认识人类的信息交流现象，图书馆在人类的信息交流活动中处于何种地位，仍然众说纷纭，但已经有条件理出一个头绪，开始形成理论体系，从而推动图书馆事业的建设。

另一方面，科学与政治有着密切的关系，藏书楼思想实质上是封建主义流毒在文献收藏利用上的一种表观。现在，我国的政治体制改革已提到了日程，要花大力气清除封建主义对现代社会的影响，这也为我们破除藏书楼思想提供了有利的条件。

重视图书馆的社会职能

正确认识图书馆的社会职能，是图书馆事业建设的关键，也是图书馆学存在的价值。"要素说"，"矛盾说"，"规律说"，从根本上讲，都是狭隘的讨论"图书馆的组织、工作内容和方法"等自身的问题，没有说明图书馆的社会作用，因而生命力不足。因为"图书馆的社会作用问题非常重要，它是决定图书馆学是否能成为'学'的关键。图书馆学的研究如不能正确回答图书馆的社会作用问题，图书馆学理论体系就毫无实际意义"[3]。认识到图书馆事业的信息属性，是人类交流信息的工具之一，图书馆的社会职能就清楚了，图书馆学的研究内容也就得到了确定。

国际图联（IFLA）1975年在法国里昂召开了图书馆职能的科学讨论会，会议通过的总结一致认为，现代图书馆有四项社会职能：①保存人类文化遗产，②开展社会教育，②传递科学情报，④开发智力资源。国际图书馆界广泛接受了这一看法，我国图书馆界也表示赞同。

需要强调的是，以上四点应是我们这个时代作为整体的图书馆事业的社会职能，指的是概念上的图书馆，而不是具体的图书馆。因为并不是所有的图书馆全都具有这四项职能，有的缺少其中某一项，有的甚至只具有其中某一项。由于图书馆类型的差异，每个具体的图书馆承担着不同的社会职能。

现代图书馆具有的四项社会职能，标志着图书馆已进入情报化的时代，从而不仅区别于藏书楼时代只具有保存文化遗产的职能，而且也区别于早期的公共图书馆偏重于开展社会教育的职能。

只有观察图书馆社会职能的具备程度，才能正确说明现代图书馆的特征。许多图书馆学家所讲的"收集、整理和提供文献这三项基本职能"[8]，并不只是图书馆的特征，不仅藏书楼，而且档案室也具有这三项基本职能。

第二节　历史的回顾

信息处理技术的五次革命

重新认识现在，需要回顾过去，而且要从人类交流信息的更大范围进行认识。关于信息处理技术已经发生几次革命及其分期时间，各方面的说法并不一致。这里从文献信息事业发展的角度，说明变革的过程。

语言的获得是人类的第一次信息革命，有了语言，开始有了人际的信息交流,人类战胜自然的经验与知识得以历代相传,彻底摆脱动物状态,开始了漫长的史前社会。

第二次信息革命是文字的发明,这是历史上震撼地球的大事之一。虽然考古发现人类很早就有"结绳记事"、"图形记事"的活动,但是,只是在发明文字以后,人类才有了记录信息的手段,通过某些载体(成为文献),突破空间和时间的限制,进行横向和纵向的信息交流。人类"从铁矿的冶炼开始,并由于文字的发明及其应用于文献记录而过渡到文明时代。"[9]

雕版印刷术的发明,是第三次信息革命,随着人类从奴隶社会进入封建社会,整个政治、经济、文化都有空前的发展,对信息交流产生更大的需要,所以在我国盛唐之世,发明了雕版印刷术,加上前已发明的造纸术,出现了信息记录的完整形式——图书,从此,人类文明的记录得以广泛流传。*

活字印刷术仍然可以称作第四次信息革命,马克思所赞颂的是铅活字印刷术,它在文艺复兴时期发生并不是偶然的,活字印刷术不仅推动了科学的进步,确实也"预告了资产阶级社会的到来"[10],文献的增长进入了一个崭新时期。

第五次信息革命是现代信息处理技术的应用,十九世纪四十年代以来,相继发明了电报、电话、广播、电视和电子计算机,人类收集、整理和传播信息的方法,进入自动化的时代,以致出现了"无纸社会"的挑战。当代社会,一方面在世界范围内强调对话与理解,提倡信息资源共享;另一方面进行着激烈的经济竞争,竞争的内容又以拥有绝对优势的信息量为目标。所以各国从事信息产业的人数都有了巨大的增长,达到了全部社会从业人员的30—50%,以致人们惊呼进入了信息时代。

---

* 我国现存古籍,90%以上是雕版印刷形式保存下来的、即使是雕版印刷术发明以前的著作,除了个别的考古发现以外,也很少见到其原始的、手写的形式。

人类汲取与交流信息的方式

图1清晰地表明了人类汲取与交流信息的方式。

按照广义的信息定义来理解，信息是极其普遍地存在的，存在于自然界，存在于人类社会，也存在于思维领域。

关于物理、化学、天体、地质和生物等方面的信息，如气温、风向、雨雪、阴晴等自然现象，地震、海啸、台风、滑坡等自然灾害以及生物的生命过程等信息，为自然信息。这些信息单纯依靠人的感官是难以掌握的，需要依靠仪器设备的测算，到现代已形成高度自动化的遥感系统。

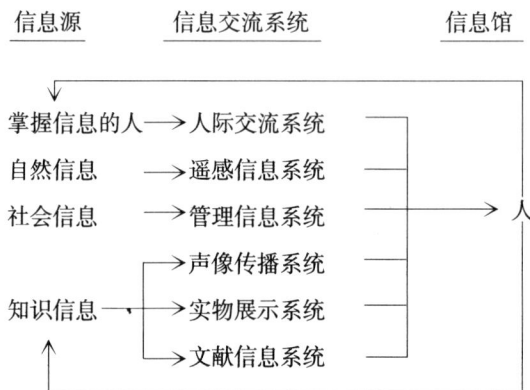

图1　人类汲取与交流信息的方式

社会信息包含人口增减、货币流通、交通流量、物资库存、财政收支等数字和各种社会活动，过去用人工处理，速度很慢，反馈不及时。目前，在发达国家均已建成计算机化的管理系统网络，能够迅速处理每时每刻发生的大量社会信息。

经过人类思维活动而产生的知识信息，分别物化为声像载体、实物和文献，各自形成交流系统，并且也使用了各种先进设备。

工业发达国家现在已经建成强大的信息产业（称为第四产业），包括所有信息交流系统在内。"信息处理在美国是一项每年高达 880 亿美元的产业"[11]，"世界各地的重要动态在发生后的 15 分钟内，白宫即可得到有关信息！美国已有上百万人运用最新信息技术，按秒计算地从太空、从地球的各个角落猎取信息，进行传送，存储、加工、研究并提出决策性方案。"[12]

信息是社会的神经，但只有各种信息畅通无阻地传递到人时才能发挥作用。自然灾害的信息如不能及时向人们预告，便不可能避免遭受损失。社会信息如不能及时向人们反馈，人们就不可能做出正确的决策。文献信息如不能为人们所掌握，人类创造的精神财富便将失去价值。排除传递障碍是信息交流中极为重要的课题。

人际交流活动是人类最原始的信息交流活动，直到今天仍然是最重要的信息交流活动。其他信息交流方式都只能改善而不能代替人际交流，而且只有人才能创造新的文献信息，扩大人类的文献信息数据库。所有的信息交流手段都要以人为传播对象。

文献信息系统的重要作用

在人类汲取与交流信息的活动中，由于自然信息与社会信息的时效性要强一些，涉及工业、农业、国防、科学技术和日常生活的各个方面，瞬息之差，都可能造成重大损失，危及人们的安全，所以在采用现代信息处理技术上，起步稍早，投资较多，并已形成遍布全球的庞大网络系统。即使像我国这样一个发展中的国家，在遥感系统和管理系统的研制上，也有相当大的投资。

从图 1 中也可以看到，自然信息与社会信息经过人们优化、浓缩以后，都要物化为文献信息，而且只有成为文献信息，才能广泛而长久地发挥作用。声像信息与实物信息的情况也大致如此。

世界上绝大部分事情，本质上都是非数学的。实际上，文献信息是数量最大的信息,简直包括了人类几千年来创造的全部精神财富,而且每时每刻在不断地增加。人们只有在掌握这全部精神财富的基础上,才能爆发新的腾飞,走在世界前列。所以文献信息系统是整个社会赖以存在的一种基础结构,是人们向大自然索取财富不可缺少的工具。一个国家可以缺少物质与能源,但不能没有文献信息。拥有文献信息量的多少,已成为衡量一个国家国力的标志。在发达国家,已广泛采用了现代信息处理技术,建设成自动化的文献信息产业。从著者写书到读者检索的全过程都可以通过计算机网络处理,并被称为"第一信息部门",成为一种重要的"自生资源"。

今日社会数量如此巨大的文献信息,用手工已经无法处理,"失去控制和无组织的信息在信息社会里不再构成资源。"[13]对此,我国有关部门还未看到这个问题的严重性,没有把文献信息系统放到与遥感信息系统及管理信息系统同等重要的位置,在投资上远为逊色,以致文献信息系统应有的作用在我国并未能得到充分的发挥。作为文献信息系统组成部分之一的图书馆,也同样处于这一状况。

文献收藏利用机构的历史演变

在下一章我们将详细讨论文献信息系统的组成,这里先描述一下文献收藏利用机构的历史演变情况,说明图书馆的过去、现在与未来。

从古代皇室、贵族和僧侣的档案室、藏书楼到今天的图书馆与情报中心,文献收藏利用机构经历了一个漫长而曲折的过程。这与人类社会的经济形态,处理信息的技术能力和整个社会的文化结构有着密切的关系。如果我们按照社会发展史的顺序,列出一个图表,就可以看出其中的内在联系(见表1)。

在奴隶社会,只有统治者具有阅读文字的能力,拥有记录文字

14

的载体,收藏文献的机构叫做档案室比较确切,专门为统治者的需要服务,是权力的象征。* 直到现在,档案部门与政府权力机构仍然密切相关。各国无不如此。

进入封建社会,权力有所分散,出现了地主阶级与具有文化知识的士的阶层,先是有了造纸术,后来又有了雕版印刷术,文献生产能力大大提高,藏书就方便了,我国宋代就出现了不少藏书数万卷的私人藏书家,他们的藏书目录还有流传至今的。[14]但也只有地主阶级才有藏书条件,并把它作为留传子孙的一种财富。这种思想在我国影响很深。

表 1 文献收藏利用机构变迁表

社会形态	信息处理能力	社会文化结构	文献藏用形式	所藏文献象征
奴隶社会	文字	统治者垄断文化	档案室为统治者服务	权力的象征
封建社会	雕版印刷术与纸	地主阶级与士掌握文化	藏书楼为收藏者服务	财富的象征
前期资本主义社会	活字印刷术	一般平民需要文化	图书馆为一般平民服务	知识的象征
资本主义/社会主义并存	计算机与通信技术	人类知识水平普遍增长	情报中心为全社会提供情报服务	信息的象征
未来社会	更高级的计算机与通信技术	高等教育已经普通	电子数据库普及到每个家庭	智能的象征

产业革命兴起,活字印刷术的发明,欧洲进入了资本主义社会,大机器生产需要有文化的工人,教育开始普及到平民,文献生产的能力也提供了物质条件,于是出现了向社会开放,为一般平民

---

* 《史记·萧相国世家》:"沛公至咸阳,诸将皆争走金帛财物之府分之,何独先入收秦丞相御史律令图书藏之。……汉王所以具知天下扼塞,户口多少,强弱之处,民所疾苦者,以何具得秦图书也。"

15

服务的公共图书馆。这是文献收藏利用事业发展史上的一次伟大革命。图书馆与藏书楼,不仅是名称的不同,或者只是藏与用的差别。它标志着人类创造的精神财富从地主、贵族、僧侣的封建桎梏中解放出来,成为社会的资源,赋予一般平民有享用的权利。

十月革命开辟了社会主义与资本主义并存的新时代,计算机与通信技术的发明,在科学技术突飞猛进的二十世纪,随着文献信息量与社会需求的激增,导致文献收藏,信息汲取与知识活动的逐步分工,形成为今日的情报中心,向社会提供情报服务。

第三节　制约因素与推动力

图2 显示了社会对文献信息事业的制约因素和文献信息事业对社会发展的推动力,[15]反映了历史与现实的客观规律。

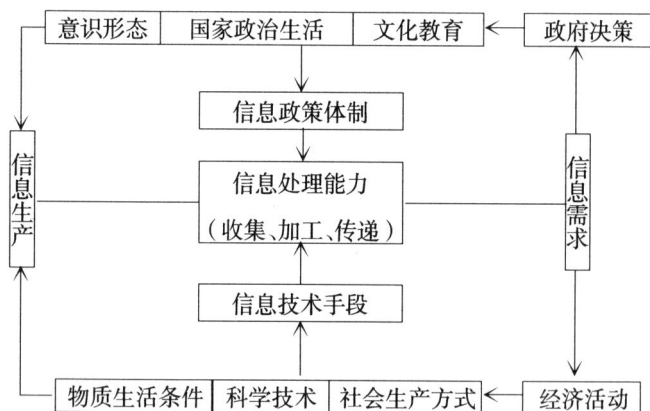

图2　社会与文献信息事业关系图

基本的制约因素

社会的物质与文化条件对文献信息事业是基本的制约因素。在许多论述国内外图书馆事业对比的文章中,往往只是就图书馆事业自身的差距与发达国家进行比较,既没有对照整个国家的物质基础与人民的文化结构,也没有分析图书馆事业费用占财政支出的比例关系,因而未能提出正确的决策依据。

文化结构是社会需求的基础,我国现在还有两亿多文盲,发展图书馆事业不能不考虑这一现实。建国以后,曾经三次掀起发展农村图书室的"高潮"。离开广大农民的实际文化条件,必然事与愿违,造成很大的经济损失。[16]我国幅员广阔,城乡之间、不同地区之间,文化条件差距甚大,必须随着普及初等教育、扫除文盲和成人教育工作的进展,根据各地居民的文化结构,扎扎实实地发展基层图书馆事业,切忌提出笼统的口号,追求形式。

物质条件是满足社会需求的基础,我国是一个发展中的国家,1985年,人均收入还不到400美元。在这样的基础上,我们需要的应是第一流的服务,而不是第一流的条件。现实的情况却是,不少图书馆竞相追求规模宏大,设备先进,但服务的效果、藏书与设备的利用率如何,则强调不够,投入与产出不成比例。

在落后的情况下,我们应当向国外学习,但怎样学习,学习什么内容,需要从我国的实际条件出发。由于国家经济实力上的差别,美国的图书馆技术是最先进的,但也是很浪费的;英国虽然技术上差一些,但很注意节约,讲求经济效益。按理说我们应当更多地学习英国图书馆事业建设的经验,可是不少图书馆却热衷于学习美国图书馆界的做法,而我国社会的物质条件又不可能对图书馆界提供像美国那样的优越条件。

信息政策与管理体制的影响

信息政策与国家领导机构的决策体制紧密相关。在封建社会，帝王及大臣，凭借他们的个人才智及经验、感情与好恶，决定国家大事。到了资本主义社会，由于社会化大生产所带来的变化，产生了一套决策程序和制度，运用现代科学理论、方法和手段，集中各个知识集团的智慧，以大量的信息为根据，决定国家大事，并依据反馈信息不断修正已作出的决策。因此，正确的决策程序是正确决策的保证，而充分的信息准备则是决策程序的第一步骤。

我国"由于几千年封建社会和小生产经济的影响，由于科学文化教育的落后，由于法制不健全，以及干部素质、民主作风方面存在的问题，我们至今仍然没有建立起一套严格的决策制度和决策程序，没有完善的决策支持系统、咨询系统、评价系统、监督系统和反馈系统。""领导人凭经验拍脑袋决策的做法仍然司空见惯，畅通无阻。"[17]在这种情况下，当然就不可能重视信息的作用。各级领导干部到图书馆查找资料的人数很少，许多重大决策都没有要求图书情报部门进行文献信息咨询（美国国会图书馆每天要接受国会议员的各种咨询1000多件）。在这种情况下，图书馆事业的发展当然得不到应有的重视。

现在政治体制改革的问题已列入党和国家的议事日程，也提出了决策民主化和科学化的课题，认识到数据、资料在决策过程中的重要作用。"没有资料数据，就不可能进行任何研究。当年马克思如果不是查阅大英博物馆的大量数据资料，是写不出《资本论》来的。当务之急，我们一定要进一步建立和完善科技、经济、社会的统计指标体系和统计制度，建立各种信息和数据的服务系统，健全各种保密和解密的制度，尽可能把各种信息和数据，包括可能得到的世界各国的信息，送到需要者的手上，成为全民的财产。"[17]

18

可以相信,随着我国决策程序的改革,文献信息事业必然会有一个长足的发展,图书馆也将有一个质的飞跃。

信息技术是不可忽视的条件

我国文献信息事业在国际范围内处于很落后的水平。有人估计,我国每年生产的文献信息平均每人只有 15 个汉字,比世界人口每人平均 50 个汉字少 35 个字。拥有的信息量只有世界总量的千分之一,约为日本的百分之一。[18]

导致这一现象的发生,除了物质与文化水平、政策及管理因素以外,信息技术是不可忽视的重要条件。

国内外许多科技史专家都认为,中国的盛唐时代是世界文化发展的高山之巅,直至公元 15 世纪以前,我国的经济与科技水平,一直处于国际领先地位,主要标志之一就是我国当时纪录知识信息的文献数量大于其他各国的总和。[19]这与当时中国拥有先进的信息技术(造纸术与雕版印刷术)不能说没有关系。

17 世纪,欧洲发生了伟大的科学革命,形成了一种崭新的文化,全世界的现代科学正是从这唯一源泉中成长起来的。其中,科学革命的兴起和活字印刷术的发明之间的巧合,并不是一桩偶然的事情。"这种把无数平凡的成就传送到极为丰富的人类知识宝库的技术,是 17 世纪以后促进西方科学发展的无形动力,因为它发挥了联合的、集体的力量,而这种力量按其成果来说,远远超出了个人所能做到的一切。"[20]

从 17 世纪到现在,我国的经济、科技、文化逐渐处于落后状态,这和西方国家的信息技术走在我们前面有着直接的关系。现代活字印刷术 19 世纪才传到中国,中文打字机远远不如西文打字机成功,我国至今还未形成强大的通信网络,而计算机的汉字处理能力,比西方文字还有相当大的差距,一些优质纸张、印刷原料和缩微复制设备,国内仍不能生产,这给我国文献信息的生产、传递和收藏利用造成了极大的困难。信息技术上不去，我国文献信息事业落后的现状无法得到改变，就不可能在国际范围内具有竞争能力，也就不能适应两个文明建设的需要。

对社会发展的推动力

固然，图书馆及整个文献信息事业的产生与发展，受着社会经济、政治、科学、文化条件的制约，但文献信息事业的存在与发展，也促进了社会经济、政治、科学、文化的进步。一个时代的经济、政治科学、文化所达到的水平，决定了那个时代文献信息事业的生存方式与服务手段。而那个时代文献信息事业的服务效果，又在很大程度上影响一个时代的经济、政治、科学、文化所能达到的高度。这是一系列的相互作用。

书籍和报纸是同18世纪欧洲启蒙运动联系在一起的。报纸和政治小册子参与了17世纪和18世纪所有的政治运动和人民革命。正当人们越来越渴求知识的时候，教科书使得举办大规模公共教育成为可能；正当人们对权力的分配普遍感到不满的时候，先是新闻报纸，后来是电子媒介，使普通平民有可能了解政治和参与政府。[21]

科学交流最重要的媒介物是学术杂志中的原始论文，这是17世纪后期的新颖发明。由种种栏目编成的杂志，很快成了交流新的科学发现的正式工具。我们谈到科学情报，总要首先提到占用了研究图书馆里大量面积的原始杂志或期刊。一篇论文能在几个星期或几个月中完稿并发表，使观点很快得到交流。一场论战可到达沸点而喷溢，能在一两年内结束，而不是拖上半生的时间。原始科学文献的一个重要性质，是提供了一种公开的研究档案。[22]这是欧洲文献信息事业对现代科学革命的伟大贡献，也是留给我们的一份丰富遗产。

我国的文献信息事业，无论是在进行民主革命，建立新中国的斗争中,还是在近40年的社会主义建设中,都曾做出了应有的贡献。在坚持改革开放的新形势下,文献信息事业承担着特殊的使命。

第四节　图书馆在社会发展中的作用

提供经济信息是最基本的任务

从文献产生的开始,文献信息与发展生产就紧密相联,最早的文献主要是生产经验的记录,随着社会的进步,现代文献反映了人类的全部经济活动,哪一个国家掌握了最充分的文献信息,在发展经济上就处于战略主动地位。

日本人在1980年就得出结论:"在80年代,一切都将有赖于系统地、普遍地使用一种新的能源,这种能源将改造现有的全部工业,建立未来的工业。这就是信息学,或者说得更简单些,信息及信息的处理。"[23]这里说明了所谓"信息社会"就是信息在社会经济活动中发挥重大的作用。

未来社会将是信息社会,它大致要经历四个阶段,逐步进入信息社会:信息商品化、信息系统化、高信息系统化、人类进入信息社会即信息完全成为资源化。[12]我国现在尚处于信息商品化的初步阶段,只有信息高度商品化了,才能实现信息系统化和信息资源化。

和对整个信息重要性的认识一样,许多人也是刚刚认识到文献信息的作用,据中国社会科学院的抽样调查,有68.1%的企业负责人从报纸杂志中获得经济信息,[24]说明人们已经注意到这一点。由于通信设备的限制,汉字信息处理技术尚未成熟,文献信息检索系统仍然是手工方式,因此我国文献中蕴藏的大量信息,至今未能得到充分开发利用,有人估计只利用了3—4%。[19]这个现象与许多图书馆长的观念形态呆滞有关:不能适应形势的转变,对图书馆在振兴经济中的作用缺乏认识,单纯的文化观点,既不善于经营管理,也不关心社会的经济发展。而图书馆的存在价值与发展活力,则主要取决于在社会经济活动中传递信息的能力。

保存文献的目的在于传授知识

最初的皇家档案室是为了使统治者的继承人能了解掌握政权的知识而设立的。随着掌握知识的人不断增多,收藏与利用文献的机构也有了发展。古代中国,几乎所有的教学中心(书院)也就是文献收藏中心。所以直到现在,高等学校对图书馆极为重视,称之"皇冠上的明珠"。

图书馆的教育职能表现在两个方面:一是在各级各类学校中的教学辅助作用,一是面向全体人民的社会教育作用。

我国大学图书馆的作用较为明显,发展也很快,文献检索课的设立,图书馆员已直接走向讲台。但中小学的作用就不那么清楚,甚至在"普及义务教育法"中对此没有反映,个别地方的实施细则中提到了这一点,但强调得也不够。至今教育行政部门还没有主管中小学图书馆的机构,全国有多少中小学图书馆也无从查考。这与我国的中小学的教育思想有很大关系,涉及到培养人才与积累知识的根本方法,需要对我国的文化传统认真反思,进行彻底的教育改革,这个问题才能得到解决。

西方公共图书馆的设立就是为了满足一般平民的学习需要。在我国,图书馆也有"社会大学"的美称,许多自学成才的杰出人物都和图书馆有不解之缘。随着"终身教育"或"继续教育"的提倡,尽管有多种途径可以实现这一目标,但图书馆仍然是最重要的场所。一个受过高等教育,终身追求知识的人,他的一生,必然是在图书馆花费掉最多的时间。当我国人民的文化结构发生巨大变化,高等教育普及以后,图书馆的社会教育职能就可以得到充分显示。目前各种业余高等教育的学生云集公共图书馆的现象,已经使图书馆成为名副其实的"成人教育心脏"。国家用于成人教育的投资,应当有一部分用于发展公共图书馆事业。"七五"期间,成人高等教育将培养 240 万人,今后还将有更大规模的增长,公共图书馆事业不能随之发展,不仅给在校的学生带来很多困难,而且也不利于已经学成毕业人员的巩固与提高。

传递科学成果的重要手段

科学文献是在空间和时间内记录和传递科学研究成果最重要的手段,是科学家和专家最重要的情报来源。任何一个真正的科学家,不系统地阅读科学文献是不行的,因为他要在文献中得到他在新的研究中所需要的那些基本的事实和思想。[20]

我国著名的机械工业专家沈鸿,在研究解决本溪钢厂的轧机问题时,由于从《美国六十年代带钢热轧机》一书中掌握了美国轧钢机的技术信息,做出了采用气动和电动发电机组变流两项技术的决定,避免了 3000 万元的损失。[25]机械工业部通用机械研究所在编制透平冷冻机系列时,先自行研究 3 年,未获结果,后来利用了情报资料,只用 1 年便完成了任务。[26]

反之,由于文献信息不灵,在科学研究上造成失误的事例,各国都有不同程度的教训。如美国兵工系统每年因重复研究浪费 13—15 亿美元,苏联每年也达到 10—19 亿卢布。[26]相对来说,我国在这方面的问题更为重要,杨振宁博士曾指出,我国 1978 年制定的科学发展规划,有 50% 以上的项目国际上已有了成果,这说明我们的信息是多么的不灵。

科学家对文献信息的需求,"首先是要浏览,如果不给他机会浏览,他就要失去他渴求的线索,就是说,无目的地阅读各种出版物。第二,科学家要不断了解他所从事研究领域的最近进展。如果情报工作能根据他个人的需求,使他能始终了解最新情报,情报工作就为科学家提供了服务。第三,需要追溯性情报,回顾过去,很可能是技术发展水平的逐年回顾。第四,科学家可能要寻找当时他感兴趣的某个特定问题的具体答案。这很可能是一个有关他那时正在搞的某项设备的问题,或者是工程师在日常工作中遇到的许多类似问题中的任何一个。"[27]根据科学家的需要,图书馆实行书库开放与设置内容丰富的阅览室,进行定题通报服务,回溯检索服务,数据、事实检索与咨询服务,从而有效地传递了科学成果。

人类社会发展的缩影

人类已经经历了几千年的文明历史,人们对历史的认识,主要是通过记录各个时期社会生活的文献,从而了解人类的进程。而各个时期的文献是由历代的档案室、藏书楼与图书馆保存下来的,这是它们的不朽功勋。有人曾经这样描述它们保存文献的作用:如果人类所有的机器、工具都被破坏了,而图书馆还保存着,那人类仍能重新发展。[28]这里主要是说明,图书馆保存的文献中,蕴藏了人类发展所需要的信息资源。

恩格斯关于"科学的发展则同前人遗留下的知识量成正比"[29]的"天才猜测",通过对图书馆所藏文献的指数增长率的研究得到了验证。

表2 图书出版数量

| 年份 | 种数(种) | | 印数 | 印张数 |
	合计	其中:新出版	(亿册:亿张)	(亿印张)
1950	12,153	7,049	2.7	5.9
1952	13,692	79,40	7.9	17.0
1957	27,571	18,660	12.8	34.4
1965	20,143	12,352	21.7	56.2
1967	16,548	8,305	10.9	30.7

年份	种数（种）		印数	印张数
	合计	其中:新出版	（亿册、亿张）	（亿印张）
1970	4,889	3,870	17.9	37.0
1975	13,716	10,633	35.8	99.8
1976	12,842	9,727	29.1	86.8
1977	12,886	10,179	33.1	116.6
1978	14,987	11,888	37.7	134.6
1979	17,212	14,007	40.7	170.7
1980	21,621	17,660	45.9	193.3
1981	25,601	19,854	55.8	215.1
1982	31,784	23,445	58.8	219.2
1983	25,700	25,826	58.0	229.6
1984	40,072	28,794	62.5	260.6

表3　杂志出版数量

年份	种数（种）	每期平均印数（万册）	总印数（亿册）	总印张数（亿印张）
1950	295		0.4	0.8
1952	354	1,194.7	2.0	2.8
1957	634	1,910.9	3.2	6.9
1962	483	1,267.3	2.0	4.2
1965	790	2,882.5	4.4	9.4
1970	21	537.1	0.7	3.8
1975	476	3,657.3	4.4	14.7
1976	542	4,549.1	5.6	18.1
1977	628	4,351.6	5.6	18.8
1978	930	6,200.1	7.6	22.7
1979	1,470	7,960.2	11.8	30.1
1980	2,191	10,298.4	11.2	36.7

（续表）

年份	种数（种）	每期平均印数（万册）	总印数（亿册）	总印张数（亿印张）
1981	2,801	13,095.6	14.6	45.4
1982	3,100	13,885.2	15.1	46.0
1983	3,415	15,995.4	17.7	52.5
1984	3,907	20,440.2	21.8	64.3

1944 年，美国美以美大学图书馆馆长 E. 赖德，发现美国一些主要大学的图书馆藏书量，平均每 16 年翻一番。之后，D. 普赖斯把 E. 赖德的这一发现推广到科学知识的全部领域。他在《巴比伦以来的科学》一书中，以科学杂志和学术论文作为知识量的重要指标，描述了科学发展的加速规律。普赖斯指出，世界最早的科学杂志是 1665 年出版的英国皇家学会的《哲学论坛》，接着大约有三四种同样的杂志在几个欧洲国家科学院出版。1700 年，全世界出版的科学杂志不到 10 种，到 1800 年就增加到了 100 种，1850 年为 1000 种，1900 年是 10,000 种，到现在，全世界的科学杂志竟多达 100,000 种。这就是说，从 1750 年起，科学杂志的数目每半个世纪增加 10 倍。普赖斯对图书馆收藏文献的定量研究，得出了一个科学发展按指数增长的规律。

表 2、3 是我国图书与期刊 1950 — 1984 年的发展情况，25 年增加了 44 倍，高于普赖斯的指数模型，反映了我国作为一个发展中国家较快的增长速度。25 年中期刊数量变化的曲线，则是我国政治、经济、文化生活的历史纪实。

第五节　未来的图书馆

电子图书馆

兰卡斯特在《电子时代的图书馆和图书馆员》一书中,对未来图书馆作了如下预测:

1. 未来图书馆提供的服务形式几乎与今天差不多,可是由于技术(如缩微存贮和计算机)的应用,图书馆的实际作用极大地提高了。

2. 计算机和电信促进了网络活动,网络活动改善了图书馆服务的效益和成本效益,使每个图书馆有一定能力索取国家图书馆的大量资料。

3. 图书馆主要与机读文献打交道,减少甚至不再使用纸印文献。

4. 由于技术允许图书馆把资料直接送到办公室和家庭,读者几乎没有必要再去图书馆。

5. 地方图书馆已无足轻重,甚至消失。个人能通过电信直接索取信息资料,个人还能按电子形式建立私人的信息档案。

6. 个人成为联机"智力社会"的成员,由于联机网络提供存取独特的资料,也按原文或别的形式提供存取广泛多样的信息资料,于是正式通信和非正式通信就很难区分了。

7. 出现了新的情报服务能力,其中询问数据库具有直接回答问题,甚至推断问题答案的能力。[30]

以上推测体现了图书馆的发展阶段。目前一些工业发达国家的图书馆已实现了前两种类型的功能,进入第三种类型的最初阶段,相当多的检索刊物已只采用机检形式,而不再购买纸印本。当计算机和通信条件允许读者能在家里或办公室查找文献目录与直接索取文献,读者就不用到图书馆去了。这时,出版部门与国家信息中心提供了包罗万象的百科全书式的数据库,允许读者索取"人类创造文字以来的"全部记录,地方图书馆就失去了存在的价值。而计算机化的文献信息处理系统将具有更高的"智力"与服务功能。

图书馆形态将发生变化

随着文献载体的变化,文献收藏与利用的形态也将发生变化。在未来社会,当电子出版物占据主要地位以后,仍然有一定数量的纸印形式的出版物。作为向公众提供文献信息服务的图书馆,将逐渐在社会生活中消失,但是有一些专门保存纸印形式出版物的图书馆继续保留下来。这时,它们已经不是向公众开放的图书馆,而是为社会保存文献的档案室,也就是又回到文明社会最早期的收藏与利用文献的形式。在经历了几千年的文明史以后,在新的水平上产生了形式的反复。

至于向公众提供文献信息服务的机构,那时已经不是一个独立的实体,而是整个社会信息网络系统的一个组成部分。公众已经没有图书馆或情报中心的概念,他只是利用家庭或办公室(甚至在野外或交通工具上)的终端,向信息网络索取他所需要的任何信息:自然的、社会的、知识的,而不管这些信息是由什么部门向网络中心提供的。

那时,文献信息系统的生产、传递与收藏利用三个分支已成为一个统一的系统,系统收到作者用电子形式提交的作品以后,经过加工处理,收入到百科全书式的数据库,即通知信息网络中心,对全社会提供服务。在文献信息处理系统内部,生产、传递与收藏利用之间仍然有操作上的分工,但已无独立性的活动。

从现在到未来,将经过一个漫长的转变时期,几十年,甚至几百年。在转变期间,图书馆与情报中心都有许多事情可做,例如逐步减少在纸印文献上的投资,增加电子资源存取设备,资助索取电子资源,购买电子出版物,建立数据库等等,大力推进这一转变的早日实现。

图书馆员的地位不断提高

目前的图书馆,比较多的强调图书馆的社会职能,重视图书馆藏书的资源价值,不太注意图书馆员的作用。然而图书馆员的专业技术却是图书馆向读者提供服务的主要资源。没有图书馆员对文献进行整理并提取其中的有效信息,图书馆是毫无价值的。由于忽视了图书馆员的作用,读者就把图书馆看成是一个藏书的仓库,很少想到向图书馆员请求帮助。

进入情报中心时代,图书馆员的地位将有很大变化。读者已经看到图书馆员作为情报技术专家的作用,要求图书馆员提供咨询服务。图书馆员的参考工作已有相当一部分转移到大学的讲台、向未来的读者进行情报意识和检索方法的教育。

随着电子出版物的激增,图书馆的概念在读者心目中逐渐削弱,而图书馆员的作用却得到了加强。图书馆员更多的离开图书馆,到服务对象中去,经历一个“无机构化”过程,也就是一个“重新机构化”的过程。一方面读者不需要到图书馆去,便可以获得所需要的文献,但他需要图书馆员的帮助,怎样以较少的人力、物力迅速获得全面、准确的信息。另一方面,图书馆员也不再待在原先的图书馆内,他们或是开办各种咨询服务公司,接受读者的咨询要求,或是成为社会其他机构的成员,与读者一起从事情报工作,并且在这些机构中占据显赫的地位。

科学技术的不断进步,整个社会的信息网络日臻完善,必然加快图书馆形态变化的过程,提高图书馆员的价值。在电子图书馆(也就是电子数据库)时代,图书馆员的作用是:充当情报顾问、进行情报检索的培训、为读者查寻新情报源、情报分析、帮助利用定题服务、为个人建立电子情报档和从事研究工作。[30] 虽然说在目前的图书馆中，图书馆员即已具有这些作用，但读者进入图书馆以后，图书馆员的作用被淹没了，只是到了电子数据库时代，图书馆员的作用才突出地显露出来，这是未来图书馆的一个最为重要的特征。

向智能型发展

目前的图书馆藏有知识的信息，但必须凭借读者自身的智能去猎取。查找目录，浏览书刊，都以读者所具有的智能程度决定其获得信息的多少。

按照"文献信息处理系统"而设计的电子数据库，将是智能型图书馆，除了提供知识和信息以外，还能提供智能。读者可以通过终端与数据库系统进行人机对话，根据读者所说的，系统可推断读者想要什么东西。根据读者提出的问题，陈述的目标，系统可以借反问，推断来满足读者的要求，甚至可以提出读者当时没有想到的问题，通过不断的假设、选择，然后给读者以清晰的回答。

实际上这是"专家系统"，或者说是"人工智能"在"文献信息处理系统"的应用，那时电子数据库的检索系统已经不是目前手工检索系统的电子版，而是以自动识别技术扫描文献的原文，创立某种自动汇编或分类结构，可满足读者更为广泛的要求。并且，电子数据库系统与电子出版、电子邮件、计算机会议、个人电子档案、远程索取资料等等联成一体，成为"联机智力社会"的一个组成部分。

"文献信息处理系统"不仅存贮有包含多种检索点的大量文献信息，而且将图书馆员为读者服务的技术，研制成"专家系统"。这一切是凭借推论来进行的，通过反复诱导，使读者模糊不清的意识，逐步形成为明确的问题，或者直接获得所需的信息，或者知道了获得所需信息的方法,并且通过这一查询过程,学会了原先不懂的东西,没有因为自身智能不够而影响对信息的猎取。

到那个时候,电子数据库不仅代替了图书馆的作用,而且也代替了图书馆员的作用。但是,这并不意味着图书馆员的作用降低,因为"文献信息处理系统"仍然需要图书馆员参与研制、维持与改进,系统的智能化程度才能得到提高与完善。

第二章 图书馆是文献信息系统的组成部分

第一节 文献信息系统

图书馆的信息属性

图书馆是收集与保存文献,并以其所藏文献为社会提供服务的组织之一,因而是一个文献收藏利用机构,属于文献信息系统。确认图书馆的信息属性,比起笼统地说它是教育、科学、文化的一部分要清楚得多。

有人认为文献属于社会信息,因为文献是社会信息的记录,进而提出"把图书馆学系改为社会信息管理系"。[31]但从人类汲取与交流信息的方式看,文献是各种信息经过人类优化与浓缩的物化形式,并形成自身的处理系统。社会信息则形成管理信息系统,两者的处理方式虽有相同之处,但差别更大,是两种不同的信息交流手段。

还有人认为文献是一种知识信息,图书馆是进行知识交流的机构,所以提出"图书馆学应包含知识学的内容"。[32]这里把知识与信息二者混淆了,也就是把内容与形式混淆了。文献信息系统是知识信息的交流渠道之一,当然是有知识内容的信息。但它传递的是作为知识表现形态的文献信息,而不是直接传授知识;它所研究的是文献信息的处理方法,而不是知识创作本身。知识学和其他科学文化知识一样,是文献信息工作者必须具有的知识,但不是文献信息学研究的对象。这里的界限混淆了,科学研究将失去规范。

图书馆属文献信息系统,也就是信息系统工程的组成部分,图书馆学就是信息科学的分支学科。这样认识有一定根据。信息论创始人在其奠基著作中就曾引用涛比的话:"图书馆学和信息论,相当医校的基础医学与临床医学的关系,基础医学是信息论,临床医学相当于图书馆学。"[33]

文献与文献学

"文献"一词,最早见于《论语·八佾》,"夏礼吾能言之,杞不足徵也;殷礼吾能言之,宋不足徵也。文献不足故也。"朱熹解释为:"文,典籍也;献,贤也。"最早以"文献"一词为书名的是元人马端临的《文献通考》。《辞海》对"文献"的解释是:"原指典籍与宿贤,今专指具有历史价值的图书文物资料。"

在国外,1905年法国人保罗·奥特勒(P. Otlel)最早提出"文献"一词,欧美各国广为采用,但含义不一,特别英语的 Document 与 Information 有交叉和混同。目前,国际图联对《国际标准书目著录》中"文献"一词的定义是"指任何以实体形式出现的文献",包括图书、连续出版物、影片、音像资料、幻灯、缩微品等,其概念有较大的外延,可以泛指记录有信息的各种载体。

由于国内外学者对于"文献"一词的解释存在差异,对于"文献学"的研究内容也大相径庭。

我国学者对文献学的研究,重在探索学术渊源,研究文化思想体系,理论性比较强,代表性的著作是张舜徽的《中国文献学》(中州书画社,1983)和吴枫的《中国古典文献学》(齐鲁书社,1982)。

张舜徽认为文献学是由校雠学演化而来的,"继承过去校雠学家的经验,对那些保存下来的和已经发现了的图书、资料进行整理、编纂、注释工作。在研究、整理历史文献方面，作出有益的贡献。"吴枫提出"古典文献学课是系统讲授有关古文献的源流、部类、数量、考释、注疏、版本、校勘与流通阅读。"比张先生多了"流通阅读"的内容，但都是从历史学的角度做研究，承袭了梁任公的说法，"明清之交各大师，大率都重视史学——或广义的史学，即文献学"（《中国近三百年学术史》）。

国外学者把文献作为一种社会现象，信息存在的主要形式，剖析文献流的趋势，研究文献总体动态分布的数学规律，首先有书目计量学，而后出现各种数学模型，如普赖斯的文献增长曲线，文献衰老曲线，文献离散性的布拉德福曲线，文献所含主题的齐夫分布曲线，文献中著者分布的洛特卡曲线，是谓文献信息学的五大定律。

十分有意思的是，中国的文献学家大率是历史学家，而国外的文献学家则都是数学家。数学与史学是两门重要的基础学科，如能吸收中外不同流派之长，对我们的研究将是十分有益的。

至于国内外一些情报工作者，把文献的收集、整理与提供，习惯上称之为文献工作（实际即图书馆工作），并以此进行文献学的研究[34]，则是另一种情况。

文献信息与文献信息系统

图书馆在人类汲取与交流信息中向社会传递的是文献中所包含的信息，人们需求的不是物理形态的文献。因此，"文献交流"的概念不够贴切，"文献信息交流"更准确一些。这里提出了文献信息和文献信息学的概念。

有的同志以文献信息的概念代替图书情报的概念来讨论文献信息学[35]但这是"图书情报学"研究趋向的延伸，未能反映文献信息学的全部内容，只涉及到其中某些部分。周文骏先生在《文献交流引论》中所讨论的内容，确实有所突破，对目录学、档案学、图书馆学、情报学进行综合研究,探索了文献交流系统,[36]是文献信息理论研究的先导。但对于整个系统仍缺乏深层的揭示,更主要的是,若只描述系统的表象,而不能提出建设文献信息系统工程的命题,必然缺乏理论高度。

如果停止在文献交流上,只能是物理形态的简单传递,缺乏对文献所含信息的活化,这正是现今文献发行与收藏利用部门的薄弱环节,也是文献生产部门的不足之处。只有强调文献信息的交流,才能从理论到实践都充满活力。

零散无序的文献信息,作用是有限的,只有形成为有机相连的系统,才能对社会产生更大的效益。"科学信息从它的创作者传递到它的需要者,主要不是通过他们的私人交往,而是通过科学文献系统。这个文献系统的存在,表现于编辑出版机关、书刊营业机关、科学图书馆和科学情报机关的活动。"[20]文献信息交流系统是客观存在的社会现象,但如何使之成为有效的运行系统,排除各种造成"信息不灵"的传递障碍,便是文献信息学研究的现实任务。

文献信息系统的组成

文献信息系统包含文献信息的生产、引进、发行、收藏、整理、开发、传递和应用,从行业来讲,有报社、出版社、杂志社、书店、邮局、图书馆、情报所、档案馆等。

兰卡斯特把文献信息系统与社会的关系形容为一个循环圈,图3就是这样一个"信息传递循环圈",其中比较突出地强调了情报中心的职能和用户的吸收作用,这与现代图书馆的发展趋势是相吻合的。[37]

但是兰卡斯特的循环圈未能说明文献信息系统的组成情况,也没有全面反映文献信息系统与社会的关系。图4说明了文献信息系统由生产、发行与收藏利用三个子系统组成,每个子系统包含有若干文献信息产业部门,不仅表示了三者之间的信息传递渠道,而且表示了文献信息对社会创造物质财富,培养人才和产生新的知识产品所起的作用,并从其中吸取了自身继续发展的资源。图4清晰地指出了我国文献信息产业各个部门在整个系统中所处的地位,相互之间的关系,从而为建设文献信息系统工程提供了理论根据。

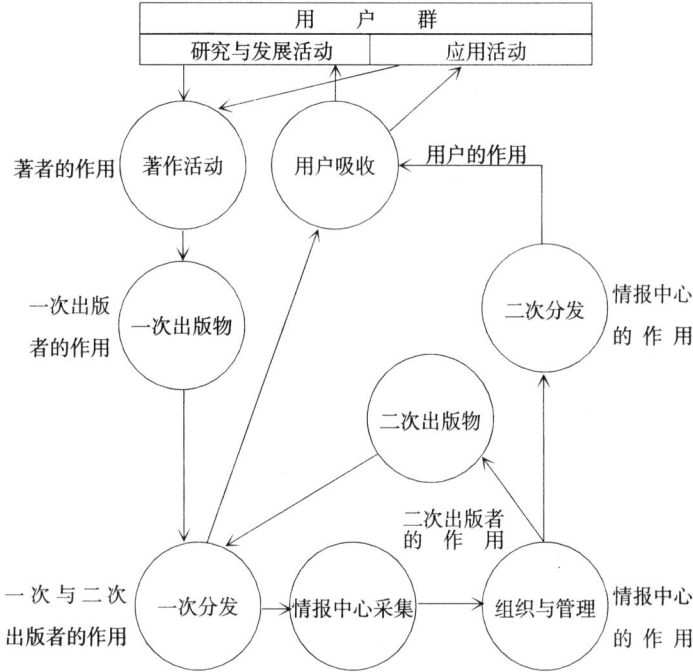

图3　情报传递循环圈

　　本章的目的是说明图书馆属于文献信息系统的一个组成部分,不是研究义献信息系统本身。所以在下面各节中,只是指出各个子系统与图书馆的关系,而未对各个子系统的情况作描述。

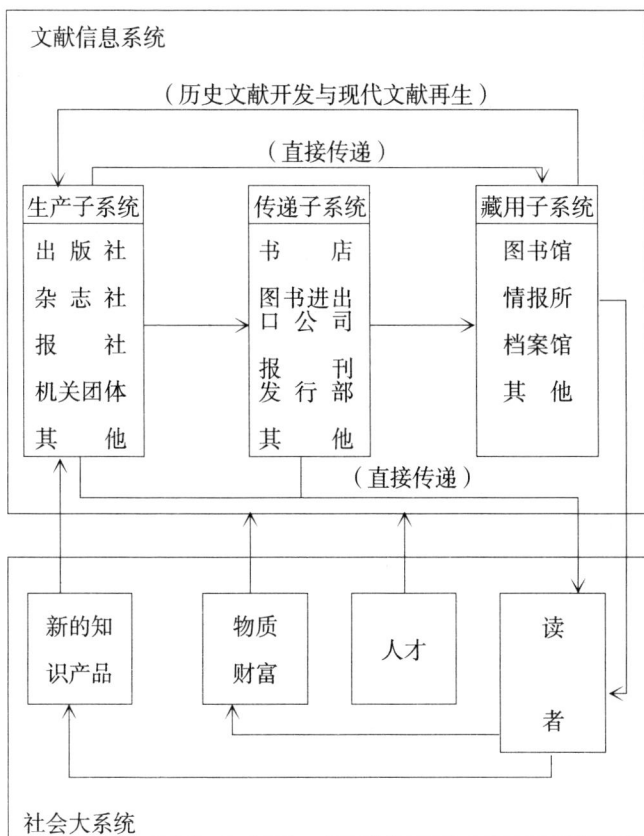

图4 文献信息系统构成及其与社会系统的关系图

第二节　文献信息生产子系统是图书馆存在的条件

没有文献信息的生产就没有图书馆

从图4可以看出,图书馆是文献信息的收藏利用部门。文献信息不同于自然信息与社会信息,后两种信息都是随机发生的,其收集利用系统不存在依赖性,而文献信息是人们生产出来的。虽然人类收集、利用自然信息与社会信息的能力也在不断提高,其技术水平现在甚至在对文献信息的收藏利用之上,对社会进步起了巨大的作用。但人类只是有了生产文献信息的能力以后,才真正步入了文明社会,而且也只有文献信息的生产水平才能表现一个民族的文明程度。图书馆之所以是人类社会文明的柱石,就是由于它收藏了人类几千年来所生产的文献信息供人们无休止地使用。所以图书馆对文献信息生产子系统有很大的依赖性。可以说没有文献信息的生产就没有图书馆。

直至目前,社会的政治、经济、文化、教育、科学、技术等因素对图书馆的生存与发展虽然都有很大的影响,但文献信息生产的影响仍然是最直接的。社会的种种因素总是首先表现在文献信息的生产上,如出版物数量的增加或减少,价格的上涨或下跌,都会对图书馆事业产生冲击。每个国家图书馆事业发展的增长曲线,和这个国家文献信息生产的增长曲线是接近的,特别是图书馆收藏文献数量的增长曲线,则是一致的。表4是我国公共图书馆36年来的发展情况,其增长曲线和表2、表3我国图书与期刊发展的增长曲线是接近的。随着文献信息生产数量的进一步增长,将促进我国图书馆事业有一个更大的发展。

表 4　我国公共图书馆的发展

年份	馆数	年份	馆数
1949	55	1967	399
1950	63	1968	375
1951	66	1969	335
1952	83	1970	323
1953	93	1971	354
1954	93	1972	414
1955	96	1973	469
1956	375	1974	527
1957	400	1975	629
1958	922	1976	768
1959	1011	1977	851
1960	1093	1978	1256
1961	873	1979	1651
1962	541	1980	1732
1963	490	1981	1786
1964	540	1982	1889
1965	573	1983	2038
1966	477	1984	2217

文献信息载体与记录内容变化的影响

在第一章,我们讨论了文献信息收藏利用机构的发展史,由于活字印刷术的发明和文艺复兴所引起的科学革命,导致公共书馆的出现。目前的图书馆形态,是文献信息载体与记录内容变化的直接产物,由封建社会的藏书楼出脱为公共图书馆。随着电子出版物这一新载体形式的发展,目前的图书馆形态可能将不复存在。图书馆从诞生到解体,总的也就是几百年的时间,或许要延续一两千年,但在人类历史的长河中,只是短暂的瞬间。

我国图书馆事业还处于早期阶段,尚未进入情报化时代,这和我国文献信息载体与记录内容的现状是分不开的。纸张型印刷物仍然占绝对优势,记录内容还相当缺乏多样化,二次文献的出版工作非常落后,标准化的事情刚刚起步,文献信息的检索极不方便,这些都注定图书馆事业难以摆脱困境,只能在低水平上徘徊。

值得注意的是,计算机激光汉字照排技术近年来有了很大突破,我国已有各种型号的设备投产运行,虽然目前还是生产的纸张型印刷物,但它告诉人们,计算机可读载体的文献信息即将在我国诞生,从而标志着一个新时代的开始。这也就是5—10年之间的事情,图书馆界需要对此做好思想准备。

我们将面临的是出版物从第一阶段向第二阶段的转变,* 即同一出版物机读与纸张两种载体同时发行,其中以各种检索性期刊与工具书更多采用机读载体,电子杂志则稍后一点。而图书馆的情报化、自动化、合作化、网络化趋向正是适应这一转变形势的要求。在此之前,离开文献信息载体变化的条件,图书馆界自身是无能为力的。

从这一认识出发,改变我国文献信息传递不灵的现象,必然要从文献信息的生产环节抓起,才能顺理成章,形成高效的文献信息收藏利用系统。否则,在落后的生产条件下,花多大的力气去进行再加工,也改变不了落后状况。譬如图书、期刊的出版周期很长,本身就不具有信息的时效性,报道工作怎么快,也增加不了信息价值。

图书馆的整序与延伸功能

图书馆对文献信息生产子系统有很大的依赖性,但也对文献信息的传播有整序与延伸的功能。

---

* 兰卡斯特将出版物划分为四个发展阶段:单纯的纸印形式、双重形式、单纯的电子形式、从纸印刷形式全面转换为电子形式。见《电子时代的图书馆与图书馆员》。

文献信息的生产基本上处于无序状态,再好的出版与选题计划也难以使出版物按既定的模式生产出来。图书馆将文献收集以后,用科学方法进行整理,依一定次序排列。浩如烟海的文献,千头万绪,难以问津,经过图书馆员的加工整理,成为条理清楚的知识宝库,读者就有了攀登科学顶峰的捷径。这种整序的功能越好,人类继续前进的步伐就越快。

　　通过图书馆的整序,还可以发现文献信息生产的分布规律,形成为对改进文献信息生产事业的反馈信息。例如,"据了解,从古代到现代,世界学术名著在一万种以上,过去我们一共只翻译出版过一千种左右,这些是世界文化遗产的结晶,我们必须有计划地进一步翻译出版"。[38]

　　文献信息生产部门对个别读者的传播是非正式的,任何一个读者的个人收藏,都不可能满足他进行知识再创造的需要,他必须利用图书馆。文献信息通过图书馆对读者的传播是正式的,这种文献信息交流渠道的畅通,是科学进步的保证条件。

　　文献信息在生产之初,生产部门的传播效果也许能大于图书馆,特别是报纸、杂志等大众传播工具的时效性是很强的。但任何一种文献,总是不可避免地受到时间与空间的限制。经过图书馆的收藏,文献信息的利用率就远远大于对个别读者的直接传播,这是传播数量上的延伸。更重要的是,从时间上说,跨越几个世纪的文献信息,读者可以从图书馆获得,从空间上讲,不仅一个国家内的文献信息可以在图书馆找到,其他国家生产的文献信息也能通过图书馆寻求,个人的力量要做到这一点是很难的。这种时空上的延伸功能,扩大了社会的信息交流渠道,是文献信息生产部门所无法做到的。

　　在一些发达国家,文献信息生产部门对图书馆的作用有深入的研究,设有专门机构进行服务。一般说,学术著作很少卖给个人读者,读者也有利用图书馆的习惯。考虑到图书馆长期保存与反复流通的特点,学术著作多为精装本,从而加强了文献信息的正式交流渠道。

历史文献的开发与现代文献的再生

新的文献信息的创造主要是由人进行的,但从图 4 中也可以看出,已有的文献信息也可以衍生出新的文献信息,一方面是历史文献的开发,另一方面是现代文献的再生。

人类几千年文明史所积累的文献信息,绝大部分还未为人类所充分利用,这里有种种客观因素的影响,在一定的条件下,人们就要对历史文献重新进行开发利用。这种开发利用大体上出于五种目的:一是当前经济建设的信息需求,例如重大基本建设对水文地质气象资料的探查,所以我国的地方志具有极高的信息价值。二是科学研究的需求,特别是在社会科学研究中,对历史文献的使用很多,所以整理古籍在我国是一项非常艰巨的任务。三是进一步扩大历史文献的传播,一些稀有资料、珍本手迹,长期以来鲜为人知,利用现代的生产能力,重新出版发行。四是文化与信息交流需要将一种文字的著作翻译成其他文字出版发行,这是世界范围的重大工程,翻译工作标志着一个国家的文化素质与信息吸收能力。五是保护性的开发,许多文献年代悠久,已不易保存,除了采取措施加强管理以外,并实行以复制件供读者使用的办法。这五个方面都与图书馆工作有着密切的关系。

为了扩大现代文献的使用效果,需要编制各种报道与检索工具,包括书目、索引、题录、文摘,还有报刊复印资料与各种选刊。在现代文献的生产总量中,这种再生性的文献(人们称之为二次文献,即不是由人们创造的原始文献),占有相当大的比重,可能达到百分之十以上。二次文献越完善,原始文献的使用效果就越好,这一工作主要是由文献信息收藏利用部门承担的。

前面我们讲到图书馆对文献信息生产部门的依赖关系,这里又讨论到图书馆对文献信息生产部门的存在价值,总的说是一种相互依存的关系。虽然说没有文献信息的生产就没有图书馆,但是没有图书馆,文献信息生产也就失去了永恒的价值,成了没有积累的消耗,对于人类的贡献也就很有限了。

第三节　文献信息发行子系统与图书馆息息相关

图书馆是发行部门的最大用户

根据1985年的不完全统计,在新华书店的总营业额中,图书馆与情报部门的购书费约占15.2%,即六分之一,这两个部门外文文献的购书量则达到全部引进数量的95%以上。国外的情况也差不多,图书馆确实是发行部门的最大用户,所以各个发行部门都很注意做好对图书馆的服务工作。

在商品社会中,流通是最重要的环节。文献作为一种产品进入市场,也同样是这一情况。已经生产出来的文献,通过发行部门的销售活动,传递到需要它的读者手中,每一具体文献的社会需求及其存在价值,基本上是以销售量来衡量的。社会对文献信息生产的各种希望与要求,也往往在销售活动中反映出来。但是这种产、供、需的关系,对广大随机无序的个别读者而言,掌握其规律是比较困难的。图书馆不但是一个最大的用户,而且在相当程度上集中了读者的需求与愿望,所以又是一个代表性的用户。对于我国目前以预订为主的发行方法,认真研究图书馆这一最大用户,对发行部门来讲有很大的实际意义。

从业务人员的素质讲,目前图书馆界图书采访人员的专业水平要高于发行部门销售人员的水平。无论是对学科知识的掌握,还是对读者需求的了解,图书馆的采访人员都要强一些。目前我国图书发行低水平的状况,与人员素质有很大的关系,加强从业人员的业务培训,建设一支高水平的发行专业队伍是一个紧迫的问题。借鉴图书馆采访工作的经验,利用图书馆的需求信息,作为培训发行专业人员和了解社会需求的参考,很有必要。

图书馆对发行部门有这样大的作用,发行部门就要重视做好对图书馆的服务工作,千方百计满足图书馆的需要,改变"卖方市场"的观念,切忌官商作风,只有周到的服务,才能使书店获得最大的利益。

发行部门是图书馆藏书建设的后勤

面对国内 500 多个出版社,每年 5 万多种图书,国外几千家出版社的数十万种图书,图书馆完全靠自身的力量是很难精确选择,进行藏书建设的。所以发行部门就成了图书馆界的总后勤。将国内外出版社出版的图书,分门别类编制目录,供各个图书馆进行选择,再按照图书馆界选择的数量,向出版社进货、组织供应。根据有关方面测算,我国图书馆界 80% 以上的文献是从新华书店和外文书店购进的,通过其他渠道引进和馆际交换获得的只占很少一部分,新华书店和外文书店是图书馆文献获得的最大供应者。发行部门征订目录编制的水平,组织征订与供货的效率,便直接影响着图书馆藏书建设的质量,因此,图书馆界对发行部门有很大的依赖性。而整个文献资源的合理布局,没有发行部门的参加,则是不可能实现的。

图书馆界的书目工作对发行部门有更大的依赖性,中外文图书统一编目的书片同步发行,只有在书店方面的配合下,方可顺利进行。国内外的经验都说明,图书馆与书店的合作是提高编目效益的关键。

有鉴于此,图书馆就要支持发行部门的工作,不要与发行部门争利;更不要做不利于发行主渠道建设的事情。因为那样做的结果,最终受影响的是图书馆的藏书建设质量和书目工作效率。所以,合作就成为图书馆与发行部门的共同需要,自觉地相互配合开展工作,将使双方都能得益。反之,彼此为小利而互不支持,则两方面的工作都要受到损失。

中介疏通,图书馆受益无穷

发行部门是文献信息生产部门与收藏利用部门之间的中介系统,尽管文献信息生产部门和收藏利用部门之间也有零星的、非正式的交流渠道,但所占比例甚小。关键是依靠发行部门的中介作用。

图书馆界希望发行部门:①书目信息全面、及时、准确,②保证购到所需文献资料(包括补购过期的难得资料),③及时供应并提供编目服务,④支持藏书采购的协调活动。

从书目信息来讲,国内缺乏全国性的征订目录,地方出版社的图书目录满天飞,既使图书馆的采访工作困难重重,也影响地方版图书不能广泛发行。没有累积的现货目录(亦称可供书目),是我国发行处于低水平的标志。国外文献征订目录所供品种偏少,是急待解决的又一问题。

为保证图书馆能购到所需文献资料,书店方面有大量事情可做,"一次征订,过期不办"的"官商"做法,必须改革。

克服自身的困难,将已经生产好的文献信息及时传递到图书馆极为重要,扯皮推诿,不仅对生产及藏用部门不利,发行部门同样也会受到资金上的损失。编目服务包含单本书的统一编目和所有图书的联合目录,发行部门的配合都有很大的作用。

支持文献信息收藏利用部门的采购协调活动,表面上看,发行部门可能减少某些文献的发行数量,降低营业收入。但合理的文献资源布局不仅产生巨大的社会效益,而且所节省的经费最终仍然是用于购买其他种类的文献。收藏利用部门的健康发展,还将给发行部门带来长远的经济效益。

文献信息的生产是决定性的,但发行渠道不通,中介堵塞,收藏利用部门同样难以实现其社会职能,或者付出重大的代价而收效甚微。我国书目事业的现状就充分说明了这个问题。"出书难"、"买书难"、"卖书难"则是中介堵塞的全面写照。

图书馆事业兴旺,书店效益增长

做好对图书馆的服务工作,是发行部门的一个最大的收入来源。由于图书馆是成批订购,又是大宗供货,销售同样数量的图书,比起门市零售,要少费很多劳务与时间。在国外,书商对图书馆都有一定的供货折扣,国内没有这样的规定,因此,发行部门从对图书馆的服务中可以得到比较多的好处。看到这一点非常重要,一是书店对图书馆要有比较周到的服务,不要以为增加了麻烦,这比门市零售总是省力得多。二是对于一些附加服务要有清醒的估计,例如国外书商就主动为图书馆提供编目服务,低费甚至是免费的,其目的是通过编目服务争取图书馆到他的书店购书。我国的书店不重视这一点,对经营随书配片嫌利润太低而不愿承担,他们不了解这一微利在购书费中是得到了补偿的。在独家经营的体制下,书店一时还不会受到影响,随着发行体制改革,向多渠道经营发展,必然会有一些书店以开展随书配片来争取图书馆的购书,那时的冲击力就非同小可了。

图书馆是发行部门一个非常大的潜在市场,我国图书馆事业在今后十五年内将有很快的发展,藏书总数到2000年比现在要翻二番,这就意味着购书经费比现在要增加3—4倍。这固然是对出版部门的极大推动,但书店从中将增加很大的经济效益。如果现在不能改善对图书馆的服务措施,巩固这一市场,在未来的激烈竞争中,就有丧失这一市场的可能性。

其实,微利而周到的服务,不仅是巩固图书馆市场的手段,而且从经济效益上讲,由于图书馆购书是一种大批量活动,即使对每种书提供编目服务只有一分钱的利润,一年也有上百万元的效益。这要算大帐,不能以近视眼光看待这样的问题。

发行部门周到的服务,促进图书馆事业的顺利发展,反过来又带动发行部门自身的繁荣,这就是事物发展的辩证法,有战略眼光的书店不仅应十分周到地做好对现有图书馆的服务,还可以为发展新的图书馆网点贡献力量。这是"一本万利"的事情,大有可为。

第四节　图书馆是收藏利用子系统的中坚

档案、图书(馆)、情报事业的同一性

收集、整理文献信息并向读者提供服务,是档案馆、图书馆、情报所的共同目的,由此而产生在业务处理方法上的接近,在现代化手段的应用上甚至完全一样。对此,国内外都有人进行过比较研究。表 5 是西德学者克劳斯·赖齐本对三者业务内容所作的比较。[39] 表 6 是国内学者所作的比较。[40]

表 5 从十个方面进行比较,说明十个方面是三种机构的共同特征,只是内容有所差异。该书是 1980 年出版的,许多差异现在已发生了变化,例如技术设备,三种机构均已采用了最新的电子计算机进行数据处理。

表 6 说明,三种机构在五个方面具有共同的工作内容,只是表达形式不同。表中情报部门的一项具有特性的情报研究工作,现在档案部门与图书馆也在逐步开展。此表反映了我国的实际情况。

这两个表都说明了三种机构有很大的同一性。

发展导致差异

在第一章第二节中,谈到了从档案室到情报中心的历史演变,说明了图书馆的出现在人类文明发展史上的巨大意义。而情报中心的建立,使文献信息的收藏利用又进入了一个新的阶段,整个社会都受到了这一变化的影响。

表5　情报工作、图书馆工作和档案工作的比较表

（均以这些工作的"纯粹形式"为依据）

特征		档案工作	图书馆工作	情报工作
主要任务		保护文化财富——静态	整理图书以便出借——静态和动态	收集、加工和贮存文献内容以及有关情报——动态
创立		法人或自然人的业务需要	创立者的创建活动	利用最新知识的需要
文献	主要文献类型	过时但有继续保藏价值的文件	单本文献	各类文献,首先是非单本的文献
	主要采购方式	分配	购买、交换、赠送	购买、交换、赠送、陈列、分配
加工方法		作题录	有系统地作题录	作题录和文摘（可供机读的）
文摘工作		基本上不进行	大多数情况下仅按主题进行粗分类	大量进行
贮存		名录、索引指南	传统的一级目录卡片（现在已部分采用电子方法贮存）	一级目录卡片、穿孔卡片、光电设备、电子数据处理

特征			档案工作	图书馆工作	情报工作
分类系统			大都按登录次序以及不同历史时期划分	字顺目录、分类目录和字典式目录	专题分类法或综合分类法,特别是适于电子数据处理的主题词表
情报工作	主动的		基本没有	馆藏目录、新书目录	文摘、卡片、快报,定题情报服务
	被动的	回答咨询	提供详细的档案内容	提供资料目录	提供资料目录和主题词目录
		利用	仅在档案馆内	在图书馆内,或者外借	主要通过通信工具
针对用户需要			很少	有针对性	有很强的针对性
技术设备	穿孔卡片和穿孔纸带		很少使用	很少使用	经常使用
	电子数据处理设备		很少使用	大型图书馆正在开始使用	采用先进的电子数据处理设备
	复制技术		简单的复印机	简单的复印机	广泛使用现代化大型复印设备以及缩微技术

　　但是,跨越几个世纪、性质各不相同、职能差异很大的三种机构,却在当今社会同时存在。不仅在处于不同发展阶段的国家分别存在,即使在一个国家之内,依然有三足鼎立的状况。虽然有同一性,但也存在很大差异。

　　从表5可以看出,档案馆以收藏文献为主要任务,文献收藏是永久性的,服务工作较为被动,且有严格的密级限制,是静态的。情报中心的活动是动态的,服务最为活跃,追求文献信息畅通无阻,社会作用比较明显;它对文献的收藏利用,以满足对信息的开发与传播为限,不是永久性的,大部分情报中心的文献最后都转移

表6 档案工作、图书馆工作、情报工作比较简表

档案工作	图书馆工作	情报工作
（一）收集	（一）采访	（一）收集
内容:科技图纸、技术文件、人事材料、会议记录、历史档案等原始资料	内容:图书、期刊、报纸等公开出版物为主,以及一些内部刊物和资料。大型图书馆和专业图书馆还收有科技报告、专利等	内容:具有一定新颖程度的图书、期刊、研究报告、设计图纸、技术讲座或学术会议资料、出国考察报告等
（二）整理①区分全宗②分类③案卷的编立④目录的编制	（二）分类编目①分类②编目③组织目录	（二）整理加工①主题标引②分类②组织目录
（三）保管①案卷的排列②案卷的保护③案卷的鉴定,对无价值的进行清除	（三）保管①藏书组织②藏书保护③藏书剔旧	（三）保管与图书馆、档案馆相同
（四）利用①内部查阅为主②必要时外借,或提供复制品	（四）阅览流通①馆内阅览②外借或必要时提供复制品③读者辅导④参考咨询	（四）咨询服务和文献检索(包括代查、代译、代复制)
（五）编纂①汇编有价值的档案资料出版发行	（五）宣传推广①编写新书通报②编制书目、索引、文摘③举办书刊展览和读者报告会	（五）报道交流①动态报道②编译出版情报刊物③新到情报资料的题录或文摘报道
		（六）情报分析研究①动态分析②综述③评述④专题总结⑤科技情报鉴定

到图书馆。图书馆对文献的保存基本上是永久性的,主要以一次文献为读者服务,因而是静态的。但面对公众的咨询要求,对读者进行文献查找方法教育与阅读辅导等活动,又有动态的一面。尽管相当多的图书馆(特别是科学图书馆),同时具有情报中心的职能,但毕竟与独立的情报机构有所不同。

这种差异既是社会结构多样化的反映,也是文献收藏利用部门历史发展的遗迹,说明人类前进的步伐是不齐的,不仅在不同的历史阶段有着不同的结构形态,即使在同一国家,同一时期,由于经济、政治、文化发展的不平衡,必然有不同的文献收藏利用部门以满足不同的社会需求。我们不能人为的消除这种差异,因而就不能简单地强求划一,只能在承认这种差异的前提下,寻求其共同的趋向,在新的服务水平上,探索实现功能统一的途径。

档案、图书(馆)、情报一体化之分析

由于情报工作是从图书馆分化出来的,许多情报部门就在原有的图书馆之内,所以八十年代以来,我国出现了"图书情报一体化"的说法。但是这种一体化的概念,并不是说图书馆工作与情报工作没有区别,两者的差异是客观存在,只是说一个机构同时具有两种职能,有利于文献信息的合理利用,充分发挥效益。决不能只强调一方面的功能而削弱另一方面的功能。

目前又出现"档案、图书、情报一体化"的说法,认为"档案是最重要的情报",档案工作也要情报化。尤其是随着商品经济的发展,科技档案急速增长,许多厂矿企业的档案工作已经与图书情报机构合到一起,共同进行为发展经济服务的文献信息工作。

从文献数据库的研制情况看,档案、图书(一次文献)、情报(二次文献)的电子形式版本已进入一个共同的数据库系统,以统一的查询方式提供检索服务。目前世界上几个著名的信息检索服务系统都包含有这三方面的数据库。今后的发展趋势,通过联结

计算机网络的终端，用户可以直接索取这三种类型的文献信息，那时，这三者的差别也就自然消除了。

在当前的条件下，强调"档案、图书、情报一体化"有其积极意义。一是从工作内容上适应社会的信息需求，重视情报职能，使档案与图书（馆）工作向情报化的方向发展。二是在行政体制上，加强三者的横向联系，相互配合开展工作，形成合理的布局。三是根据未来的趋势，建设总体的检索服务系统，避免分散投资所造成的重复浪费。四是在理论建设、学科发展和人才培训上进行合作。当然，三个部门在相当长时期内仍然是各具特点，但有一个共同的发展目标，会使事情办得好一些。

在对一体化的讨论中，有一个对"信息"与"情报"的语义理解问题，由于这两个词皆源自英语 Information，有些情报界的同志把信息科学的一些论述对应到我国的情报工作上，从而界限不清，以偏概全，人为地扩大了差距。对于这一点，陈明远认为对"信息"与"情报"应作广义与狭义区分的看法，是比较客观的。*

图书馆工作情报化是现阶段最重要的目标

档案工作在我国历史最为悠久，至今对国家与社会仍具有重

---

* 在中文里面，我们应该对于"信息"一词作广义的理解，对于"情报"一词作狭义的理解。即认为"信息"是与"能量"、"物质"同等的最基本概念。至于"情报"这个概念，则表示某种狭义的信息，是有关某个专门方面（有时还需要加以保密）的资料报告之类的特定"信息"。这样就把英文的 Information 这个术语在使用时的差别表达清楚了。例如，在生命科学方面，中文的"遗传信息"、"信息转录"，就不能说成"遗传情报"和"情报转录"。在计算机科学方面，中文的"信息处理"、"信息论"、"信息化"就不能说成"情报处理"、"情报论"、"情报化"，最后，"信息科学"就不能说成是"情报科学"（跟日文中的不同）。

只有在狭义的"情报学"（Informatics）范围内，我们可以用"情报"来表示狭义的"信息"，比如"情报检索"、"科技情报"、"情报网"、"情报站"等等。（陈明远：《语言文字的信息处理》，知识出版社，1982）

要功能,但限于其机构的性质,接触的用户很少,又由于档案文献还有保密年限的规定,它的社会影响有一定局限。

情报工作现在已引起全社会的重视,在行政体制上又处于极为有利的地位。但情报工作在我国不仅时间短、基础差,至今网点面仍很少,其理论建设与人才培养又是在现有的图书馆学专业中"借鸡下蛋",面对当前经济建设的情报需求,显得势单力薄,难以适应社会的巨大压力。

图书馆在我国文献收藏利用系统中处于中坚的地位,网点最多,队伍最大,文献信息量最为丰富,服务的用户也最广泛,因而社会影响深远。但由于长期封闭文化观念的影响,也由于行政体制的原因,在我国以四化建设为中心的振兴经济浪潮中,图书馆工作情报化的步伐迈得不大。不少图书馆在这方面做了不少工作,但在指导思想上没有形成为具体的目标,在事业建设上也缺乏相应的规划,因而图书馆界所蕴藏的潜力,未能得到充分的发挥。这样一个状况不仅影响了图书馆事业自身的生存价值,不少人以为图书馆事业对经济建设是可有可无、可多可少、可快可慢的事情,看不到图书馆传递文献信息的职能。更为重要的是影响了国家经济建设的进程,这是一种无形的影响,难以用一种有形的刻度去衡量。只是在一些事情遭到失败以后,从痛苦的教训中意识到文献信息之不足。

因此,图书馆工作情报化就成为现阶段最重要的目标,不仅大型图书馆要办成为科学图书馆,承担起情报中心的职能,建立文献信息网络,即使农村图书室也要把情报工作做为重要内容,在实施"星火计划",科技知识下乡的活动中开展多种服务,使图书馆获得新的活力,从而有一个比较大的发展,与档案、情报部门共同完善我国的服务体制,为整个社会充分利用文献信息资源、促进经济腾飞做出积极的贡献。

第五节　重视文献信息系统工程的建设

UAP 与 UBC 的基点*

UAP 是国际图书馆协会联合会（IFLA）在 1973 年所倡导的，"各国有责任提供本国出版物以供馆际与国际互借害使用，满足本国及国外读者需求。""做为一个目标，最终要做到无论何时、何地都能在最大程度上向读者提供他所需要的出版物。""为实现这一目标，UAP 作为一项计划，不但要采取正面的措施，还必须采取措施排除障碍，这些措施应在从国内到国际各个水平上，从新资料的生产到出版物的保存各个阶段上进行。"所以 UAP 涉及作者、出版社、书商、图书馆、情报中心、档案馆和其最终受益人——读者，也是有关国家政府机构和国际组织的职责。[41]

我国从 1979 年开始接触 UAP 活动，1986 年 5 月召开了第一次 UAP 学术讨论会。国内外推动 UAP 的实践说明，实现 UAP 的目标，存在的困难很多，仅仅依靠图书馆界的力量是难以进行的。为此，需要文献信息系统各个部门的紧密合作，还要有作者与读者的积极参与。在出版物从生产到使用的各个阶段，采取实际可行的具体措施。

UBC 是 IFLA 倡导的另一项计划，试图建立一个从事书目交换管理的国际信息系统，其目的是"对世界各国发表的主要出版物，以一种国际上可接受的方式，全面而迅速地作出基本目录。"[42] 建立这样一个交换系统，要解决三个关键问题：①书目数据源，②

---

* UAP（Universal Availability of Publications），出版物之普遍可用。UBC（Universal Bibliographic Control），国际书目控制。

标准化,③组织。这是一个非常困难、甚至根本不能实现的任务。因此,IFLA 的 UBC 办公室将工作重点转移到推动国家书目控制(NBC)的实现上。NBC 比 UBC 有较为优越的条件,它有直接的数据源保证,不仅能象 UBC 通过标准化活动、积极协调等间接手段,而且还可直接编制国家书目、国家联合目录、国家联机书目数据库。全面的 NBC 包含国家书目体系、联合目录体系、专题目录体系、检索刊物体系。从各国的实际情况看,实现 NBC 目标,同样需要文献信息的生产、传递与收藏利用各个环节的协调行动。

UAP 与 UBC 都是为了实现最大限度的资源共享,UAP 重在文献的获得,UBC 重在记录与检索。UBC 是实现 UAP 的先决条件,UAP 是 UBC 的出发点和目的。[43]

发达国家已经形成文献信息产业

在一些工业发达国家,从其管理的经济效益出发,通过推动 UAP 与 NBC 的实现,加上现代化的信息处理技术,已经形成为文献信息产业。图书馆在这样的产业基础上得到许多好处,使事业建设有了更迅速的发展。

美国是电子出版物最发达的国家,由学术团体、高等院校、政府部门、公司企业生产各种类型的二次文献数据库(即电子出版物),并形成为数量众多的信息检索系统,其中最大的有三个,DIALOG,ORBIT,BRS。各个图书馆和信息咨询部门,只是安装终端,通过卫星或电缆电视,从信息检索系统获得所需的文献信息。其中的书目信息数据库由国会图书馆生产 MARC(机器可读目录)磁带,所有的书商和图书情报部门都采用国会图书馆的 MARC,并形成为全国的书目信息网络。目前几个信息检索系统还能通过远程终端直接提供一次文献。当然大量的还是及时传递纸印形式的原始文献。这样一个高效的文献信息产业,每年有 15 亿美元的营业额。[13]

西欧由于国力的限制,由几个国家进行国际合作,分别生产各种类型的二次文献数据库,形成一个欧洲联机信息检索系统。但在很大程度上仍然依靠美国所提供的信息服务。

日本为了增强本国的信息处理能力,一是大力推动计算机与通信设备的生产,一是抓了信息协会的发展。前者是信息产业的技术支柱,后者是信息系统的内容,结果在很短的时间内便缩短了与欧美的差距,成为一个信息大国,在发展经济中起了很重要的作用。[44]

这些国家由于在开始阶段缺乏总体规划,在发展过程中逐渐形成为完整的产业,进行协调分工,不仅付出了昂贵的代价,而且也留下不少难题。例如美国的 OCLC、WLN、RLIN、MiniMARC、Re-MARC、CLSI、Dataphase、Baker and Taylor、Brodard 和 LC 等书目系统企图联成一体,形成为一个全国的书目系统。但由于在建立系统之初,对标准与规范缺乏周密考虑,现在要花费巨款进行改造,这是后来者需要引以为戒的。

运用系统工程方法是根本途径

文献信息生产、发行与收藏利用三个子系统所包含的各个部门,客观上是一个完整的文献信息系统。但我国至今仍然是一个个彼此分离的孤立机构,缺乏统一的管理和协调活动,没有形成为一个有效运行系统。加之传统观念中消极因素的影响,至今还未把文献信息系统作为一个产业来发展,比较多的强调其意识形态的方面,忽视了其传播信息的职能,现在需要注意到这个问题。

要把文献信息系统建设成为一个产业,发挥其在当代社会经济发展中的重要职能,必须运用系统工程的方法,建设文献信息系统工程,在当前的技术条件下,有些工作已经可以开始着手,还有一些事情则有待汉字信息处理技术与通信技术完善以后再逐步实施。

首先解决纸印形式文献信息的迅速传递。

从一次文献来说,运用计算机激光照排技术,改革出版管理体制,缩短出书周期,努力疏通发行渠道,及时传播文献信息。

一次文献的书目信息,在推行在版编目的基础上,建立出版、发行、图书馆共享的综合书目系统,实现 NBC 的目标。

在建立良好的书目报道体制和有效的馆际借书办法的基础上,进行合理的文献资源布局,实现 UAP 的目标。

从二次文献来说,加强一次文献生产部门与二次文献加工部门的合作,以合乎在版编目要求的一次文献校样编制二次文献,借助计算机的辅助功能,努力缩短报道时差,做到尽快发行。

这些都要求强有力的宏观控制与一系列的技术措施,保证系统目标的实现,并可为下一步建立电子数据库打下牢固的基础。

在信息处理技术完善以后,即可进行计算机化的文献信息网络系统的建设。

文献信息学的理论体系

文献信息学理论体系探索对系统工程建设非常重要。文献信息学包含基础理论与技术应用、纵向分支学科、横向分支学科三大部分。

基础理论与技术应用包含:文献信息学概论、文献信息系统工程建设、文献信息事业发展史,中外文献信息学比较研究、文献信息处理技术、文献信息保护技术等等。

纵向分支学科包含:出版学、编辑学、新闻学、传播学、发行学、图书馆学、情报学、档案学等等。

横向分支学科包含:目录学、版本学、校雠学、读者学、书评学等等。

所列纵向分支学科,是文献信息系统所包含的各个机构,并因这些机构已经形成的学科。有些同志不同意以机构名称作为学科名称,[7]但已经形成的"概念",重在改造内容,而不在于变换名词。而且文献信息学只能包括不能代替各个分支学科。

至于横向分支学科,它们的研究内容与每个纵向分支学科都有密切关系。例如对于读者的研究,虽然在生产,传递与收藏利用三个环节上有所区别,但其研究对象是一致的,所要考虑的社会条件与制约因素也是相同的,所以读者学就是一个横向分支学科。

当前迫切需要加强文献信息学的理论建设,从总体上探索与说明文献信息系统的社会职能。各个分支学科只应就其分工所在,作客观描述。以某一分支学科代替整个文献信息学的研究,以某一局部功能代替整个文献信息系统的说法,应得到改变。

高等学校的专业设置与课程安排,不宜划分过细,以避免彼此雷同,把每个分支学科与文献信息学的研究推向一个新的高度。譬如大学只设文献信息管理系,下面可以分专业,也可以不分专业。凡是可以总体讨论的课题,象文献的整理、加工、分类、编目、存贮与检索的方法等等,都面向各专业。只有那些仅为某一专业所特有的课题,像图书馆的流通管理,出版社的经济核算等,才面向具体专业。

第三章　资源共享与图书馆网络建设

第一节　图书馆网络建设的背景与目标

网络是现代社会的产物

图书馆网络建设的状况,标志着一个国家图书馆事业的水平。一个个具体图书馆互不协调的发展,无论各自具有多大的能力,都不能满足社会对图书馆事业的要求,而每个具体图书馆只靠本馆的资源也是不能为读者提供优质服务的,只有图书馆网络才能解决这样的问题。

但是,图书馆网络并不是一种孤立的现象,它是现代社会结构从等级制度向网络组织转变的产物之一。

"网络"一词,就其一般意义而言,是指纵横交错而形成的组织或系统,或者说是"关联系统"。也就是说,网络就是系统。整个社会是一个大系统,也就是一个大网络。

若干世纪以来,金字塔式的结构是人们用来组织和管理自己的结构形式。从罗马军队到天主教会,从通用汽车公司到国际商用机器公司,在它们的组织图表中都可以看到,权力和信息从金字塔的顶端有秩序地流向底部。[13]

进入本世纪六十年代,社会经济的飞速发展,僵硬的等级结构使信息流程缓慢,而速度与弹性正是这个时代所迫切需要的。沸腾着变化浪潮的世界，一下子冲破了旧有的社会结构。人们以各种方式（会议、电话、联盟、通信刊物等等）相互联系，形成为交换信息，分享资源，改变现状，提高生产力和工作环境质量的网络结构。网络结构比等级结构以更快的速度、更节省能源的方式传递信息，加强了社会组织之间的横向联系，解决了等级结构所不能解决的种种难题。

图书馆是社会大系统中的一个分支，也就是社会大网络中的一个节点。当整个社会结构发生变化以后，作为社会交流信息的工具之一，图书馆也必然要随之变化，否则就难以实现其社会职能，失去生存条件。

图书馆网络是现代科学技术的成果之一

计算机和通信设备的成就为社会结构的改变提供了技术条件。目前，信息传递已经是一个威力无穷的网络系统，成为整个社会的神经中枢。图书馆网络本身就是现代科学技术的一个成就，它的形成是"推广新技术的结果，并非由于图书馆想创立一个超级机构"。[44]

虽然图书馆网络的思想和图书馆之间的合作活动可以追溯到一百多年以前，但只是到了本世纪六十年代后期，随着计算机的应用，图书馆网络才和图书馆自动化一起成为图书馆学领域一个具有普遍意义的名词，也才真正有了实体的图书馆网络。

《美国百科全书》（1978年版）"图书馆网络"条写道："图书馆网络包括四个组成部分：①使用者获得资料的地点或联系点。②数据库，包括传统形式的书籍和杂志，缩微化的书籍、杂志和包括计算机磁盘、磁带等其他形式储存的数据。③通信系统，包括同图书馆员的直接咨询，传统的馆际互借，传真传输和阴极射线管的直接显示。④行政管理和财政的契约根据。"从这个意义上说，只有使用现代化的手段，才能真正把参加网络的图书馆联结在一起。

而图书馆之间广泛多样的合作形式,只是一种网络建设活动,还不是实体的图书馆网络。

1978年,我国图书馆界访英代表团的访问报告指出:"现代化与网络化可以说是当前图书馆事业发展史上发生重大变革的一个主要特点,这两点之间的关系,实质上又是生产力与生产关系的矛盾在当前图书馆事业上的一种具体反映。"[45]这里提出了一个深刻的命题,可惜没有引起人们的足够重视。近年来我国图书馆界在应用计算机上投入了相当大的力量,但网络建设却进展甚微,有关部门又未采取措施加以引导,以致生产力与生产关系的矛盾没有得到很好解决,前景不容乐观。

问题的关键是传统的图书馆网络模式在我国图书馆界和图书馆学研究领域中仍占据主导地位,对现代科学技术在网络发展中的作用缺乏敏感,在新的矛盾面前无能为力,影响了网络建设的进程。

由网到点的网络建设思想

目前占主导地位的图书馆网络理论认为:"图书馆网络是近代图书馆事业发展的产物,它发端于图书馆之间的协作。"因此"图书馆之间的协作活动"是图书馆网络的主要标志之一。这一看法只注意到图书馆自身合作的表象活动,忽略了图书馆网络产生与发展的基本原因,从而也就不能找到推动图书馆网络建设的动力。

既然图书馆网络是社会大网络中的一个子网,就要从社会的整体目标考察图书馆网络的功能,以自上而下的宏观思维方式认识事物。每个网络要素必须是其有机组成部分。因而它是由网到点、而不是由点到网。网络的每个节点(成员单位)都要按网络的功能要求活动,而不是由节点的活动决定网络的功能要求。图书馆与社会的关系是这样,图书馆界的内部关系也是这样。由网到

61

点,指的是网络建设的指导思想,而不是谈论事物的进化过程。

由网到点,就是根据图书馆事业在整个社会大系统中所应承担的任务,确定图书馆网络的功能要求,以此来协调每个网络节点(图书馆)的活动,并且得到确认(具有法律性质的协议),从而保证网络功能的实现。

每个图书馆参加网络与否是自愿的;一经参加就要执行网络的协议,调整其内部系统,以适应网络功能的要求。这就要打破本位堡垒,以网络建设理论指导本馆的改革,包括采购原则与借书规则的修订,标准与规范的推行,等等,从而做到系统的和谐性。

传统的图书馆网络理论的局限性是由点到网,以每个图书馆的自我系统为基础,进行协作活动。在没有打破封闭体系的情况下,必然把协作看成是额外负担,往往有利则争,无利则推,不愿改动本馆的基本模式,尽管其中有无法实现的空论,甚至有妨碍他人利益的不妥之处,也都不想改变。既不考虑网络的整体功能,又忽视图书馆事业对社会的服务效果,结果当然是无法建成实际有效的图书馆网络。这是宏观失控现象在图书馆界的表现,也是需要我们认真加以总结的教训。

图书馆网络建设的目标

为社会服务的效果是图书馆网络建设的根本目标。按照列宁的说法,是"帮助人民利用我们现有的每一本书"。[46]一些发达国家的图书馆学专家提出:"保证每个居民(不论住在那里)或者文献保存在什么地方,同样能获得他所需要的信息。"[47]这是系统的目标性,也是衡量网络效益的第一位标准。当然,网络目标的具体规定,要考虑各方面的条件真正能够做到,也就是系统的可行性。至于推进图书馆事业发展,使每个图书馆能以最小的维持费用实现最大的服务功能,虽然也很重要,但那是第二位的标准。只有把图书馆网络置于社会大系统的整体功能制约下来认识,才能摆好这个主次关系,也才能深刻理解一个具体的图书馆,为什么必须接受图书馆网络的制约,不能搞"自成体系"的"本位堡垒",从而激发起建设网络的热情。

图书馆网络还要与文献信息系统的其他部门(另外一些网络系统)加强横向联系,互用信息资源,做到综合处理(这就是系统的开放性),从而使图书馆网络有一个好的生存环境,上下左右保持良性循环,按照各方面的反馈信息及时调整网络的运行体制,取得为社会服务的最佳效果。

至此,可以借用下面一段描述来概括本节的讨论。

"第一,图书馆网络作为图书馆事业史上的一个高级组织结构形式,它并非凭图书馆专家的主观臆想建立起来的系统,而是由客观世界运动和科学结构变动生长出来的必然产物,是图书馆事业发展进程中的必由阶段。

第二,现代科学的任务在于从整体上描述客观世界并揭示其内在规律性及各学科之间的纵横联系和交叉效应;现代图书馆网络的本质职能应当是以最佳组织结构,充分利用先进技术手段,最大限度地搜集、保存以往的科学成果,并通过扩散,反过来促进科学向新的深度、广度伸展。因此,图书馆网络的最佳化,实质上是指图书馆网络结构和工作机能与科学发展进程的适应程度。

第三,图书馆网络作为科学系统中(也就是社会大系统中)的某一级子系统,必然与其他子系统一道,受一组相关联的目标、限制条件制约,并服从于上一级系统即科学交流系统的特定目标和整体功能。"[48]

第二节　图书馆网络的横向性

纵向化趋势剖析

八十年代以来,我国各类型图书馆的"条条联系"有了很大发展,文化部系统、高校系统、党校系统等,都做了不少事情。"条条"里面还有"条条",例如"铁道院校"、"医药院校"、"轻工院校"等,正在积极开展活动,人们还是习惯于用金字塔式的结构来组织与管理自己的事情,尽管这已是过时的东西。不少人以为:"图书馆网是由各种类型图书馆组成的,只有不断地发展各种类型图书馆,才能为图书馆网的建设提供坚实的基础。"[49]从而为纵向化趋势提供了理论依据。

为什么会产生这种现象? 可能由于专业相近,共同语言多一些;再者同属一个主管部门领导,几家合起来能争取解决一些实际问题;而且在一个比较小的范围内容易做成一点事。何况在整体网络无人推动的情况下,条条总还起了一定的作用,也取得不少成绩。这是我国当前生产力和管理水平的反映。存在决定意识,人们的认识不能跨越社会的客观条件。

但是,我们不能为这种现象唱赞歌,要指出这种趋势的不合理性,说明它对社会带来的潜在危害。

纵向联系本质上是一种等级结构活动,严格地说,是与网络结构的横向联系相对立的。把相对立的活动说成是网络建设的基础设施,从逻辑上讲就是矛盾的。实际情况正是如此,凡是热衷于搞纵向联系的地方,横向联系就难以开展,壁垒森严,条块分割的局面更为严重。

因此,条条自成体系的发展,无助于网络的建设。当然,我们不是一概否定条条的作用,任何一个社会组织都有其系统的归属,条条仍然有许多重要的工作要做。问题是要在国家图书馆网络建设的总体规划之下(由网到系统),每个系统根据其所承担的任务(再由系统到点),组织本系统的图书馆努力予以实现。

需要说明的是,离开现代管理科学去发展纵向联系,基础越坚实,对网络建设越不利,在小生产意识支配下,追求的是万事不求人,与网络的目标正好背道而驰。

横向联系之必要

我国的图书馆体制,和我国各方面的体制一样,30多年来形成条块分割的状况。造成效益很低,潜力不能发挥,损失浪费严重,没有活力等种种弊端。要改变这种状况,必须进行体制改革,这是一项非常艰巨的任务,不是短时间内所能完成的。

任何事物,有纵有横,才成其为网络。有纵无横的树形结构,越到树的末梢,信息越是不灵。而网络正是在已有的纵向结构中,插入了横向联系,使最基层的单位,能绕过许多层次,获得交流信息、分享资源的机会。没有这种横向联系,就失去了网络的生命力,无网络建设可言。所以在许多机构没有作实质性的改变之前,首先加强有关业务部门的横向联系,就是赋予这些部门以活力,逐步摆脱等级分明的僵化状态。

文献信息资源的分布,横断面很大,每一纵向系统不仅不能覆盖齐全,甚至不能满足系统自身的需要,必须依赖系统间的相互交流。加之交通与通信条件的限制,纵向系统的空间很大,远在天边,而横向联系,地域较小,近在眼前。所以,图书馆网络必须是横向性的,才能及时传递文献信息以共享这些资源,满足社会的需求。

现在的情况是,各个条条的系统,每年有一定的工作费用,虽然不多,但可开展不少活动。而图书馆网络的建设却几乎没有任何经费,什么事情也无法进行。结果是各个系统分别召开内容雷同的专业会议,举办性质相近的干部培训班;同一地区花不少钱办几个图书馆学的专业刊物,不仅内容重复,而且质量不高,几个地区都在编印成套的图书馆学丛书,你抄我,我抄你,基本是一个模式;等等。完全可以有一个总体规划去分工负责,从而节省人力、物力,去开拓新的领域,改变网络建设的落后状况。

只有纵向活动,没有横向联系的结果,不仅造成人力、物力上的浪费,而且许多事情就难以进行。例如编制联合目录,目前几个系统都在做,除了善本总目以外,没有横向的联合。编一部全面的联合目录,成为我国图书馆界的一大难点。

条块分割,支离破碎

在图书馆网络建设中,人们也曾提出过"地区与系统相结合"的原则,"纵横交错的"网络结构。但是在"由点到网"的思想指导下,强调首先建立好一个个具体的馆,而后再发展各个类型的系统,在此基础上建立网络,就是由点到系统到网。这与由网到系统到点正好是颠倒的。在这种背景下,无论是各个系统的条条联系,也无论是各个地区已有的协调组织,虽然都克服了各种困难,做了许多有益的工作,但因为没有一个总体目标,地区(块)与系统(条)之间互无联系,也就不可能形成为一个纵横交错的网络。

没有总体目标进行网络建设,存在很大的潜在危险。图书馆网络最多的要算英国,各个图书馆可以自由地形成他们认为是合适的正式和非正式的组织。对于这样一种建立网络的方式,美国的图书馆学家已经提出警告:"从系统论的观点来看,网络的发展是重复浪费,费用昂贵,支离破碎,前后矛盾。"[44]对此,我们应有足够的重视。例如,一个农业大学图书馆,既是地区高校图书馆工作协调委员会的成员,又是全国农业图书馆协会的成员,还是全国农业科技情报网的成员,又参加了当地的图书馆工作协调委员会。

由于技术条件的限制,名堂虽多,但哪一个也没有实质性的作用,花费了不少精力,但并未能推动网络的建设,尽管尚未形成严重的后果,但问题值得我们深思。

这里需要重新提出,网络建设的目标是为了取得一定的社会效益,并不是徒有其名的形式。在一个开放的社会中,某一基层组织可能会有多种横向联系活动,但每一活动都要有实际内容,也不宜彼此重复,否则就要出现矛盾与浪费。关键是要有一个总体目标。

统筹规划,协调分工

按照"由网到点"的认识方法,首先是使国家图书馆网络有一个合理的设想与目标,而后以专业化与协作化的原则进行网络建设。

关于国家图书馆网络,联合国教科文组织 1950 年就提出了"国家信息系统"(NATIS)的概念,即通过职能机构对一个国家所有的图书馆、档案馆及情报机构加以协调而建立国家信息系统。许多国家的网络建设,是图书情报(档案)二(三)位一体的,由于本章只是讨论图书馆网络的建设,所以不涉及广义的文献信息工程,但未来的图书馆网必将是三位一体的网络。

根据我国的具体情况,每个地区、每个系统,以至参加网络的每个具体图书馆,都要按照国家图书馆网的目标与规划,承担某一方面的任务,进行专业化建设。这种专业化的出发点,没有地区、系统、单位的限制,既不是仅仅为本地区、本系统、本单位服务,也不以保证满足本地区、本系统、本单位需求为目标。专业化的深度,是以全社会的需求与网络分工为依据。对本地区、本系统、本单位的许多需求,则依靠别的地区、系统与单位的专业化服务,这就是高度的协作化。如此,才能避免"重复浪费"与"支离破碎"的状况。

要做到如此的专业化与协作化，没有对网络理论的深刻认识与极大热情，是难以做到的；没有强大的物质条件与技术力量，也是不能实现的；而没有坚强有效的组织工作更是无法推动的。因此，需要对图书馆长及其主管部门的领导（他们是网络建设的执行者与推动者）宣传网络建设的背景与目标，激发他们的热情，以其所拥有的物质条件与技术力量支持横向网络的建设，按照专业化的分工调整本馆的系统。这是一项非常艰巨而必须做好的工作。

第三节　分布式网络是发展方向

集中式网络的利弊

早期的图书馆网络是集中式的。苏联和东欧国家是层次分明的集中式网络，其实，只是强化的纵向关系，而无灵活的横向联系，网络的功能并不健全。美国早期的图书馆网络，由于计算机技术的关系，也是集中式的，即由一个联机编目中心为若干终端用户服务，通过公用电话线路，连接成为一个网络。美国的 OCLC，英国的 BLAISE，等等，都是集中式的网络，在自动化与网络化的历史上，都发挥过很好的作用，有着不可磨灭的功勋。

五十年代末，美国图书馆界出现应用计算机的热潮，许多图书馆都以相当大的人力、物力投入试验。但由于技术要求太高，耗资太多，除了极少数财力雄厚的图书馆坚持下来，其余的或是中止试验，比较多的都转向了网络。因为 OCLC 以其书目与文献信息共享多，参加馆的负担费用（比起自购计算机）少，对技术要求不高，实现自动化比较快，吸引了成百成千的图书馆参加网络，从最初的45 个馆发展到目前的 8000 多个馆，书目记录已超过 1000 万个。

不仅使美国为数众多的图书馆迈进了自动化的行列,而且也建成了实体的图书馆网络。

但是,集中式的计算机网络一般都有中央处理故障多,系统维持与调整困难,通信费用高、存贮容量大等缺陷。而且,从网络的一般理论讲,集中式网络系统呈单向流动,处于开环控制状况,不具备反馈过程,不能保证系统从初始状态以最小性能指标达到预期的最佳状态。

在这种情况下,随着科学技术的发展,特别是高档微型机、光盘与光导纤维的出现与应用,人们必然要寻求新的网络结构形式。

分布技术趋向

分布数据处理是计算机技术在八十年代的新发展,用这一技术设计的分布式网络,"其中每一台计算机都有自己的网点处理机,各网点的计算机之间的通信联系是通过各自的网点处理机进行的。网络中任何两个点之间的联系可以有很多途径。如果某一网点发生故障,整个网络仍能继续工作。"[50] 从而解决了集中式网络的缺陷。在分布式网络中,一项综合的数据处理任务不是集中于容量足够大的中央计算机来完成,而是把综合、复杂的处理任务合理恰当地分为若干部分,分别安排给多个较小的计算机去执行,共同协作地完成整个任务。

在图书馆联机编目系统中,采用分布式网络技术,可以解决书目数据库不能全面反映各成员馆的馆藏信息,各成员馆不能利用中心的数据库进行本馆业务处理,必须另建本馆数据库,数据存贮重复浪费等问题。随着微型计算机的性能价格比日益提高,许多图书馆已能用微机处理本馆业务。八十年代以来,美国的网络发生了很大的变化,许多专家认为"各个图书馆的一些主要职能不能完全靠外部机构完成,合作网络并非规模越大越好,而是要建立图书馆与网络之间的、新型的、更加平等的与富于创造性的关系,确定网络与各个图书馆之间的分工,形成花费小,功效大的分布式网络。"[51]

从这一技术趋向出发,根据我国文献信息收藏利用机构分布的实际情况,我国的图书馆网络不仅在技术上应采取分布式形式,在网络的总体结构、文献信息资源布局、书目信息与二次文献信息开发方面,也都应运用分布设计的原理,绕过国外先搞集中式再向分布式转换的过程,直接建立分布式网络。以较少的投资,较快的速度,谋取较好的网络效益。并且以较少的时间,赶上世界先进水平。

扬弃过时的"中心"概念

在图书馆网络中,要不要有一个当然的中心? 这已经成为影响我国图书馆网络建设的一个焦点。主张有中心者,以为要建立网络,就应当有一个当然的中心。反对有中心者,认为参加网络的成员都是平等的,不愿意参加有当然中心的网络,或者名义上参加了,实际上不承担义务,也有一些馆在探索建立没有中心的网络。

从这几年的情况看,以我为中心的思想,对实际工作是有害无益的。这既有认识问题,也有心理因素。

"中心"这一概念,本来指的是服务,多做工作。但在我国的实际生活中,却把"中心"与"权力"联结在一起。按有中心论者的说法,处于中心位置的图书馆,比其他非中心的图书馆要有一种"位势落差",才能进行网络组织工作,这已使非中心图书馆有不平等之感。而主张"有当然中心论者",又进一步提出"图书馆必须围绕中心建网"。[52]针对我国并不是每个地区都有具备"位势落差"的图书馆(这本来是正常的情况),要求指定一个图书馆为当然中心,国家进行重点投资,形成"位势落差",再围绕这个中心去建设网络。这样就把"当然中心"与"国家投资"划了等号,更加影响了非中心图书馆对网络建设持消极态度。这是不少地区的协调

70

组织难以推动网络活动的原因之一。

其实,"位势落差"对图书馆之间的横向联系并不利,它使资源呈单向流动,网络的效益必然很低。我国馆际借书缺乏统计资料,兰州地区有一个抽样调查的数字,1973—1981 年间,25 个单位总共借进 8027 册,借出 10607 册(这个数字本身就是很低的)。其中有 12 个馆只有借进,借书 4918 册,占借进总数的 61% ;6 个馆只有借出,主要集中在两个馆,借出 8361 册,占借出总数的 79%。[53]这个抽样材料说明文献资料流动的单向性,本来就是一种落后的模式,再人为地加以扩展,对网络建设没有好处。

因此,随着计算机技术的进步,整个社会发展是从集中转向分散,图书馆界需要和衷共济,平等协商,齐心协力,共求发展,调动各方面的积极性,建立无中心的图书馆网络。在这样的网络中,每个成员馆都是中心,又都是节点;既为其他馆提供服务,也向其他馆请求服务;虽仍存在差别,但相互地位平等。从国内已有的经验看,凡是馆与馆之间能够平等相处的,协调的局面就比较好,网络建设就有所进展。

行政部门对网络建设的推动力

图书馆是一种社会事业,建设图书馆网络是各个图书馆之间的事情,不一定要行政部门的参与。在未来的政治体制改革中,应当向这个方向努力。但就目前情况而言,图书馆本身没有自主权,因而需要借助行政部门的推动,进行网络建设。

对于如何发挥行政部门的作用,在认识上是比较混乱的。许多教科书都提到"集中领导与发挥两个积极性相结合"的原则。但对谁来集中领导却有不同的解释,有时讲是由各级行政主管部门组织协调活动,有时讲由某个图书馆承担协调活动的组织工作,有时讲由某个图书馆的业务辅导部门负责网络的建设。这种两义性的解释,造成理论认识上的模糊,也导致实际工作的混乱。我国图书馆网络建设的工作,有些是行政部门管,有些又放在一些图书馆去做。从行政部门来说,可以实行"集中管理",从具体的图书馆来说,只能是"协作与业务辅导"。前一个两义性又导致后一个两义性,因而网络建设的工作难以进展。

许多论文及教科书还提出这样一个强烈的呼吁:建立一个跨系统、有权威的领导机构,统一管理全国图书馆事业。其实,中央早在1980年就决定文化部设图书馆事业管理局,管理全国图书馆事业。就是说有关文献资源布局,发展社会书目事业,制定馆际借书办法,图书馆自动化系统的组织等涉及网络建设的事情是行政部门的责任。

"跨系统",如果指的是对遍布各行各业的几十万个图书馆,实行垂直系统领导,那是不现实的;若是强调进行业务上的统一管理,则是可以做到的,每个系统的图书馆应当也能够接受这样的管理。

"有权威",一方面权威不是靠人为树立,而是在于卓有成效的组织工作。另一方面,对于权力的观念也要更新,"在网络组织这种环境中,报酬来自把权力赋予他人,而不是超越他人。"[13]

行政部门的责任在于提出国家图书馆网络建设的规划,从组织上帮助落实,物质上给予支持,但不介入网络的具体事务。

第四节　现代图书馆网络的特征

自动化与网络化的不可分

现代化的图书馆网络是信息技术应用与图书馆事业建设的高度结合。"自动化与网络之间的区别已变得越来越小了,现在很难避开图书馆网来讨论图书馆的自动化,正如近年来抛开自动化就无法讨论图书馆网络一样。"[54]认识这一特征对我们有着重要的现实意义。

我国图书馆界的一些同志,至今仍然认为"图书馆事业网和图书情报计算机检索网是两种不同类型的网络",并且认为"就其基本职能来讲,它们之间并没有必然的联系"。[55]虽然也看到"两者的关系越来越密切",但总是作为两种事物去对待。在实际工作中,对于计算机的应用,没有网络建设的同步规划;而目前的一些协调活动又很少考虑自动化的问题。

前已述及,在应用计算机以前,图书馆网络的活动限于图书馆之间的合作与服务网点的安排,并未真正形成为一个网络实体。应用计算机以后,虽然早期的网络例如 OCLC 只具有联机编目的功能,但已经改变了图书馆界的集中编目格局,"联合编目是计算机在图书馆应用的一个最大成果",[56]"从一家编目,各家使用变为分别编目,相互使用",[57]从而使网络成员馆的编目操作业务有了很大变化,推动了标准的制定与执行,促进了社会化书目事业的发展。

随着时间的推移,网络功能逐步完善,现在 OCLC 的成员馆已可以"通过检索其它图书馆的馆藏补充自身的需要",减少本馆的购书费用;网络的书目数据库已成为"各成员馆进行咨询服务的重要检索工具",馆际借书的依据,从而使网络建设进入一个新的阶段。[54]目前,美国图书馆界正计划将一些书目网络联合成为一个全国性的网络。

这样一个发展过程,既是自动化的进步,又是网络化的发展,很难说它仅仅是那一个方面的成就。

新技术应用与事业建设的同步发展

如果说 OCLC 的网络功能是不断完善的,它与成员馆的业务关系也是逐渐加强的。那么,RLIN 与 WLN 则从一开始就把计算机的应用与网络建设紧紧结合在一起,都是在原来合作的基础上,研制自动化网络的。因此,虽然这两个网络的研制进度比 OCLC 慢一些,但网络的水平要高得多,对各馆业务操作的问题解决得比较好。因此,新技术应用与事业建设同步发展是现代图书馆网络的第二个特征。

我国图书馆界应用计算机刚刚起步,图书馆网络还未形成,在此条件下,自动化与网络化的建设,不仅要同步,而且要统一。我国图书馆事业的组织结构(生产关系)要适应以计算机为主的现代化技术(生产力)在图书馆的应用,需要进行革命性的变革,才能实现这一技术改造,满足四化建设对图书馆事业的要求。否则,图书馆事业的落后面貌很难改变。计算机等现代化技术的应用,也要与我国图书馆网络建设紧密结合,不能畸形发展。不然将造成人力、物力的浪费,影响自动化的进程。

在我国图书馆工作中应用计算机,从技术力量,设备条件,所需费用到数据处理实际操作,其负担都不是某一个图书馆所能承担的,需要许多图书馆联合起来,共同进行这一事业。因此,网络化是自动化的必要条件与基础,是以最节约的方式实现图书馆自动化的办法,也是最大限度地发挥电子计算机作用的必由之路。

同时,计算机在我国的应用,只是在社会化的图书馆事业中,在图书馆网络活动中,才有其价值。单个的图书馆应用计算机,必要性是不大的。这是我国图书馆应用计算机的总体目标,也是根本的出发点,不是为了用计算而用计算机,更不应当用计算机去强化各馆的封闭系统,造成进一步的分割。如果一个图书馆,或者某一个系统,不考虑整个图书馆界的情况,不考虑本馆或本系统所处的地位与作用,独自进行计算机的应用,不仅会造成经济上的浪费,而且各自的系统互不兼容,不能发挥社会化的作用,达不到资源共享的目的。其结果将不堪设想。因此,图书馆网络的建设不仅是应用计算机技术的基础,而且也是其目标。两者的关系只能是高度的统一,不能分立为二。

网络范围不断扩大

网络范围不断扩大是现代图书馆网络的第三个特征。在美国,不仅图书馆界的网络系统走向联合,而且书商的和其它商业性的服务机构,如 MiniMARC、ReMARC、CLSI、Dataphase、Baker and Taylor、Brodard 等,已计划与联机编目网络联成一体,正着手并网的准备工作。

英国、西德、日本等国家,不像美国另行建立许多信息检索系统,而是与联机编目网络共建系统,可同时提供一次/二次文献检索服务,这种做法大大提高了经济效益。并且与图书馆情报化的趋向相吻合。

微型计算机在图书馆界的普遍应用,使更多的图书馆走向自动化的行列,并以新的姿态加入网络,不仅仅是网络的终端用户,而是以本馆的自动化系统,作为网络资源的一部分,并享用网络的更大资源。

信息技术的发展,必然推动图书馆网络不断扩大范围,使越来越多的图书馆真正联结成一个实体,为社会提供高效能的服务,直至将终端伸入读者的家庭或办公室之中。读者对使用图书馆的文献信息资源已经没有空间的概念,本地的与外地的,本国的与国外的,都可以一索即得。

由于国内已经安装了 DAILOG、ORBIT、ESA 等信息系统的检索终端,缩短了我国与世界各国的地理距离,可以迅速获得最新的文献信息。相反,由于我国还未建成有效的网络系统,想要获得我们自己的文献信息,则是非常困难的。从这个方面看,我们建设网络的任务是非常严峻的,不去除小生产的狭隘意识,不可能在更广泛的空间中展开活动。

建立完整的文献信息系统是必然趋势

现代图书馆网络的第四个特征是必然形成完整的文献信息系统。据兰卡斯特对美国 200 个大型图书馆的调查,[37] 相当多的图书馆通过联机检索获得文献信息以后,已停止订购印刷型的检索刊物,包括少数原文刊物,由此而导致一些出版商只出版电子型而不出版印刷型的刊物,以电子出版物提供信息检索系统为图书馆服务。因此,建立完整的文献信息系统是现代图书馆网络发展的最终结果。发达国家已经形成,并正在逐步完善。我国距离这样一个目标虽然还相当遥远,但是看到它的前景对我们当前的网络建设工作很为重要。

第三章第二节已述及,文献信息载体的变化是影响图书馆事业的直接因素,正是电子出版物的出现,才有今日的图书馆自动化网络,而电子出版物完全代替纸张印刷型出版物以后,目前的图书馆网络形态也就不复存在,代之而起的将是包含文献信息生产,传递与收藏利用在内的、完整的文献信息网络。

因此,我们在建设图书馆网络时,要时时注视文献信息生产部门的趋向,根据文献信息载体的变化,调整图书馆网络的结构形式,在可能的情况下,尽力支持电子出版物的发展。例如,电子型二次文献本来是为了适应图书馆的需要而生产的,有些还是由图书馆直接研制的。后来又逐步出现了电子型一次文献。在网络建设规划中,就要考虑这些因素。

可以说:信息源是第一位的,在整个文献信息系统中起决定作用,收藏利用处于从属地位。图书馆网络不可能独立地快速发展,自觉地从建设完整系统出发,是最经济,最有效的方法。

第五节　建立两种不同类型的图书馆网络

图书馆类型的划分

划分图书馆类型的目的,是为了促进图书馆事业建设。国际图联和国际标准化组织所制定的国际图书馆统计标准〔ISO2789—1974(E)〕中有"图书馆的分类"一章,分为国家图书馆、高等院校图书馆、其他主要的非专门图书馆、专门图书馆、学校图书馆和公共图书馆六大类型。制定这个标准是为了统计上的方便。

我国对图书馆类型的划分,没有规定统一标准,但所有的图书馆学教科书中都是以主管部门和领导系统来划分图书馆类型的。这和网络建设中纵向化趋势的看法是一致的,事实说明这种划分方法是不利于事业建设的。其中将文化部所属国家图书馆,省级图书馆,地、市、区、县图书馆统统划为公共图书馆,要求它们都要承担为科学研究和广大群众服务的双重任务。这样划分的结果,文化部所属图书馆之间缺乏必要的分工,实际上两方面的任务都不能很好地完成。

1983年,胡耀辉访问西德、挪威、瑞典、丹麦四国归来,介绍了这几个国家打破单位和系统所有制的界限,把图书馆事业划分为研究图书馆和公共图书馆两种类型。研究图书馆包括国家图书馆、大学图书馆、科学研究机关和企业的专业图书馆。这些图书馆除了为本单位的工作人员服务以外,都对社会开放,只要工作需要,所有的人都可到那里借书。公共图书馆的任务主要为广大群众服务。胡耀辉同志认为,他们的做法和经验是很值得我们在今后的改革中加以研究和参考的。[58]

苏联图书馆学家丘巴梁认为："在绝大多数的情况下,都是把图书馆的用途作为划分图书馆类型的一项基本的和最重要的标志。因为只有根据图书馆的用途这个标志,才能从分类的角度,最确切地区分各种图书馆机构的不同特征,指明这些机构在完成文化建设的各项任务中所起的作用。""根据图书馆的专门用途这个标志,首先可以把图书馆划分成两大类:①大众图书馆;②科学与专门图书馆。"[59]

把图书馆划分为科学(或研究)与公共(或大众)两种类型,与国际标准较为接近。一是以图书馆的组织与工作内容而不是以领导系统为划分标志,二是这两大类可以细分为国际标准的六大类,而按我国目前的划分方法是难以对应的。

我国著名学者吕叔湘提出"参考图书馆(国家图书馆、省级图书馆、大学图书馆等)与地方图书馆(市县级图书馆)"[60]的概念,说明学术界对图书馆类型的看法也是如此。

两种类型图书馆的不同特点

科学图书馆和公共图书馆分别承担为科研读者和一般读者的服务工作,从藏书内容、机构设置到服务方式,都有很大的区别。

为科学研究服务,要求收藏古今中外的文献信息,设立有高水平的文献中心、书目中心、检索中心、咨询中心,尽快使用现代化的手段,面对新的技术革命挑战,能发挥尖兵耳目的作用,做好为科学研究、经济建设和领导机关服务的工作,改变我国信息不灵的状况。

为一般读者服务,要求收藏适合广大群众阅读需求的科学文化读物,网点分散,靠近居民,方便借阅,利于流通,以灵活多样的形式进行社会教育,普及科学知识,丰富群众的文化生活。

为科学研究服务,需要有较为集中的文献信息收藏利用机构。但这样的机构并不适合为一般读者服务。首都图书馆的同志对此曾做过分析,北京城区在 1958 年以前,公共图书馆藏书虽然不多,但有网点 30 多处。后来各个城区都建立了图书馆,到 1979 年,藏书增加了 8 倍,馆员增加 5 倍,但由于阅览室、借书处减少了85%,图书流通量反而比以前低。因此,为一般读者服务的工作,不是只要有几个大的图书馆就能解决问题的,而是要有星罗棋布的公共图书馆网点。[61]

由于没有区分两种服务职能,也就不能按照社会的需要来建设图书馆事业。

比较突出的是省级图书馆。从图书馆建筑、藏书结构、人员配置与经费来说,是按照为科学研究服务的要求安排的,但实际工作却是以 80% 以上的精力用于为一般读者服务,腾不出比较多的力量去开展为科研读者服务的工作。而且由于省级馆和省会所在地的市级馆在职能上没有分工,有些市级馆不是致力建设遍布全市、小型多样的公共图书馆网点,而是和省级馆攀比,盖上万平方米的图书馆大楼,省、市馆相距很近,形成盲目发展状态。

在这种情况下,也就不能有正确的网络建设指导思想。目前占主导地位的是建立一个“大中小图书馆相结合”的统一的图书馆网,强调“图书馆网的本质含义不是图书馆的混合体,而是一个统一的有机整体。”[62]在具体问题上,认为公共图书馆难以区分“科学”与“大众”两种类型,必须统一地进行网络建设工作。但是,我国 30 多年网络建设不成功的实际情况说明,要求发展一个大中小结合、各系统齐全的图书馆网,只能是一个乌托邦式的幻想,无助于图书馆网络的发展。

正确理解列宁的思想

在强调建立统一的图书馆网时,人们总是引用列宁 1919 年 5 月 6 日,在“全俄社会教育第一次代表大会贺词”中的一段话:“我们应当利用现有的书籍,着手建立有组织的图书馆网来帮助人民利用我们现有的每一本书,应当建立一个有计划的统一的组织,而不是建立许多平行的组织。"(《列宁全集》,第 29 卷,299—302 页)[46]

如果通读全文,就会发现列宁是针对苏联当时在社会教育中书籍严重不足的情况,要求建立统一的图书馆网,集中散失在农民手中的图书,以充分利用每一本书,并不是要求把全国各种类型的图书馆都组织成为一个统一的图书馆网。

1920 年 11 月 3 日,列宁对克鲁普斯卡娅起草的关于集中管理图书馆事业的法令草案所作的补充与修改,[46]比较全面地说明了列宁的图书馆网络建设思想。

草案第 2 条:为此,属于教育人民委员部管辖的一切图书馆,都应联合成俄罗斯苏维埃社会主义共和国联盟的统一的图书馆网,这个图书馆网根据一定的计划进行工作,确立图书馆的基本类型,用流动书库把各个图书馆联系起来,组织馆际的书籍交换,并从而使图书接近工农读者。

列宁在属于教育人民委员部管辖的一切图书馆后面,加了"以及属于其他各主管机关无论中央或地方机关管辖的"一段话。

草案第 7 条:属于科学机关,教育机关和专门职业机关的特种图书馆,如为经常的科学工作所必需,应仍留归建立各该图书馆的机关管辖,但必须在各该图书馆中设立大家都能使用的阅览室。

草案第 9 条:属于学校的、属于学龄前教育机关和职业技术教育机关的图书馆及中央学校的图书馆,应仍留归各该机关管辖。必须有省一级的地方机关的决定,才能使这些图书馆与公共图书馆一样地供一般人利用。

列宁对这两条的修改是:"由于某种原因,一般的利用专门的(即 7 条和 9 条所说)和两个全国性的图书馆(彼得堡和莫斯科'鲁勉采夫'图书馆),应该有一定的限制。这些限制由教育人民委员部所属中央图书馆委员会规定之。"[46]

以上说明,第 2 条中提到的统一的图书馆网为的是使图书接近工农读者。而对利用科学机关和学校的图书馆应有一定的限制。即使在 1920 年,列宁对为工农读者服务和为科学读者服务就提出了区别对待的原则。而列宁所强调的统一图书馆网,确实是指对工农读者服务的一个方面,并不包括科学机关、学校和全国性的图书馆在内。

建立两种不同类型的图书馆网络

切实可行的办法是,按图书馆承担的主要任务,分别建立科学图书馆网和大众图书馆网,[8] 这也是目前实际存在的两种类型的网络建设工作。

科学图书馆包括国家级、省级、大中城市、高校、科研、机关团体、厂矿企业的图书馆,在某个或几个学科有系统、全面、具有特色的藏书,主要为经济建设、科学研究、高等效育和领导机关服务,有较高的工作效率和服务水平,具有开发文献信息和提供情报服务的能力。

从目前的情况看,我国的科学图书馆有三个层次:第一个层次是组成国家一级文献保障体系的图书馆,大约有 30 个左右。第二个层次是组成地区一级文献保障体系和专业系统保障体系的图书馆,大约有 600 个左右。这两个层次的科学图书馆是我国图书馆事业的骨干单位,可称之为资源保障型图书馆。第三个层次是主要为本地区、本部门、本单位服务的图书馆,可称之科学服务型图书馆,大约有 3000 个左右。三个层次的科学图书馆在计算机与通信设备具备时,将组成现代化的图书馆网络,真正成为网络实体。

1957 年 9 月 6 日国务院发布的《全国图书协调方案》,决定在科学规划委员会下设图书小组,就是"负责全国为科学研究服务的图书工作的全面规划,统筹安排"。关于发展国民经济的第七个五年计划中,也是要求在大中城市,加强图书馆的协调。中央宣传部等四个部门共同签发"关于改进和加强图书馆工作的报告"，所强调的也是做好这个层次的协调工作。由这一报告推动，1987年10月22日成立的"部际图书情报工作协调委员会"，主要任务就是：研究并向有关政府部门提出我国图书情报事业发展规划及方针政策的建议，研究和协调全国文献资源的合理布局与开发利用，研究和协调全国图书情报系统计算机数据库和网络的建设。15个省、市、自治区已经成立的各种形式的协调机构，都属于这个方面的工作。

大众图书馆包括市、县、区、街道、乡镇、工会、中小学和少年儿童图书馆（室），主要为进行社会教育与普及科学文化知识服务，所以可再分为社会教育型图书馆和文化阅读型图书馆。从我国的实际情况出发，一方面在全国30万人口以上的173个城市中，做好普及大众图书馆网点的工作；一方面大力加强农村区、乡、镇图书馆的建设。

应当按照文化部负责同志所讲的，"今后在文化发展的布局方面，应把工会、青年团、企业等方面的力量计算进来，统筹安排"，⁶³冲破条块体制的束缚，把乡镇、街道、工会，中小学、少年儿童图书馆（室）统筹进行网点安排，可充分发掘各个图书馆的潜力，加快大众图书馆网点的建设。不少区、县图书馆在这方面已经做了许多卓有成效的工作，只是没有得到及时推广。大众图书馆网建设工作，在我国具有很大的意义，如果仅仅计算文化部所属图书馆及藏书，全国人均只有0.25册书，50万人才有一个图书馆。加上其他部门所属的大众图书馆及藏书，人均就有近一册书，不到一万人就有一个图书馆。我们应当重视这一事实，破除狭隘的门户之见，把大众图书馆网点的建设工作做好。

第四章　藏书建设与文献资源保障体制

第一节　理想的藏书增长速度

文献信息爆炸危机

前已述及,现代科学革命开始以来,科学杂志每 50 年增加十倍。据英国科技预测学家詹姆斯·马丁测算,人类的知识在十九世纪是每 50 年增加一倍;二十世纪是每 10 年增加一倍;七十年代每 5 年增加一倍;目前大约是每 3 年增加一倍。而法国的社会学者估计:今天社会在 3 年内所发生的变化相当于本世纪初 30 年内的变化,牛顿以前时代的 300 年内的变化,石器时代 3000 年内的变化。[64]这些变化必然引起记录知识信息的文献呈爆炸型增长,这种增长趋势给文献信息收藏利用单位带来很大危机。

据我国有关部门统计资料,文化部系统图书馆,1979 年有 1651 个,藏书 18620 万册。1983 年为 2093 个,藏书 21170 万册。四年增加 3570 万册,增长 13.7%,平均年递增率为 3.3%,按照这个指数,20 年将增长一倍。

高校系统图书馆,1981 年有 610 个,藏书 2 亿册,1983 年为 745 个,藏书 2.34 亿册。两年增加 3400 万册,增长 15.8%,平均年递增率近 7.9%。按照这个指数,10 年将增长一倍。

现在"书多为患"的问题已开始在各个方面表现出来:书库空

间日益紧张,图书馆管理日益困难,读者不满情绪日益增多。

由于书库空间不能适应藏书增长的需要,文化部系统图书馆1979年有3000万册图书没有整理上架,高校系统图书馆1981年有882万册图书长期积压没有编目,2223万册图书没有上架,两者共3105万册。这几年,文化部系统图书馆增加馆舍31.2万平米,以其中一半为书库计算,增加的藏书能力为6240万册。但过去没有上架和新补充的藏书是6570万册,因此,书库紧张的状况毫无缓和。高校系统图书馆增加的新馆舍为62万平米,增加藏书能力为12400万册,折算下来增加了6000万册的藏书能力,按目前的增长指数,可缓冲三至四年。

以上情况说明,如果藏书增长指数不能加以控制,我国图书馆界将长期处于书库紧张的状态。拿北京图书馆来说,藏书增长指数近4%,按此计算,北图新馆舍建成后15年,藏书就将饱和。所以控制藏书增长的速度,就成为一个重要的课题。

稳定状态理论

"书多为患"的现象,国外图书馆界比我国出现得要早。英国人在六十年代就提出了稳定状态理论,以解决由于文献急速增长而引起的经费不足、书库紧张、人员缺乏、管理困难等问题。

稳定状态理论的中心思想,是要求图书馆不要无限制地发展藏书数量,而应当在发展到一定程度时,控制增长,购进图书时也相应地处理数量相当的旧书,从而使图书馆藏书的实际增长等于零,所以也称作零增长理论。

稳定状态理论一方面要做到精选藏书,使购进数量尽量少,另一方面是以剔除旧书来实现的。但要做好这一工作,必须有两个前提条件:一是本馆的藏书必须达到一定规模,例如,对读者的要求能满足到80—90%,二是要有很好的社会化的文献资源保障体制,本馆不能满足的10—20%能方便地从其他图书馆借到。

由于我国是一个发展中的国家,从全国藏书总数来说,人均不到一册,低于国际图联人均三册的标准。从具体图书馆来说,由于大学的专业设置仍在变动之中,许多图书馆的藏书发展方针难以确定下来。所以实现稳定状态的第一个前提条件,从总体方面看,在我国还不具备。但是,我国的图书馆事业分布是不平衡的,在经济、文化比较发达的地区,图书馆的藏书数量也是相当可观的,以北京地区而言,人均达到 15 册以上。在这样一个不平衡的状况中,每一个具体图书馆的藏书规模是否成熟,需要对其存在的社会环境,所承担的服务功能进行深入的了解与分析,从而作出科学的判断。如果目前的藏书已经达到应具备的规模,就需要在第二个前提条件的支持下,保持稳定状态,不再有增长。如果接近成熟的规模,就要采取控制的措施,降低增长速度。即使藏书很不成熟的图书馆,也可借鉴稳定状态理论的指导思想,使本馆藏书保持一个合理的增长速度。

藏书观念的更新

我国图书馆界受藏书楼思想的影响较深,长期以来一直把藏书多、规模大作为一种长处而备受称赞,翻阅任何一个图书馆的介绍性资料,总是把藏书的增长作为图书馆发展壮大的主要标志。在这种思想影响下,购书时多多益善,愈多愈好,愈是价值昂贵的珍本古籍,愈要千方百计买来。图书入藏以后就是国家的财富,不管多少年中有无人使用,图书本身是否具有使用价值,都要妥为保存,不肯废弃。

对于藏书建设的研究,传统的图书馆学重在原则的探讨,主要是强调目的性与系统性,这对于"片纸只字都于人有益"的杂乱无章的收藏方法虽有所改进,但对于"多多益善"的藏书观念却触动很少。八十年代以来,人们开始转向藏书质量的讨论,强调对读者需求的满足率和藏书的相对利用率。在研究方法上也从定性描述转向定量分析,例如提出对读者需求的满足率达到80%,藏书的相对利用率达到100%,作为评价藏书质量的指标。这两个比率是相互制约的,读者满足率要求愈高,必然大大增加藏书数量,藏书利用率则愈低,反之亦然。因而导致多层次藏书结构的研究,在精选入藏图书和剔除失效旧书时,做到心中有数,以提高藏书利用率而不是增加藏书数量,来增大读者满足率,重视投入/产出的效益,现在已形成为图书馆经济学。这样一种藏书建设的指导思想与传统的藏书观念截然不同,要图书馆长们接受这样一个观念,无疑是一场思想革命。就是说图书馆不以藏书多为荣耀,而是强调优质服务所产生的高利用率。因此藏书要做到少而精,不仅有明确的采购方针,严格控制入藏的数量,而且有完善的复选与剔旧制度,及时去除过时失效和对本馆不适用的藏书。树立依靠社会化的文献保障体制的思想,抛弃大而全、小而全、凡事靠自己的狭隘观念。只有图书馆长们在藏书建设的指导思想上有所转变,科学的稳定状态理论才能在实际工作中显示威力。

整体的完备性与一馆的相对性

有人在充分肯定图书馆的社会作用时,认为"科学发展的速度,要求一个图书馆必须尽可能地增长书籍的库存量,并且保证藏书的增长率与人类知识数目增长率相一致,这样才能满足不断增长着的科学家队伍的需要。"[65]这里对图书馆藏书完备性的要求,如果是指一个国家的图书馆事业整体,那是必要的,也是可能的。钱学森曾经讲过:"人类的全部精神财富都是生产力,但是要看你会不会用,用得是不是及时。核心的问题,不是我们今天在哪项技术、哪项窍门里赶上去了,而是整个的技术,整个人类的精神财富能不能及时地掌握,需要的时候能不能一下子就拿得到。对于迎接新的技术革命,或者说将要出现的一次新的产业革命来说,这是一个核心问题。"[66]建立一个完整的文献保障体制,对于我们这样一个发展中国家是非常重要的。

但是,如果对一个具体图书馆来说,这样的要求就做不到了。许多研究数据已经说明,有关一个专业的文献,收藏其中核心部分(占文献总量的 25% 左右)可满足对该专业信息需求的 75% 以上。如果满足其余 25% 的需求,则需增加三倍的文献收藏,这是任何一个图书馆的人力、物力、财力都难以承受的。

因此,完备性的要求只能由整个图书馆界来承担,而这样的事情需要有良好的组织、规划、协调工作,并以此指导各个图书馆的藏书建设。每个具体的图书馆只能根据本馆的专业性质、服务对象的需求,确定一个相对保障率(例如 75%)的藏书方针,一方面依赖整个图书馆界的藏书满足其余 25% 的需求,另一方面又将本馆的藏书纳入整个图书馆界的藏书规划之中,从而能产生最好的投资效益。这样一种藏书完备性的思想,不仅要使图书馆长们接受,还要让图书馆的使用者也能够理解。

第二节　不同类型图书馆的不同藏书建设方针

大众图书馆基本没有保存文化遗产的任务

大众图书馆中除了市、县图书馆需要收集与保存当地的地方文献以外,街道、乡镇、工会、中小学和少年儿童图书馆(室)基本没有保存文化遗产的任务。

认识这一点非常重要,因为在图书馆的基础教材中一般地提到四项社会职能,有些从事大众图书馆工作的同志也把保存文化遗产看作为他们的基本任务,导致在藏书建设上产生种种盲目性的做法。有的图书馆以很大的费用购买了与该馆任务无关的珍贵书籍,有的馆还建立了保存本制度,更多的馆是所有入藏的报刊一律装订入库、所有图书全部长期保存。他们以为图书馆入藏的文献都是人类的文化遗产，任何丢失损坏都是对社会的失职，所以花费不少的代价来保护其安全。

必须明确，只有为数不多的研究图书馆才有保存人类文化遗产的职能。遍布全国各地的几十万个大众图书馆，它们的藏书在研究图书馆中都有复本，凡是已经破损、失效与不适用的图书，都可以剔除。既不用害怕丧失文献的品种，也不必顾虑以后再要使用时无处可借。那是研究图书馆的责任。

这样，在制订大众图书馆规范时就有了科学的依据，对其藏书量的发展完全可以加以控制。保持一个经常更新、能满足读者基本需求的藏书体系，从而对图书馆的建筑设备可以作稳定性的考虑，可以节省许多不必要的开支，也可以避免因藏书的迅速增长所要求的相应增长人员。这些对于大众图书馆的健康持久发展，积极开展各项有效的活动，将提供良好的物质条件。

没有保存文化遗产的任务，并不是说大众图书馆的藏书就可以随意丢失损坏。大众图书馆的藏书仍然是社会的财富，有严格的管理制度，只有经过一定的处理手续，才可以从财产中剔除。

科学服务型图书馆毋需收藏贵重文献

科学服务型图书馆虽然不承担文献资源保障的任务，但总有一些保存文化遗产的职能，例如本地区、本系统或本部门生产的文献信息，与本地区、本系统或本部门有关的文献信息等等。因此，比之大众图书馆来说，藏书建设方针有所区别，在一定范围内系统地收集与保存有关文献信息。

但是，考虑到科学服务型图书馆主要为本地区（例如地、市级公共图书馆）、本系统（例如部委和专业图书馆）或本部门（机关、学校、厂矿、企业图书馆）服务，经费与人力有限，在系统地收集藏书时，对其中的贵重文献可不收藏，通过使用资源保障型图书馆的藏书来满足读者的需求。

贵重文献包括珍本古籍、原版外文书刊和一些特殊出版物。不仅由于书价高购买困难，而且入藏后保存与管理的条件也有一系列问题。目前我国对上述三类文献信息的收藏面都比较分散，这样就导致产生其他的问题。对于善本，为了防止损坏，就要有特殊的书库，其建筑造价要高得多，还要有一些附加设备。过多地修建这样的书库是不划算的。对于外文原版书刊，要有较高水平的分编处理，进入国家或地区的联合目录，并能提供面向全社会馆际服务的条件，有些科学服务型图书馆是不具备这些能力的。至于各种特殊出版物，象手稿、地图等等，更有许多难处。所以，即使通过非购买渠道获得的贵重文献，科学服务型图书馆也不宜收藏，而以转交有关资源保障型图书馆为好。市、县图书馆的地方文献中，如有稀世珍本，也以转送至省级图书馆收藏较为妥善。

由于这些贵重文献在每个具体的科学服务型图书馆需要系统收藏的文献中所占比例很小（但需要支付的费用所占比例则很大），而且利用率一般也不高，因此不收藏这部分文献对该图书馆的服务功能不致产生什么影响，只要能确切掌握这些文献的收藏单位，使用起来没有什么不便。如果多数科学服务型图书馆能接受这一藏书建设方针，我国图书馆界将节省相当大的文献资源投资。以外文期刊而言，目前全国有8000多个订户，而资源保障型图书馆才3000多个，就是说有一半以上的订户可以减少外汇支出和其他方面的费用。

机构设置与管理制度要利于降低藏书增长速度

图书馆的机构设置与管理制度对藏书增长速度有很大影响，象高等学校图书馆，大量系图书馆的存在，又没有科学的管理制度，造成图书收藏的严重重复。这也是加大藏书膨胀系数的一个重要原因。中央和省级科学院、社会科学院和其他一些专业研究院图书馆和各研究所图书室之间,同样有类似的情况。

根据中国科学院兰州图书馆 1985 年的资料,兰州各研究所共有藏书 25 万册,图书情报工作人员 93 人,每年书刊购置经费约 24 万元,分别相当于兰州馆的 44%、80% 和 23%。由于各图书情报部门分属各所领导,相互独立并存,多年来造成采购入藏书刊大量重复,浪费财力;文献信息资料不能共享;书刊整理加工重复劳动,人力浪费;随着书刊大量增长,都要求增建馆舍。据统计,各所与兰州馆采购重复的书刊占 90% 以上。上述管理体制造成的弊病,很不适应四化建设的需要,应尽快加以改革。[67]

研究所和高校各系的图书室,一般都订有相当数量的报刊,而且大部分与院、校图书馆是重复的。但是由于没有合理的收藏原则,同样是逐年装订,长期保存,所浪费的人力、经费和藏书空间是相当惊人的。对此,有人曾经提出研究所图书室期刊收藏的时间原则和分工原则。时间原则是:一般专业期刊 5 年剔除,重要期刊 10 年剔除,政治、文艺及科普期刊一年后即剔除。分工原则是:有些期刊院馆与研究所都订,但过了一定年限,院馆继续保存,研究所则予以剔除;有些期刊由院馆或分院馆订一两份供各所共同使用,各所不再订购;专业性很强的期刊可由研究所订购并保存,院馆不再订购;有些期刊也可由研究所订购,过一段时间后送院馆保存。[68]理想的办法是在科学院与高等学校实行分馆制,研究所与系不必有自己的图书室,(不排除设收藏量很小的资料室),这样做涉及方面很多,需要从长计议,妥善处理。

高校图书馆中文图书的复本基数很大,尤其是教学参考书和热门文艺读物,往往高达几百册,一旦时过境迁,便躺在书架上睡觉。怎样降低复本基数,是一个重要的研究课题。

建立和健全剔旧制度

我国图书馆界从八十年代以来,已经认识到剔旧工作的重要

90

性,但至今仍未形成正式的制度,没有专门机构或者专职人员负责此项工作,不像采、分、编、流那样作为一项日常业务,还是过一个时候抓一下的临时性任务,因而不能保证剔旧工作正常进行,也就不能起到降低藏书增长速度的重要作用。所以除了要明确藏书建设方针外,还要建立与健全剔旧制度,使之纳入正常业务工作轨道。

首先要确定一个部门负责剔旧的工作,不能总是临时抓差,从藏书建设的系统性看,似由采购部门负责为宜,把采购与剔旧统一起来。

其次是加强复选工作,精选藏书固然重要,但总是难以做到所有入藏全都适合本馆需要,经过一定时间(例如一年)就可以根据流通情况,对这一期入藏的图书进行复审,将其中不适合本馆需要者予以剔除。

第三,对剔旧工作要有计划、有步骤、经常性地进行。随着时间的推延,会产生许多自然淘汰的藏书:已被更新的知识读物,有了新版本的旧教科书,风行一时的文学作品,没有保存价值的消遣性书刊,与现行政策不符的政治思想教育方面的著作等等,复本量都很大,要随时积累有关资料,细水长流地处理,每年剔除一定数量。

第四,剔除的图书要区分不同情况,作出妥善处理。对已完全失效的书刊,当作报废处理;有些书刊对本馆虽不适用,但对其他图书馆还有用处,则可赠送、交换,或者送至存贮图书馆;有些书刊一时滞架,但难以判断日后是否有人需要,可先做"降级"处理,放到三线书库,过一段时间后再作最后处理。

第五,所有剔除的图书都要有完备的手续,将有关的目录及登录帐,全部注销清楚,避免发生书、目不符图书丢失的情况。

第三节　文献资源保障体制的建立

建立文献资源保障体制的重大意义

藏书建设最重要的课题是建立文献资源保障体制,以适应我国四化建设的需要。这个任务是非常艰巨的,但又一定要完成。这是图书馆事业对国家所应承担的光荣职责。

建立文献资源保障体制的含义是:对本国生产的文献信息做到全面收藏,对国外的文献信息要能够收藏最基本的部分,能够组织一批图书馆与情报所有计划、有分工地承担收藏任务(档案部分有档案系统的统筹安排,这里不议),对所收藏的文献信息有高效率的报道与检索系统,有利于所有读者方便利用的极其方便的服务方法。也就是做到钱学森所讲的,一是能及时掌握全人类创造的精神财富,二是需要时拿得出来。从表7看,我国图书馆的藏书已有一定基础,但无论从数量还是从质量上来说,都不能满足上述要求。

首先是国内的文献资源现在收藏就不够完全,公开出版的部分稍好一点,内部交流的部分就很没有底,其中不少文献具有极高的信息价值,如学位论文、会议资料等等,图书馆与情报部门都缺乏系统的收藏,没有形成一个资源体制,各方面对此都很有意见,应当引起重视,设法把这件事办好。这里需要解决一个政策问题,对于内部文献信息如何收藏、报道与交流。要在调查研究的基础上划分明确的界限,不能把自己捆绑起来。

对于国外的文献信息,我们收藏的非常有限。从品种上说,只占世界文献信息总量的 12.5% ,因而资源贫乏,满足需求的比率很低。据统计,从国外数据库磁带或联机情报检索查到的科技文献信息线索,在国内有 40 – 50% 找不到原文。[69]社会科学方面的情况比科技方面更严重,有人以国内几个大学的馆藏社会学、法律学书刊与国外书目对照,只有其中的很少部分。这种情况必然带来流通服务中的高拒借率。有一段时间,北京大学图书馆外文书刊的拒借率一般在 40% 左右。[71]文科博士研究生缺乏文献的严重情况,在国务院连续数年拨出专款购书以后才稍有缓解。这种资源贫乏的情况给社会带来难以估量的损失。

改变这种状况靠少数图书馆的分散努力是无济于事的,需要组织一批图书馆与情报所共同承担起建立文献资源保障的任务。

表7　三大系统图书馆藏书情况统计表

系统 地区	合计		文化部系统①		高校系统②		科学院系统③	
	馆数	藏书数	馆数	藏书数	馆数	藏书数	馆数	藏书数
全国总计	1199	42723	311	16077	753	24868	135	1788
北京	108	4464	6	1616	53	2188	49	660
天津	40	1294	20	587	20	707		
河北	43	1138	11	330	31	808	1	2
山西	25	738	7	274	17	453	1	11
内蒙古	25	633	11	248	14	385		
辽宁	74	2790	24	1427	43	1303	7	60
吉林	41	1608	7	586	29	950	5	72
黑龙江	53	1643	18	620	34	1022	1	1
上海	68	3023	20	1114	37	1564	11	345
江苏	66	2779	12	1147	49	1600	5	32
浙江	30	1222	8	497	22	725		
安徽	41	1292	9	345	27	857	5	90
福建	24	967	4	339	19	621	1	7
江西	25	1018	6	364	19	654		
山东	47	2180	9	771	37	1398	1	11
河南	36	1493	9	554	27	939		
湖北	72	2472	21	885	41	1444	10	143

（续表）

系统 地区	合计		文化部系统①		高校系统②		科学院系统③	
	馆数	藏书数	馆数	藏书数	馆数	藏书数	馆数	藏书数
湖南	35	1351	9	516	25	833	1	2
广东	56	1669	14	560	35	1086	7	23
广西	23	900	6	375	17	525		
四川	66	3250	13	1290	47	1839	6	121
贵州	23	522	6	178	16	337	1	7
云南	44	826	19	340	20	468	5	18
西藏	5	88	2	23	3	65		
陕西	45	1420	8	333	33	1060	3	27
甘肃	27	872	5	270	13	510	9	92
青海	14	331	8	186	6	145		
宁夏	9	239	3	147	6	92		
新疆	35	489	16	155	13	280	6	54

①文化部1984年统计资料，只包括地、市以上图书馆藏书。

②中国高等学校图书馆简介，1983年统计资料。

③中国科学院图书情报工作三十五年，1982年统计资料。

控制藏书增长速度的保证条件

稳定状态理论的第二个前提条件，是要有良好的社会化的文献资源保障体制。不同类型图书馆实行不同的藏书建设方针，也是以有文献保障体制为后盾。

小生产者"万事不求人"的思想固然不对，但是，如果社会上没有能对各个图书馆的10—20%非基本需求有保障提供的措施，那么每个图书馆就要有"后顾之忧"，就要自己想办法来满足其服务对象的全部需求。否则，读者提出需求时，图书馆难以回答，结果当然是追求大而全或小而全，根本不可能考虑控制藏书增长速度。没有良性的运行系统，必然导致恶性循环，管理体制的弊端，造成实际工作的低效浪费。

既然对读者需求的最大限度满足和各馆控制藏书过快增长都以社会化的文献资源保障体制为条件,就应当改变我国对文献资源的投资政策。由于图书馆的二级单位属性,图书馆的经费是由其主管部门支付的,目前全部购书经费实际上百分之百地分配到每个具体的图书馆,国家在宏观上没有控制的措施,因而协调藏书建设的能力就很弱,导致各种畸形现象的发生。

虽然我们建立文献资源保障体制的指导思想是依靠各个文献收藏利用单位的自身能力,同时要为国家节省总的投资费用,但在具体协调规划时,仍然需要一定的调节费用,以保证协调规划的实现。我国每年用于藏书建设的费用大约有 10 亿元,如能以其中的1—2% 用于宏观控制调节,产生的经济效益将是很大的。国家拿出这样一笔基金,应从相应的各个部门的经费中予以扣除,同时不再批拨个别部门、个别单位申请购书的专款,而由归口部门统筹解决。这样做的结果,不需增加国家总的投资,即可建成社会化的文献保障体制,每个具体图书馆就有了实现稳定状态理论的条件,从中所获得的好处,是难以用数字衡量的。

全国保障体制的建立

我国文献资源保障体制怎样建立? 由一个图书馆来承担这一任务显然是做不到的,必须组织一批图书馆与情报所来共同承担,世界上多数国家都是这样做的。

国内部分当然要收全,包括散失在海外的古籍珍本,应千方百计搜罗或复制回来。至于国外的文献,任何一个国家也不可能把全世界的文献资源收集齐全,我国也不例外,还要靠国际范围的馆际合作来解决。问题是我们需要收藏到什么程度,才能改变资源贫乏的状况。有人估计,每年的引进量,期刊要达到 5 万种,图书要达到 20 万种,当然还有其他各种文献信息,自然满足率可接近80% ,这就比目前的引进品种增加一倍。

全国保障体制建立几个？有人主张建立两个，恐怕有很多困难，从国家的承受能力看只能建立一个。就我国目前的文献资源分布来说，北京地区的文献收藏量在全国占有较高的比例（见表8），在北京地区建立比较合适。对于所有参加保障体制的单位，是否全部要求在北京地区？有人提出，只有某个地方使用的文献信息，就在那个地方收藏，不一定全部集中到北京地区。如果这样做，恐怕就失去全国保障体制的意义了。必要的重复总是难以绝对避免的。因此，北京地区要有一套完整的，而像上海那样的重要地区，虽然不能有一套与北京地区一样完整的收藏，但比之其他省市要有较多的数量，供南方各省使用，以减轻对北京地区的压力。

组成全国保障体制的图书馆与情报所大约有30个，其中有北京图书馆、中国科技情报所、科学院与社科院的文献情报中心、重点高校图书馆、中央部委的图书馆与情报所、军队系统的图书馆与情报所等。

表8　北京地区图书馆与藏书分布情况表

图书馆类型	图书馆数	藏书数（万册）	材料来源
总计	10633	15958	
科学图书馆合计	267	7779	
图书馆系统小计	174	5162	
文化部系统图书馆	6	1616	文化部1984年统计资料
中科院系统图书馆	49	660	中国科学院图书情报工作三十五年，中科院图书馆编印，1985年。
其他系统科技图书馆	29	198	中国图书馆名录，《世界图书》1982年增刊第3号。
社科院系统图书馆	37	500	社科院文献情报中心1985年统计资料

图书馆类型	图书馆数	藏书数（万册）	材料来源
高校系统图书馆	53	2188	中国高等学校图书简介，东北师大出版社，1984 年。
情报所系统小计	93	2617	
中央部委情报所	55	1744	北京地区图书情报机构指南，北京科技情报学会，1983 年。
国防系统情报所	12	347	同上
北京市属情报所	26	526	同上
大众图书馆合计	10366	8179	
区县图书馆	16	198	文化部 1984 年统计资料
乡镇图书馆	167	12	首都图书 1984 年统计资料
街道图书馆	46	12	同上
中学图书馆	637	832	同上
工会图书馆	9500	7125	劳动人民文化宫图书馆提供的资料

这些单位的收藏范围如何划分？国内部分可以按出版物类型分工，解决好内部出版物的收藏问题。国外部分的期刊，除去北京图书馆与中国科技情报所各收藏 1 万种，其他单位平均每家收藏 1,000 种，似乎容易一点。外文图书则每单位平均要收藏 7,000 种，难度要大一些。除了数量上的问题，藏书内容如何划分更为复杂，有人提出分为 200 个学科[72]。具体怎么做，要做极其细致的规划工作。

专业与地区保障体制的建立

关于专业保障体制，实际上我国各专业部门已形成了一定的格局，例如，从学科内容说有农业、医学、地质等，从出版物类型说有标准、专利、特种报告等,有的并制定有协调藏书计划。问题是对专业文献收藏到什么程度,不是很明确。是否纯专业范畴,与专业有关的部分如何对待,象医学专业与生物学文献的关系。在专业范畴内,是收藏其核心部分,还是属于该专业的全部都收。这些,目前并不明确。专业系统应当以纯专业为限,可以收藏到布拉德福定律的第二区,这样只要有很少几个这个专业的图书馆与情报所便可组成一个专业保障体制,满足该专业对文献信息需求的80%左右。

由于我国各专业领域的文献中心大部分在北京地区,其中大多数并不是全国保障体制的组成单位,这一部分重复收藏的数量还不少,并导致地区之间资源情况的极不平衡。因此,在可能的情况下,专业领域的文献中心如不是全国保障体制的组成单位,其多数文献收藏以分散在京外地区为好,这将有利于地区保障体制的建立。

以省、市、自治区和不是省会所在地的计划单列市为单位,建立地区保障体制,由当地的省级图书馆、情报所、重点高校图书馆、科学院与社科院系统的重点研究所、军队系统的图书馆与情报所,大型厂矿企业的图书馆与情报所组成,数量在15—20之间。

地区保障体制保障到什么程度? 由于呈缴本制度已包括省级图书馆,这是一个有利条件。对本地区生产的文献信息,包括正式的与内部出版的都应收集齐全。直接关于本地区和本地区人士的著述也应尽量收全。对于本地区经济建设、科学研究和技术开发所需要的国内外文献,满足到什么程度? 有人提出应在80%以上。[72]但全国还没有一个地区对文献需求有过深入的调查研究,所以也就无从说起,是一个比较薄弱的方面,比起建立全国与专业保障体制还要难一些。

第四节　图书馆与情报部门的分工合作

问题的提出

我国从清朝末年开始建立图书馆,已有近百年的历史。

1956 年成立中国科学技术情报研究所以后,出现了两个平行的文献收藏系统(除去档案文献的部分)。1957 年国务院发布《全国图书协调方案》时,情报部门还未形成体系,文献资源布局的任务主要由图书馆承担。后来情报部门不断扩大,逐渐自成系统,对于文献资源布局的提法就发生了变化。在第五次全国科技情报工作会议上,提出了以文献工作为情报工作的重点。1986 年又要求中国科技情报研究所进行全国文献资源布局的研究。这样就出现了许多新的问题。

鉴于这一情况,中国科学院图书馆于 1978 年提出"图书情报一体化"的设想,目的是避免在一个单位或一个部门分设图书馆与情报所,造成重复收藏文献信息的现象。许多单位接受了这一看法。目前我国从中央到基层的绝大多数单位,例如中央各部委、高等院校、大型厂矿企业以及各种研究机构与学术团体,图书馆与情报所大都是统一设立机构。有的叫图书馆,其中设情报室;有的叫情报所,其中设图书馆(室);有的叫文献情报中心,其中分别设立图书馆与情报所。从而做到了统一收藏文献信息,两方面综合利用。

但是,没有特定服务对象的文化部系统的公共图书馆与国家科委系统的科技情报所,从中央到地方都是分设机构,而且分别设有主管部门:图书馆事业管理局与情报局。因此,就需要这两个部门的密切合作,以推进文献资源保障体制的建立。

合作之必要

公共图书馆与科技情报所都是综合服务机构,面向整个社会,其文献信息的收藏占有很重要的位置,在各级文献资源保障体制的建立中,都有举足轻重的作用。他们之间如能够协调合作,全局即可搞活。反之亦然。

多年来,不少地方的图书馆与情报所加强合作,促成了地区性协调组织的建立。在外文书刊的订购上,进行了有效的规划与分工,避免了不必要的重复,增加了引进品种,节省了外汇,适应了四化建设的需要。四川省中心图书馆委员会从 1959 年起对全地区的外文期刊订户(包括中央在蜀单位)进行初审与平衡,20 多年来,从订户不合理订购和由于业务不熟悉产生的误订方面,通过初审和平衡减少下来的,节省外汇累计达到 80 万美元,而且扩大了引进的品种,到 1984 年已达到 7132 种。[73]

但是,多数地方,尤其在国家一级未能很好合作,因而在藏书建设上也就没有协调分工,以致造成许多不必要的重复浪费。

以外文期刊的订购为例,北京图书馆与中国科技情报研究所每年引进的数量都在 1 万种左右,两家订购重复的将近 5000 种,分别占每家订购总数的 50%,每年浪费外汇达数十万美元。如果双方能进行协商,两家各有分工与侧重,花同样的钱,可以多引进 5000 种,即做到 1 万十 1 万 = 2 万,而不是 1.5 万,从而增加整个国家文献资源的保障库。上海图书馆与上海科技情报研究所重复订购的外文期刊也达到 1500 种,分别占两家订购总数的 1/3。个别中央级部委,图书馆与情报所分设机构,相互重复订购外文期刊也很严重。

其他外文文献信息也有重复引进的情况,以《美国政府报告》为例,别的国家很少有订全套的,都是需要哪些部分订哪些,但我国却订了四份全套的,成为美国本土以外的最大订户。

总体上国外文献资源非常贫乏,具体的图书馆与情报所之间又有大量重复订购。这就迫切要求加强合作。

明确主管部门的分工

个别图书馆与情报所重复收藏文献信息的情况和主管部门职能分工不明确有很大关系。例如,国家科委1984年批准的《科学技术情报工作条例》第十条就规定:"文献工作是情报工作的基础,各级科技情报机构要根据各自任务,广辟情报来源,疏通渠道,搜集和存贮国内外文献资料,为其充分利用创造条件。国外文献资料要合理布局,避免不必要的重复。"[74]中国社会科学院在两次全国图书资料情报规划会议上,都发出了"统筹规划,促进社科文献、情报整体化"的呼吁。[75]这些和图书馆事业主管部门的职能产生了界面不清的现象。

无论从历史的发展,还是从国内外的现实来看,图书馆与情报所的社会职能还是有区别的。图书馆主要是以收集、整理、报道与传递一次文献为社会服务;情报所则是利用一次文献生产与传播二次文献(包括三次文献)为社会服务。进入情报化时代,有一些研究图书馆也承担了情报服务的职能。这只能说这些图书馆开展了情报工作,不能说情报服务是图书馆工作的一部分。反之亦然,我国的情报所,大多自己收藏一次文献供生产二(三)次文献使用,甚至也直接向读者提供一次文献。这只能说这些情报所开展了图书馆的业务,不能说图书馆业务是情报工作的一部分。

划清图书馆与情报所的社会职能,就能明确主管部门的分工。关于一次文献资源布局的规划工作是图书馆界的事情,也是图书馆界不可推卸的责任。情报部门不仅文献资源基础较弱,65%以上的一次文献收藏在图书馆界(据表8北京地区文献收藏情况计算),而且科技、社科分为两个系统,但文献资源是分不开的。正是考虑到这些因素,在新成立的部际图书情报工作协调委员会中,关于文献资源布局的专业组,分工由图书馆主管部门负责,这是比较合适的。

不同系统间的协商

由于图书馆与情报所的二级机构性质,其上级机构相当之多,任何一个方面的文献资源都由几个系统共同收藏,很难简单地按专业范围分工。以社科文献资源而言,就分藏于五个系统之中:全国社科院系统、全国高校系统、全国党校系统、文化部所属公共图书馆系统、各部委有关研究机构系统。因此不同系统之间的协商就非常重要。

根据《全国图书协调方案》规定,医学、农业、地质三个专业的文献分别由中国医学科学院图书馆、农业科学院图书馆、全国地质图书馆负责收藏。后来由于工作中出现一些问题,各系统之间没有很好商量,北京图书馆与中国科技情报研究所也收藏了不少这三个专业的文献。据不完全统计,这两个国家级单位与三个专业馆重复订购外文期刊的数量还不少(见表9)。*

表9　医、农、地专业与北图、中情所重复订购外文期刊情况

专　业	与北图重	与中情所重	与两家重	合　计
医　学	103	65	39	246
农　业	93	78	87	345
地　质	32	60	75	242
合　计	228	203	201	833

上述数字说明,由于不同系统之间协商不够,一方面重复订购了这么多的外文期刊,另一方面,这三个专业的外文期刊种类并不

---

* 这里统计的数字不包括北图与中情所互重而专业单位未订购的数字,也不包括各家单独订购的数字,只统计了医学、农业、地质三个大类,合计中与两家都重的是按双倍数字计算的。

齐全。

再以兰州地区为例,影印的全国地方志,每套25万元,也是由于商量不够,甘肃省图书馆,兰州大学图书馆与西北师范学院图书馆各订购了一套,后来他们感到是完全不必要的重复,下决心要改变这种互不通气的现象。[76]

只有加强所有图书馆与情报所的分工合作,互相协商,才能建设好各个不同层次的文献资源保障体制。

第五节　藏书建设的制度化

确定文献资源社会所有的性质

我国每一文献信息收藏利用单位的藏书都是国家投资的结果,因而是全社会的文献资源,不属于任何部门所有,社会每一成员都有享用的权利而不应受到限制。所以图书馆和情报所虽然是二级单位,行政上隶属于某一部门,但又有相对的社会性,其藏书有为社会服务的义务,不能以任何理由拒绝社会读者的要求。当然,服务有对象分工,文献有密级范围,还有保护性的限制与一定的收费制度,但这应是国家的统一规定,而不是以部门为界限。

我国文献资源目前的状况,不可避免地受到时代的影响,使国家资源变为部门所有。在一些专业系统图书馆的工作条例上,只有部门归属的规定,没有其社会职能的阐述。例如《中华人民共和国高等学校图书馆工作条例》第一条写的是:"高等学院图书馆是学校的图书情报资料中心,是为教学和科学研究服务的学术机构;《中国科学院图书情报工作暂行条例》第五条写的是:"中国科学院图书馆是全院图书情报中心",都没有提到他们在社会上的地位与职能。其他部委的图书馆与情报所的工作条例也大致如此。现在要把已经形成的部门所有观念改变过来,除了加强舆论工作,宣传这一道理以外,还要通过立法的手段。

制定图书馆法是我们的长远目标,不是短期内能够实现的。比较可行的是先起草一个全国性的图书馆工作暂行条例,作为将来立法的基础,对若干原则问题提出统一的看法。例如确立各专业系统图书馆与情报所的双重属性,规定他们对社会应承担的义务,要求各系统制定具体工作条例时,必须以全国性工作条例为依据,从而保证文献资源社会所有的性质。

制定全国藏书建设规范

好多同志根据国外经验,提出我国的五级藏书结构设想:完整级(努力收集记录所有知识的全部著作的藏书),研究级(能满足学位论文和独立研究所需要的主要资料),学习级(能够帮助大学生课程参考或满足独立学习要求的藏书),基础级(精选的藏书能介绍和说明有关的专题,并能指出其他有关信息所在),最低级(藏书范围之外的专题领域只选几种很基本的工具书)。[77]和本书提出的不同类型图书馆的不同藏书建设方针的原则大同小异,而且在一个具体图书馆内,还要按藏书的不同目的进一步划分结构层次。应当由国家主管部门或图书馆学的权威研究机构,按照这些原则制定全国藏书建设规范。

资源保障型中承担全国文献资源保障体制任务的图书馆属于完整级,而且只是该馆所承担收藏范围的那一部分才可能做到详尽无遗的收藏。承担专业与地区保障体制任务的图书馆,介于完整级与研究级之间,即其承担收藏范围的部分,根据专业与地区的具体情况,其完备程度为80—100%。资源保障型图书馆中不属于其收藏范围的其他部分,与科学服务型一样,相当于研究级,在尽可能搜集所属学科的文献时,不收藏其中的珍贵文献。

大众图书馆中的社会教育型图书馆,包括大学图书馆中的学生教学用书,大概学习级、基础级与最低级都有,要尽可能地选购满足读者学习需求的各种文献。五级藏书结构没有指出文化阅读型图书馆和其他类型图书馆中文化阅读部分的文献收藏原则,这要根据每个图书馆服务对象的文化结构确定其藏书层次。

以上只是泛泛而论,在规范中应能说明每一类型图书馆的具体条件,所应收藏文献的层次,专业范围的划分,等等。每个图书馆需获得权威机构颁发的收藏范围证书,作为其上级行政部门的拨款依据,也是获得必要文献的凭证,例如国内呈缴本的接受权,外文书刊的订购权等。

文献资源保障体制的法人地位

1957 年 9 月 6 日国务院全体会议第 57 次会议批准的《全国图书协调方案》,决定成立北京(第一中心)和上海(第二中心)两个全国性中心图书馆委员会,并提出了具体图书馆名单。同时还确定在武汉、沈阳、南京、广州、成都、西安、兰州、天津、哈尔滨成立九个地区性中心图书馆委员会。根据这一文件成立的两个全国性和九个地区性中心图书馆委员会是具有法人地位的。可惜在"文革"期间撤销以后迄今未能恢复。

对于人们议论较久的三个层次的文献资源保障体制(全国的、专业的、地区的),虽说民间横向联系的方式也可以解决一些问题,但在我国目前的领导体制下,不取得法人地位,许多事情是不好办的,特别是涉及到人财物的问题,没有法人地位就无从着手。

1985 年 7 月举行的全国图书馆工作会议,在《关于改进和加强图书馆工作的报告》中,把成立"全国图书馆工作协调委员会"作为一个主要内容提了出来,目的就是要解决这一问题。

现在需要研究的是推动成立所谓具有法人地位的文献资源保障体制,必须能掌握一定的调节费用,已经成立的部际图书情报工作协调委员会,怎样落实这件事,是申请国家财政部门拨出专款,还是由各个参加部委集资。目前各单位购书经费都比较紧张,纷纷向上级主管部门申请增加经费。最好不要给每个部门增加,而是拨给协调机构作为调节费用。没有这样一个条件,建立文献资源保障体制是很困难的。

贮存图书馆

关于贮存图书馆,国外已有多年的经验,并在控制图书馆藏书增长速度上起了很好的作用。从我国的具体情况出发,对于建立贮存图书馆可赋予新意,使之不仅在藏书建设,而且在整个图书馆事业的发展中发挥作用。

由于我国图书馆事业发展极不平衡,在一些图书馆需要剔除的图书,对另外一些图书馆可能还很有用。但在剔除之际,一时很难知道什么图书馆需要这些书。如果有个地方将这些图书集中存放,而需要图书的图书馆可到这个地方去挑选,这样做必能取得很好的效益。

另外,我国还有一些历史较久的图书馆,长期积压了相当一部分图书,由于种种原因,至今不能整理编目上架,造成极大的浪费。需要采取断然措施,将各馆短期内不能整理上架的图书集中一个地方存贮,供有关图书馆挑选使用,以免文献遭受损失。

这个地方就是贮存图书馆,在我国来说,贮存图书馆不宜承担滞架书的流通任务。因为从节省投资来说,只能采取密集上架,简单开列清单的做法,如要承担流通任务,就要有完善的目录和一定的排架条件,这是不可能的。我们建立贮存图书馆主要是为了调节图书馆之间的余缺,利用经济文化比较发达地区的多余图书,有效地支持老少边穷地区的图书馆建设。多年来,我国图书馆界组织了好几次图书调拨活动,往往由于时间仓促,所拨图书接受方并不满意。设立贮存图书馆不仅能使这一工作做到经常化,而且可以更有效益。

　　贮存图书馆在一个地区以设立一个为好,负责整个图书馆界多余图书的调节,不必由各个系统分别设立好几个。从利于工作的开展看,以附属于省级公共图书馆管理为宜。地点可在郊区,但交通要方便。这件事情做好了,可为整个图书馆界当一个好后勤。

第五章 社会化书目事业

第一节 编目效率分析的启迪

定量化管理的成效

在当前体制改革的浪潮中,定量化管理在编目部门取得了比较大的成效。许多图书馆实行了按流程分工,按工种定额,超额奖励的办法,图书分编的数量有很大提高,一般达到5—10%。

但是,从各馆的处理流程和工作定额中发现,不论使用哪一种编目方法,处理一种新书,有无统编卡片,工作效率都大不一样。西安交通大学图书馆(表10)使用的是帐册式登录簿、横式目录卡、竖式代书卡的传统方法,无统编卡片,人均日编书5.2种,有统编卡片可达7种,提高效率24%。中南矿冶学院图书馆(表11)采用"四合一"的方法,即以横式目录卡片分别用作登录帐、目录片、代书卡和新书报道,无统编卡片日编书为6.8种,有统编卡片可达10种,提高效率47%。这就说明,依靠各馆自身的努力,提高工作效率的比重很有限,如能普遍采用统编卡片,则可有更大的提高。

全面提高编目效率的途径

西安交大和中南矿院的两种不同处理方法,在编目效率上有很大的差距(见表10—12)。

表10　西安交通大学图书馆西编工作量统计表

工段	工序	每人每日工作量 一	二	三	四	五	以第三等的工作量、每天以420分钟计、每种书以2个复本计、该工序一种书的工时(分钟)	占总工时的%
财产登记	盖章	200(册)	300	400	500	600	2.1	2.6
	抽印刷卡	200(种)	250	300	350	400	1.4	1.7
	打登记号	250(册)	300	350	400	450	2.4	2.9
	打帐本号	2000(册)	2500	3000	3500	4000	0.4	0.5
	登记	70(册)	80	90	100	110	9.3	11.3
分类查重	复本查重	200(种)	250	300	350	400	1.4	1.7
	分类	15(种)	25	35	45	55	12	14.6
	重号查重	200(种)	250	300	350	400	1.4	1.7
编目	打卡片蜡纸	20(种)	30	40	50	60	10.5	12.8
	打直卡蜡纸	50(种)	100	150	200	250	2.8	3.4
油印加工	印卡片	20(种)	30	40	50	60	10.5	12.8
	印直卡标签	60(册)	80	100	120	140	8.4	10.3
	加工	40(册)	80	120	160	200	7.3	8.9
	分卡片统计	50(种)	100	150	200	250	2.8	3.4
插公务目录	排架目录	250(种)	300	350	400	450	1.2	1.4
	书名目录	200(种)	250	300	350	400	1.4	1.7
	著者目录	200(种)	250	300	350	400	1.4	1.7
插读者目录	新书目录	300(种)	350	400	450	500	1	1.2
	分类目录	250(种)	300	350	400	450	1.2	1.4
	书名目录	200(种)	250	300	350	400	1.4	1.7
	著者目录	200(种)	250	300	350	4000	1.4	1.7

说明:1.双线以左是原始数据,以右是推算的。

　　　2.自编新书每种(2册)需工时80.3分,每日编书量为5.24种。

　　　3.有统编卡片的书需工时60.7分,每日编书量为7种。

因此,如能改革处理流程,采用"四合一"的编目方法,比之传统的编目方法一般可提高工作效率30%,但是这种改革一定要以符合标准化要求的编目工作为基础,因为不符合标准要求的目录卡片难以达到登录、著录、新书通报等多方面的要求。而且,如果有统编卡片可用,工作效率还可以有更多的提高。前面提到,中南矿院采用"四合一"方法,如有统编卡片,人均日编书可达10种,比起用传统方法又无统编卡片的5.2种,提高效率将近一倍。

表11　中南矿冶学院图书馆记分指标

项目	内　容	单位	分数	占总分%	备　注
打号	在图书、书卡、书袋上打号	分/册	0.3	5.1	
盖章	每本书盖章三个	分/册	0.1	1.7	
分类	查重、给书号	分/种	3	25.6	有统编卡片的为1.5分
质量责任	包括校对、整理登录卡	分/种	3	25.6	
打字	直接编目	分/种	2	17.1	
油印	包括目录卡片、代书卡、书标	分/种	1.3	12.8	一种多册,每加一册0.2分
排卡	包括分类、书名、著者	分/张	0.4	6.8	两套目录,0.4×2=0.8
贴书标	包括书口袋、期限表	分/册	0.3	5.1	
合计	无统编卡片图书		11.7		以两个复本计算
	有统编卡片图书		7.9		

说明:每人每天可得分数为60—100分,一般为80分。

表 12 *　　两种作业方法编目效率比较表

单　　　位	每天编目种数				
	一	二	三	四	五
西安交大图书馆	2.6	3.7	5.2	6	7.5
中南矿冶学院图书馆	5.1	5.9	6.8	7.6	8.5
两者比较	1:1.95	1:1.59	1:1.31	1:1.26	1:1.13

从两个单位的统计分析中还可以看到,由于编目人员水平的不同,工作效率也有很大差异,西安交大水平最高者比最低者效率高达两倍,中南矿院也要高 60%。其主要因素在分类标引的能力上。就图书馆界分编人员水平而言,达到上乘者并不多,许多馆的分编统计表明,大都保持在人均日编书 5 种的中等水平,说明还有一部分人在中等水平以下。相当多的图书馆甚至还没有达到中等水平。这样,依靠各个图书馆分散的力量去提高工作效率将非常困难。而高水平的统编卡片可以为各馆提供标准化的书目著录和精确的分类标引,就等于每个馆都有了高水平的分编人员,从而大大提高工作效率。也就是说,有了发达的社会化书目事业,全国几十万个图书馆可以广泛地提高编目效率,由此产生的效益绝不是一个个图书馆分散努力所能达到的。

控制书目质量的关键

图书编目不仅有数量问题,还有更重要的质量问题,没有著录格式的标准化和描述内容的规范化,就不能形成有效的书目检索系统。一个图书馆的目录卡片如果格式多样、著录各异,就不能组合成为一个有机整体。许多图书馆的目录质量很差,查找极不方便,而一些历史长一点的图书馆,无不存在多头目录的问题,是读

---

* 表 10、表 11、表 12 均引自《江苏图书馆工作》,1982 年第 4 期《对提高西文图书编目工作效率的几点看法》。

者利用馆藏的一大障碍。

没有标准化与规范化的书目著录,对于编制反映各馆藏书的联合目录,困难就更多。1983 年应用计算机试编《北京地区西文新书联合通报》时,208 个复本中,就有 71 种图书各馆的著录内容不一,占复本总数的 34%,只是用计算机进行多重对比,才确定其为同一种书。就是说,同一种书,同一个著者,或同一个题名,却不能在同一款目下集中,根本难以进行书目控制。这是许多地区编制联合目录的工作难以进展的原因之一。至于出版社与书店的征订目录,著录内容更是五花八门,从而影响图书馆的采购查重,此种事例,屡见不鲜。

因此,要保证书目著录的质量,进行书目控制,就必须发展社会化书目事业,包括实现在版编目和发行统编卡片。由各馆分散编目,质量是难以保证与控制的。标准化、规范化固然是推动社会化书目事业,特别是计算机化书目系统发展的重要条件,而社会化书目事业的建设,则是实现标准化、规范化,从而促进自动化的根本保证。这是一个相互制约的辩证关系。

一个国家只有对本国的书目质量能真正进行控制,实现 NBC 计划,才能对 UBC(国际书目控制)计划做出贡献,为国际间的文献交流发挥积极的作用,这是每一个文明国家义不容辞的责任。

积极发展我国的社会化书目事业

目前我国社会化书目事业非常薄弱,一方面主要由出版、发行、图书馆等部门以小生产的方式自行编制各种图书目录,另一方面也没有形成完善的书目检索体系。既造成人力、物力的极大浪费,又不能对读者提供有效的服务。这种状况使上述各部门为四化建设服务的作用不能很好地发挥,也给应用计算机带来相当多的困难,与信息化、现代化、网络化、合作化的发展趋势极不适应。社会各界和文献工作者本身对此都非常不安,强烈要求改变这种落后状况。在文献标准化工作取得很大进展的条件下,站在建设文献信息系统工程的高度,加强出版、发行与图书馆等部门的协作,发展我国社会化书目事业,实现在版编目与统一编目,编制联合目录与国家书目。

推动社会化书目事业的发展,除了从理论上加以阐述,提高人们的认识,取得广泛的支持,还要就所涉及的各种问题,作深入的研究,从我国的实际情况出发,提出切实可行的办法和分阶段实现的计划,切忌急于求成。根据多年来的经验教训,凡是涉及到图书馆界全局的事情,一定要在大家都真正赞成的前提下再迈步,碰到意见分歧的地方,宁可慢些,不能强行推广,否则事与愿违,欲速则不达。

社会化书目事业是整个图书馆事业发展的基础建设,这件事做好了将造福后代,长期受益,所以我们要以极大的耐心去推动这一事业,力争在不长的时间内加以实施。

第二节　理论基础与技术条件

目录学的横向性

目录学是文献信息学的一部分,其研究内容包含阐述"文献的社会作用,怎样认识与熟悉文献,揭示文献的原则与方法,文献的编排与组织,文献的报道以及二次文献与三次文献的编写"等,[78]今日文献信息学各个纵向分支学科,与我国古代许多目录及目录学巨著都有历史渊源。

随着科学技术的进步,文献信息事业不断得到发展,逐步形成目前的分工,但各方面利用目录工具为其事业服务的情况并未改变,仍然以文献目录作为这些部门与社会联系的中介,发挥其传播文献信息的职能。

编辑、出版、发行部门，为了揭示、宣传、报道图书报刊，编制各种目录，使人们了解出版信息，吸引人们购买。

图书馆目录是各项业务工作的中心环节，从采购、编目，到借阅参考，都要依靠目录去进行工作。情报部门的二次文献编写是目录工作的进一步深入。档案部门的目录工作更具有古代目录工作的特色，与档案（文献）的整理并存。这些部门的共同特点是以馆藏目录为利用其所藏文献的手段。

所有这些部门，在编目实践中，都自觉或不自觉地运用目录学的理论与方法，指导他们的工作，而目录学的理论研究，不仅在基本原理上包含了各部门目录工作的共同特性，而且还具体探讨了各部门书目事业的建设。因此，在文献信息学中，目录学是横断于各纵向分支学科之间的横向分支学科，与各个纵向分支学科的发展都有紧密的关系，不仅与图书馆学、情报学相互依存，和档案学、编辑学、出版学、发行学同样不可分离。

有人提出："目录学产生于存贮与检索文献内社会需要的知识信息的人类文明古代，它一直跟随着人类文明前进的步伐不断发展。由于目录学的横断科学性质，使它必将随着现代科学的高速发展而逐步完善，必将随着人类文明第三次浪潮的到来而更加社会化，它也必将随着社会对目录事业实践需要程度的日益增高而走向成熟，走向更高的思维层次。"[79]这个看法是很有意义的。

目前，系统论、信息论、控制论日益向各个学科渗透，文献信息系统工程和文献信息学的建立已提上了日程。我们有必要也有可能赋予我国有悠久历史传统的目录学以更新的内容，以其为理论基础，发展社会化书目事业，这实际上也是一项系统工程。

书目事业的社会性

人类社会有了文献信息事业，就有书目事业。那时的编辑出版、图书馆，档案室等，还未形成今天这样的分工。追本溯源，就是一种文献工作。书目事业是整个文献信息事业的一个组成部分，是文献信息系统与社会大系统的交流工具。人们是通过目录来获取文献信息的。因而书目事业有很强的社会性。

书目事业不仅存在于文献信息事业之中，还渗透到各个学术领域里面，产生门类众多的专科目录，成为人们学习专业知识和进行科学研究的重要手段，古人就有"不通目录学，不能读天下书"之说，现代社会的人们更感到"面临一个文献的海洋，浩瀚无际。如果没有一个信息整理、分类、使用的技巧，你就会淹没下去出不来。"[80]这是书目事业社会性的第二个现象。

此外，文献信息系统各部门的目录工作有很多内在联系，例如：发行部门的征订目录，往往被图书馆与情报部门用作订购目录的数据源；出版部门的《全图总书目》，在很长一段时间里起着国家书目的作用；图书进出口总公司的订货目录，是目前查询引进国外文献的重要途径；图书馆与情报部门编制的各种目录，又成为出版物的历史记录。而且各部门之间相互利用目录工作成果的情况，也很普遍。这既是目录工作在文献信息系统中横向特征的表现，也是书目事业社会性的第三个现象。

随着文献信息事业的不断发展，书目事业社会化的趋向愈来愈明朗，国外的出版、发行、图书馆与情报部门已有建立综合书目系统的做法。我国在这方面有更好的条件，只要指导思想对头，方法正确，实现起来并不难。书目事业的社会化特征，是建立社会化书目事业的物质保证。

新技术的应用

图书馆应用计算机是以编目工作为基础，而且是从编目工作开始起步的。各国图书馆自动化的成就，无不显示在书目系统的建设上。在有了高效运行的编目子系统以后，其他子系统才得以逐步扩展，形成为全面的图书馆自动化系统。

新技术的应用，使书目事业的社会化特征得到进一步加强。国家图书馆发行 MARC 磁带以后，各方面有了共享的书目资源；而联机编目中心的出现，产生了社会化的书目系统。另一方面，正是由于这种社会化的基础，才能使计算机应用所需要的人力、物力得到保证。

如果说在手工操作的情况下，书目事业社会化的程度还不可能很高，书目记录的综合利用也比较不够，而联合编目一类的事情还难以做好，因此，书目资源的共享是有限度的。

包括计算机与通信等新设备的应用，为社会化书目事业的建设提供了技术条件。机读目录一次存贮多次使用，一家制作各家享用，一种记录多方应用的功能，使书目资源的共享超出了图书馆的范畴，进入整个文献信息领域。而现代通信技术又使空间距离消失，使书目事业社会化的程度空前提高。联机书目网络的建设成功，才有了物理实体的图书馆网络。

文献信息系统工程的前导

建设文献信息系统工程已成为不容忽视的课题，也已经提出了建立国家文献信息系统的建议[81]。这是要花费几十年时间为之奋斗的目标。

回顾发达国家文献信息系统的形成，一般是以书目系统为前导，随后是情报检索系统，最终达到对整个原始文献的使用成为一个高效运行的系统工程。

任何一项系统工程都要有计划、有步骤、分阶段地进行，首先进行的部分应是既要对建设整个系统具有重大意义，又要是比较容易见效，并且具有实际的可行性。就建设文献信息系统而言，书目信息——二次文献信息——原文信息是三个不同的层次，原文信息的量最大，没有书目与二次文献还不能利用。二次文献信息比原文信息的量虽然小一点,但比书目信息的量要大,涉及的问题也较多,做起来难一些。所以人们对文献的利用,无论是手工操作,还是计算机处理,都是从目录工作开始的,二次文献工作是目录工作的进一步发展。即使现在的技术条件已很完善,但二次文献信息的覆盖面还不可能包含全部文献,而书目信息的完整程度要好得多。至于原文信息,虽然文献信息收藏利用子系统一直是以提供原文信息为社会服务,但千百万个收藏利用单位的文献,只是有了完善的联合目录以后,才能真正成为系统,而且只是凭借现代信息技术条件,才可以做到高效运行。但至今仍然没有收藏全面的原文信息系统,毕竟其信息量不是现有技术条件所能解决的。

我国文献信息系统的建设,要借鉴这些经验,而且由于汉字信息处理上的困难,加之实现四化对国外文献信息的迫切需要,可以也应当从建立西文书目信息系统着手,并尽早着手建立中文书目信息系统,为文献信息系统各个部门所共享,以此推进整个文献信息系统工程的建设。

第三节　在版编目

国外已有的成果与我国的情况

图书在版编目是在书样印出后,送到指定的图书馆或其他机构进行编目退回出版社,将编目数据加印在书上(一般在版权页)。这样,图书馆收到新书以后,即可按书上印的在版编目数据复制卡片,不需再进行原始编目。这种方法是推行书目著录标准化的有效措施,为书目机构、书店和读者提供编制各种书目的统一著录、分类和主题的标准记录,而且是建立机读目录的基础,编制国家书目的根据。同时,也为图书发行与采购工作提供准确的图书出版信息。更主要的是图书在版编目将大大加快图书传递的速度,大量节省图书编目的人力和费用。

国外从五十年代末开始试验图书在版编目,经过十多年的努力,美国国会图书馆于 1971 年 6 月 21 日正式进行图书在版编目,目前美国已有 70 - 80% 的出版社加入这一活动。澳大利亚于 1972 年即随之开展,西德、巴西、墨西哥等国在 1974 年,英国和加拿大等国在 1975 年也都实行。苏联从 1971 年起在所出版的图书上全部印上了类似图书在版编目的事项。[82]我国台湾省也在 1984 年开始做这一工作。

我们至今还未实行图书在版编目,目前在图书发行前,由各地新华书店编制《科技新书目》、《社科新书目》和地区新书目录,版本图书馆编制《全国新书目》,都是按照出版社上报的书目数据,自行编目。图书发行后,书目文献出版社收到新书再编目印制卡片。这三部分书目工作的内容是重复的,而且覆盖面都很少,科技、社科两个新书目只包括北京、上海、天津等大城市出版的图书。其他地方的书目很零散,对图书发行与采购双方带来很多困难。[83]而几方面目录的著录内容又不一致,不能共用。

另一方面,从国际文化交流来说,也是一个问题。美国图书馆代表团 1980 年访问我国时,就向我国图书馆界人士表示,美国十分欢迎中国实行图书在版编目,因为在美国对中文图书进行编目,经常遇到很多困难,他们希望我国能从 1981 年开始做。[84]现在已经过去多年,事情还未见眉目。

我国实现在版编目的途径

我国图书馆界近年来有不少人对在版编目在我国实现的问题进行了研究,提出过一些设想,大致有三种意见:①全国成立一个专门机构,统一负责图书在版编目。[85]②实行集中管理,分省包干本地区出版物的在版编目。[86]③每个出版社自行负责对其出版的图书进行在版编目。[87]但由于这些意见没有提出具体实施的细则，也没有直接与出版界进行对话，共同商量，故而没有进展。三种意见中，多数人认为第二种做法比较适合我国的情况。[88]

因为第一种意见要成立专门机构，美国国会图书馆有七百多人，苏联出版物登记局是五百多人，这样大的人力需求，在我国难以解决。而且全国集中处理，书样来回传送，在当前的交通条件下，延误时间太长。因此，全国集中是不可行的。

第三种意见由各个出版社自己去做，当然很好，但由于编目人员缺乏，一时难以实现，书目质量控制也存在困难。

我国现有出版社五百多个，和图书馆一样，大多是二级机构，而且往往与一个图书馆属同一上级部门领导，主要为中央各单位，各省、自治区、直辖市，各大学。从这一实际情况出发，可以由某一图书馆为其同一主管部门的出版社进行在版编目工作，如地质图书馆为地质出版社，人民日报社图书馆为人民日报出版社，省图书馆为该省各出版社，大学图书馆为该校出版社，等等。全国大约有二百多个图书馆有对应的出版社，这些图书馆有能力承担这一任务，从而能充分调动各方面的积极性。目前的试验工作如果从一个一个部门做起，也许是加快实现在版编目的一个办法。

国家书目中心的任务是：制定图书著录的标准与规范，提出在版编目的具体做法供各图书馆与出版社执行。各单位做好的在版编目数据，除印在书上以外，将稿片连同书样一并送国家书目中心，进行复核审校，在编制铅印卡片或机读磁带时，改正其中的错误部分，实现书目质量控制。

关键是出版界与图书馆界的合作

开展图书在版编目的工作，关键是出版界与图书馆界的通力合作，出版社要及时向负责在版编目的图书馆提供样书，图书馆则必需很快把编好目的样书退回出版社，不影响其出书时间。这必然增加了出版社和有关图书馆的负担,因而需要充分认识实行在版编目对出版界与图书馆界所带来的好处,才能调动双方的积极性。

图书在版编目对图书馆界带来的好处是明显的,据测算,我国出版的图书全部进行在版编目以后,全国图书馆每年可节省编目人力 40000 多人力,即使承担在版编目任务的图书馆,每年编数百种图书,所花费的人力也很有限,而在版编目却减少了这些馆数千种新书的编目工作,所省人力比花费的人力多得多。至少国家书目中心只要以很少的人力,就能获得全国的书目纪录,经过复核、修改,即可采用,不必对所有新书进行原始编目,从而在研制中文机读目录时有了可靠的数据来源。

对于出版部门来讲,实行图书在版编目也是有很多好处的,由于有了标准化的书目数据,代替了原先不规范的著录,从而为编制全国性征订目录创造了条件,有利于扩大图书影响,增加发行数量。中文机读目录数据库建成以后,将形成计算机化的书目信息网络,加上各种辅助与管理数据库,出版社可及时获得图书市场的反馈信息,以改进本社的经营管理;可利用名称规范文档等数据库以提高编辑质量,这些好处是难以用经济价值计算的。

更为重要的是,实行图书在版编目,标志着一个国家出版事业的水平和书目信息的社会化程度,这是建立综合书目信息系统的基础,是利国利民的大好事,也是每个国家对 UBC 计划应当承担的义务,所以图书馆界与出版界要共同努力把这件事做好。

积极试验,推动我国图书在版编目的实现

从拿到图书清样进行编目到送出版部门付印这一过程中,有哪些环节,需要多大的工作量,要多长的时间,中间可能会出现哪些问题,现在还不清楚。而使用各种标准规则进行著录,特别是用汉语主题表做标引,又是一项新的工作。书样多了,会不会产生积压现象,进行在版编目的劳务费用如何计算与支付,对图书定价将会产生多大的影响,这些一时很难提出具体意见。因此,需要图书馆界与出版界进行协商,先做一些试验,以取得经验。

1985年4月,中宣部出版局约请图书馆界与出版界有关同志,座谈中国实现图书在版编目的途径,与会同志认为:要从中国的实际出发,寻求可行的方式,为此,要有几个出版社与图书馆着手试验。1986年,北京图书馆与书目文献出版社,北京大学图书馆与北京大学出版社分别进行合作试验,各自在一部分图书上加印了在版编目数据。书目文献出版社1987年的所有新版图书都这样做了。还有一些图书馆与出版社也准备进行试验。青海人民出版社在1987年已印出附有在版编目数据的第一种样书。

1986年11月,国家出版局与国家标准局联合召开了我国实行在版编目工作计划讨论会,通报了试验的情况和各方面的希望,国家标准局与国家出版局的同志分别就所提图书在版编目的实施方案作了说明。与会同志进行了充分的讨论,倾向性的意见认为可以由出版社在图书馆的协助下完成在版编目工作,并作出了如下决议:

(一)图书在版编目在国外已开展了几十年,有许多好的经验可供我们学习与借鉴,同时,近年来我国的一些专家对此也作了比较深入的研究,国家标准局现在颁布了一整套有关图书编目的国家标准,这些都为开展这项工作奠定了一定的基础,因此,我国目前开展在版编目的时机已经成熟,条件也基本具备。

(二)由国家出版局、国家标准局、文化部图书馆局、中国科学院图书情报出版工作委员会、国家教委教材图书情报办公室组成工作组,制定我国实行图书在版编目工作计划,负责此项工作的组织协调、经费筹集以及有关标准和规程的审查及贯彻执行。该工作组由国家出版局负责组织落实。

(三)委托全国文献工作标准化技术委员会第六、七分委员会共同组织两个标准起草小组,加速制定《图书版权页编排格式》、《在版编目数据单》国家标准,力争在 1987 年底以前报批。

(四)在出版界、图书馆界对图书在版编目工作进行必要的宣传。

(五)在 1987 年 1 月底以前,工作组开一次工作会议,落实标准起草小组的组成单位,起草人员以及经费的使用办法等具体工作。

目前,工作组已经成立,并于 1987 年 9 月召开了工作会议,对起草的两个标准进行了讨论,1988 年已修订上报,可望在 1990 年前得到实施。

第四节　统一编目与随书配片

我国统编工作现状

统一编目又叫集中编目。美国史密逊研究院的杰威特在 1850 年提出这个设想。美国图书馆局于 1893 年开始向各图书馆提供目录卡片,1901 年美国国会图书馆接手这项工作,直至发行 MARC 磁带以后才停止。苏联在 1925 年开始实现集中编目,世界上许多国家都设有专门进行图书集中编目的机构,大都由国家图书馆承担这一责任。[78]后来许多书商从发行图书的目的出发,加之有了在版编目数据和 MARC 磁带可以利用,也经营随书配片的业务。[89]

我国 1958 年在全国中心图书馆委员会下面成立了图书提要卡片联合编辑组,由中国人民大学图书馆编辑发行中文图书提要卡片,中科院图书馆编辑发行西文图书统编卡片,北京图书馆编辑发行俄文图书统编卡片。这是我国统一编目工作的开始,到"文革"期间停止以前，取得很大成绩。1973 年，各个编辑组的人员全部归并到北京图书馆，恢复了中文与西文图书的统一编目，到1985 年已有 5,000 多订户。但图书与卡片不能同步发行，各馆订购的统编卡片中平均有 30% 以上不能使用，而更多的图书未进行统一编目，统一编目的作用没有得到充分发挥。

为改变这种状况，中国图书馆服务公司于 1984 年成立了随书配片发行部，从 1984 年 9 月至 1985 年 6 月的十个月中，已有 224家出版社和 4,700 个图书馆参加随书配片的工作，出版了《随书配片征订目录》32 期，征订随书配片 4,163 种，取得了一定的效果。[90]但限于客观条件，不能在更大范围内满足整个图书馆界的要求。因此，经与发行部门协商，图书馆与新华书店双方合作，由书目文献出版社编印统编卡片，委托北京市新华书店向全国发行，各地新华书店向所在地的图书馆进行随书配片服务。但由于种种原因，北京市新华书店经过半年多的努力，感到不能承担这一任务，又改由书目文献出版社自办发行，可直接向图书馆供应卡片，也可以通过基层书店开展随书配片服务。

外文图书的统一编目要与图书引进部门合作才能做好。这是多年来的经验所证明了的。目前国外书商利用机读目录的成果，对购买西文图书的图书馆，可同时提供编目服务。例如 Blackwell公司就可为图书馆提供所购西文图书的卡片、缩微品或机读形式的书目记录，图书馆不用等书到馆后再进行编目处理，获得了极大的方便。[91]

我国在这方面原先也是做得比较好的。1958 年，图书馆界共同聚集人力，成立西文图书统一编目组，就在图书引进部门办公。新书到货后，由统编组进行编目制片，书店将书片一起寄给订书单位，这一做法的效果非常显著，得到所有图书馆的称赞。正是考虑到国内外的经验，1980 年成立北京地区 MARC 协作组时，才邀请中国图书进出口总公司参加。

但是,1981 年,由于有关部门在具体做法上发生分歧,引进西文图书的统一编目工作停止了,这一情况对我国图书馆事业建设造成很大损失。

统编工作落后所带来的问题

目前,我国新华书店没有全国性的征订目录,北京发行所的《科技新书目》覆盖面为三分之二,《社科新书目》的覆盖面只有三分之一。在这种情况下,统一编目工作就很难全面开展,随书配片的业务更不易推行。

新华书店的图书征订目录是和征订工作结合在一起的,以发行所为单位编制。《全国新书目》只是报道,不管征订。这种状况给出版、发行,图书馆和读者都带来很大的不便。

出版社由于地区征订目录的局限性,以致许多学术著作订数很少。有的甚至不能开印,许多作家、学者为此在报纸上多次提出批评。

发行部门由于书目信息传递不灵,很难掌握订数,加上目前实行的一次订购,过期不办的僵硬方法,影响了对读者的服务工作。多渠道发行是到处卖热门书,专业性很强的学术著作越来越难买到。

图书馆的困难就更大,全国现在有几十种征订目录,一是很难全部见到,二是不可能每种都仔细审阅,因此,漏订缺藏的情况很多。由于书店方面基本没有开展发行统编卡片的业务,当然就更难做到书片同时订购,书等片、片等书,有书无片,有片无书的情况到处存在。

西文图书统编工作的停止,问题就更多。

首先,对各个图书馆的西文图书编目工作产生了直接的影响,1981 年以来,引进西文图书的数量逐年增加,而统编工作的停止,给各馆造成了很大的困难。1984 年,全国引进西文图书约 90,000

种,平均 10 册复本,以每人每天编书 5 种计算,各馆重复进行原始编目所浪费的人力约 15 万个劳动日,相当于 700 个西编人员一年的工作量。而且由于临时从各方面抽调人员,不熟悉编目业务,书目质量急骤下降。即使如此,许多馆还产生程度不同的新书积压现象。

其次,影响了西文图书联合目录的编制,进而给采购协调与馆际互借工作带来困难,引进西文图书处于自流状态,以致造成引进复本率上升,资源保障率下降,藏书利用率不高等不正常现象。以复本率可降低 1/10 计算,直接浪费国家的外汇就将近 200 万美元。而由于信息不灵,造成决策失误的损失,就很难计算了。

第三,延缓了我国图书馆自动化的进程。当时北京地区 MARC 协作组已经研制成"利用 LC—MARC 磁带编制西文图书目录的模拟系统",[92] 如果统编工作不停,人力不分散,MARC 协作组与统编组共同努力,几年前我国就可以做到用计算机打印与发行西文新书的目录卡片和编制西文新书联合通报,计算机在我国图书馆的应用就不会是今天这种状况了。总结历史的经验教训,目前虽然有了计算机和引进西文图书机读目录磁带的条件,但西文图书的统编工作,仍然要求图书馆界与图书引进部门紧密合作,否则还是不能做好。在我国的通信条件下,建立联机编目系统不是短期内能做到的,与图书引进部门分离的编目服务很难取得好的效果。而利用计算机与引进的 MARC 磁带建立综合的西文图书书目数据库,不仅可以进行编目处理,而且可以管理订购业务,对图书引进部门也大有用处。不但西文图书可以这样做,日文、俄文图书也可以这样做。至于期刊的订购,编目处理就更容易实现了。

与新华书店合作推动随书配片的实现

根据我国图书进出口总公司、邮局报刊发行部和图书馆界编制全国性目录的经验,可按以下做法编制《全国图书征订目录》,

从而推动随书配片工作的开展。

（1）编制征订目录的工作与具体征订、发行工作分开，成立一个全国图书发行系统的书目中心（或单独设立，或附设在北京发行所内），负责编制《全国图书征订目录》和接受读者的书目咨询业务，有每月定期出版的新书目，有按年出版的总书目，还可以有各方面盼望已久的图书现货目录。

（2）《全国图书征订目录》有综合本，也有分类本；可预订，也可零售；可向国内外发行。

（3）报道方式仍以目前《社科新书目》与《科技新书目》的方式，稍加改动；著录内容与图书馆目录卡片的著录内容按国家文献著录标准著录；以中国标准书号加一个发行所代码为征订号，不另编号；图书馆与读者按征订号填订单，书店按发行所代码汇总订货。

（4）各书店对图书馆征订图书的同时，征订图书目录卡片，卡片的订数报书目文献出版社，统一编印卡片供货，做到书片同时发图书馆。

（5）《全国图书征订目录》发行后，《全国新书目》的有关业务也可以合并进来，以后借助计算机的编辑功能，到年底可自动生成当年的《全国总书目》。《全国总书目》与《国家书目》之间也可实行某种分工与合作，以避免重复。

（6）书目数据由出版社按在版编目的内容直接向书目中心提供，免去发行所的中间环节，等于是编制各发行所的联合征订目录。

这样做的好处是不言而喻的，既调动了各方面的积极性，又不增加新的投资，出版社、新华书店和图书馆都能从中受益。一旦在版编目试验成功，统编部门即可对在版编目数据进行校订，据以印片，统编工作的效率将大大提高。而汉字 MARC 磁带发行以后，也就无需集中印刷卡片，由各地的联合编目系统利用磁带为各馆提供目录卡片就可以了。

新华书店有了在版编目数据，征订目录的覆盖面又扩大到所有出版社，所有出版社的书都可面向全国征订，以后还可利用汉字MARC的成果，对全国图书出版与发行情况的了解与管理将得到加强。在此基础上就可以编出各种专题的征订目录，也就可能编出现货目录（即国外的 Book in Print），这些目录可向全世界发行，从而大大提高服务质量，与图书馆界共同做好随书配片的工作。

为了改变《科技新书目》与《社科新书目》覆盖面不广的问题，中国科技图书公司编辑出版了《全国地方版科技新书目》，全国高校出版工作者协会编辑出版了《高校联合书目》，经过 1987 年试刊，1988 年两个书目均已公开发行。虽然笔者为编制《全国图书征订目录》曾提出一些具体的建议，[93]也曾与有关部门进行过磋商，由于种种原因，未能实现。因此，统编工作部门需要面对征订书目分散的现状，研究做好随书配片工作的可行办法。

关键是书目文献出版社要采取多种方法与基层书店建立直接的供货关系，解决好供货中的技术问题与折扣问题，各个图书馆也要提出明确的要求，即哪个书店能做到随书配片就在哪个书店购书。运用竞争机制打破僵死的渠道，从两个方面推动基层书店开展书片同步发行业务。

具体做法可以由书店与图书馆双方商定，利用各种征订目录，各馆在报订书数时，同时报订卡片数，订书数按发行系统上报，订卡片数报书目文献出版社。待书与卡片到货后，同时送到图书馆。如同时发送有困难，也可以书到发书，片到发片，由图书馆自己去查对。这样做，不仅书、片是一致的，而且简化了订购手续，去除目前书、片分别订购所产生的种种困难。

但是，借助于在版编目的推行，计算机在出版、发行与图书情报部门的广泛应用，还是要努力编制发行《全国征订目录》，这是对各方都有利的事情。

与图书引进部门合作,恢复外文图书统编工作

必须与图书引进部门搞好合作,才能及早恢复外文图书的统编工作,可否采取如下做法:

(1)图书馆界与图书引进部门共同引进美英等国的外文图书MARC磁带,建立系统的书目数据库,也是图书馆进行编目的源数据库,还可为社会各界提供查询服务。

(2)图书引进部门建立像 Blackwell 公司 Profile 系统[91]那样的服务系统,每次收到新的 MARC 磁带时,即根据用户选择的主题词提供计算机输出的多联式新书预报单,实现图书订购自动化处理。

(3)各地外文书店将图书馆报来的书、片订数,汇总上报图书引进部门的服务系统,系统汇总全国订数以后,在向国外订货的同时,通知统编组做好编目准备。

(4)统一编目组仍然常驻图书引进部门办公,收到新书后,利用计算机进行统一编目,图书发行部门将书片同时发至图书馆。

(5)根据图书引进部门发行体制的情况,统编工作可以分设若干个点,即在每个图书转发点都有一个统编组,按该点所属地区的订书情况,从系统的书目数据库复制需要的书目信息,收到图书后即可编目。

(6)系统书目数据库中没有信息的图书,由统编组进行原始编目,并加入数据库。各图书馆从其他途径获得的图书,可先到系统书目数据库查找书目信息,没有的由各馆自行原始编目,但也要加入数据库。

(7)每个统编工作点同时负责用计算机编印所属地区各图书馆的外文新书联合通报,并将这部分信息上报国家书目中心。国家书目中心根据需要编印各种专题联合目录,处理流程见图6。

(8)西、日、俄文的图书、期刊可以组织多个统一编目组,按照

统一的著录标准与规范进行工作。

（9）在相当长的时间内是以人工与计算机配合进行工作，所以要解决好人机的界面关系。一旦通信条件解决以后，即逐步转化为联机处理系统。

第五节　联合目录与国家书目

联合编目

联合编目是统一编目的发展，最初是由几个图书馆分担编目任务，而不是由一个图书馆或机构单独负责，编目成果由所有的图书馆共享。

统一编目是编制联合目录与国家书目的基础，这是国内外的共同经验，实现了在版编目，基础条件就更好了。但是在版编目、统一编目总是不完全的，在一些发达国家，为了弥补这一缺陷，又实行了地区之间以及国家之间的联合编目，进一步增强书目信息的资源共享。但是在手工编目的条件下，很难做到覆盖齐全与基本避免重复编目，绝大多数图书馆仍然要自行编制相当数量的书目记录。他们的编目成果也很难为其他图书馆利用。在计算机应用于编目领域，出现了联机编目系统以后，合作编目加强，每个成员馆的书目资源都可以为其他馆共享，真正形成为联合编目系统。以 OCLC 为例，它的大多数成员馆，95% 以上的图书都可以从系统获得书目记录而不需自行编目。联合编目是计算机在图书馆应用的一个最大成果。现在 OCLC 每年从美国国会图书馆（LC）获得的书目记录（MARC 磁带）与该系统各成员馆自编的书目记录大体相等。LC 本身也安装了 16 台 OCLC 的终端，凡 OCLC 已有书目记录并符合 LC 要求的，LC 也就不再编目，而直接利用 OCLC 的成果。因此，"自动化的发展使本世纪初定型的集中编目，发行统一印刷单元卡片的格局，在六十年代末转化为以网络化为基础的合作编目。共享书目成果的格局，也就是说从一家编目、各家使用变为分别编目，相互使用了。"[57]这进一步说明只有整个图书馆界组织起来，同心协力，才能办好社会化的书目事业，而且计算机化的联合编目结果自动地产生了联合目录数据库，无需另外进行编制。

联合目录

图书馆之间互相合作、互相依赖的关系，是从编制联合目录、实行馆际互借开始的。1833 年，美国图书馆界在一次会议上提出：书目中心编制目录的职能。必须是向读者指明所需图书在国内的收藏情况。这是比较完整的现代联合目录的思想，只有在这样的条件下，图书馆之间利用对方的馆藏才是可能的。也就为每个读者利用国家的文献资源提供了物质保证。所以不仅工业发达国家，就是发展中国家，都非常重视联合目录事业，计算机在图书馆的应用，也往往是从这方面开始的。

我国国务院 1957 年公布的《全国图书协调方案》中，主要提出了建立中心图书馆委员会和编制联合目录这两项任务，可以说是抓住了图书馆事业建设的核心。1957 年 11 月在全国第一中心图书馆委员会下面，成立了"全国图书联合目录编辑组"，组织全国及地方中心图书馆委员会的各成员馆通力合作，在 1958—1966 的九年间，先后编制出版 27 种全国性书刊联合目录及 300 多种地区性联合目录。以全国西文新书联合通报来说，分文理科每月轮流出版，1958—1965 年共报道了 194548 种，在当时起了很好的作用。

十年内乱，中心图书馆委员会和联合目录事业都遭到了破坏。现在虽然有些省市在编制地区性的书刊联合目录，但全国性的书刊联合目录工作至今没有得到完全恢复。对于这样一个问题,需要从各方面去分析原因,寻找解决的途径。

图书联合目录是一个社会事业,是整个图书馆界应当共同承担的义务,不能看成只是某个图书馆的责任。在这件事情上把图书馆界(包括一些情报部门)组织起来的重要性,比协调藏书建设显得更为突出。藏书建设没有协调,一是不能形成文献保障体系,二是浪费了资金,三是资源不能得到充分利用,但藏书建设的工作还可以进行。联合目录没有协调与合作就编不出来,即使能编成几个,也是困难重重,进展缓慢,而且覆盖面小,质量不高,不能适应社会的需要。

根据国外经验,"有无一个统一领导的机构,是编制联合目录的一个最根本的问题。例如在筹划联合目录工作的组织形式方面,美国和日本就比较松散,虽有一个比较有力的国会图书馆来负责编制联合目录,但它毕竟不是权力机构,从整个国家来说没有一个统一的领导机构,因此在处理人事、资金筹备等方面都有一定的困难,各参加馆也都无一定规定约束。全苏出版物登记局接受缴送样本,统筹图书的版权登记,集中管理海外书刊采购,集中印发卡片等各项工作,把有关图书馆事业的各个部分纳入一个统一的整体,因此就能统管编制全国总书目和联合目录工作。瑞典等国也采取了这种组织形式,效果良好"。[78]

我国联合目录组的同志提出:"只有超脱一馆的组织形式,才能在我国的具体条件下做好统一编目和编制联合目录的工作。"[94]

实际情况也使我们需要认真的思索,为什么1958—1966年九年间,在中心图书馆委员会的组织协调下,调动各成员馆的积极性,统一编目与联合目录都很有起色。而1977年至今也有九年了,统一编目与联合目录却步履蹒跚。看来需要成立一个书目协调机构来推动这方面的工作,否则图书馆界是很难对社会交代的。

国家书目

国家书目是一个国家全部出版物的现状与历史的记录。比较发达的国家一般都编有国家书目。我国历代史书的艺文志与经籍志具有回溯性国家书目的性质，这是前人为我们留下的宝贵遗产。解放后出版的《全国新书目》与《全国总书目》，在一定程度上起了国家书目的作用。直至 1987 年北京图书馆才出版了我国第一部国家书目。

现在，北京图书馆与中国版本图书馆等部门对编制国家书目都持积极态度，这是很好的事情，但在编制原则和总体规划上尚缺乏协调，例如国家书目应当包含哪些内容，是仅限于图书，还是也包含其他类型的出版物？对于各类出版物如只收录公开出版的部分，对非正式出版物如何处理？所有国家书目是一个单位全部承担编制，还是由几个部门合作来完成？这些问题需要组织有关部门共同协商解决。

从文献信息载体的多样性看，国家书目不仅收录图书，还应收录期刊、专利、标准、电影、电视、声像制品、乐谱、地图、软件产品、缩微品、电子数据库等。

对于各类文献信息载体的非正式出版物，是否收入国家书目，要有细致的分析，考虑到各方面的因素，不能草率从事，在没有把握时，可先不收入，待处理办法趋向完善时，再加以补充。

按照我国文献信息载体分散收藏的现状，所有国家书目由一个单位全部承担编制是不现实的，可以确定一个单位为国家书目中心（例如北京图书馆），而后与各有关部门进行协商，制定统一的国家书目编制原则与总体规划，尔后各部门分别负责编制有关的文献信息载体，例如标准局负责标准的部分，专利局负责专利的部分，广播电影电视部负责电影、电视和声像制品部分，电子工业部负责软件产品和电子数据库部分，音乐研究所负责乐谱部分等等。形成总的国家书目系统。

建立我国综合书目信息系统

当前,应当抓紧制定包括在版编目、统一编目、联合编目和联合目录在内的共享书目计划,不仅承担中央与地区两级文献保障体系义务的图书馆与情报所,而且出版、发行部门都要为共享编目计划做出应有的贡献。因此,部际图书情报工作协调委员会应扩大新闻出版署为成员。

国家在书目事业上要有适当的投资,"文革"以前是有的,因为中心图书馆委员会有单独的预算。"文革"以后,连同机构撤销,经费也没有了。这种为公共服务的事业,没有国家投资是办不好的。事实上,任何一个图书馆的经费也难以维持社会化的事业。

必须改变"只管买书、不管报道"的现象,全国每年有几亿元用于购置图书,仅外汇就有几千万美元,没有相应的经费用于书目报道工作是很不合适的。以购书经费的千分之几用于社会化的书目事业应当说是一个很小的比例,而这笔经费使用的效果,至少要大于这个比例的十倍,甚至百倍。

要充分利用现代信息处理技术,运用系统工程的方法,建立我国综合书目信息系统。鉴于文字处理上的差异和部门分工的关系,先分别建立中文与外文两个系统(见图5与图6),待条件成熟后,再并入国家文献信息系统。

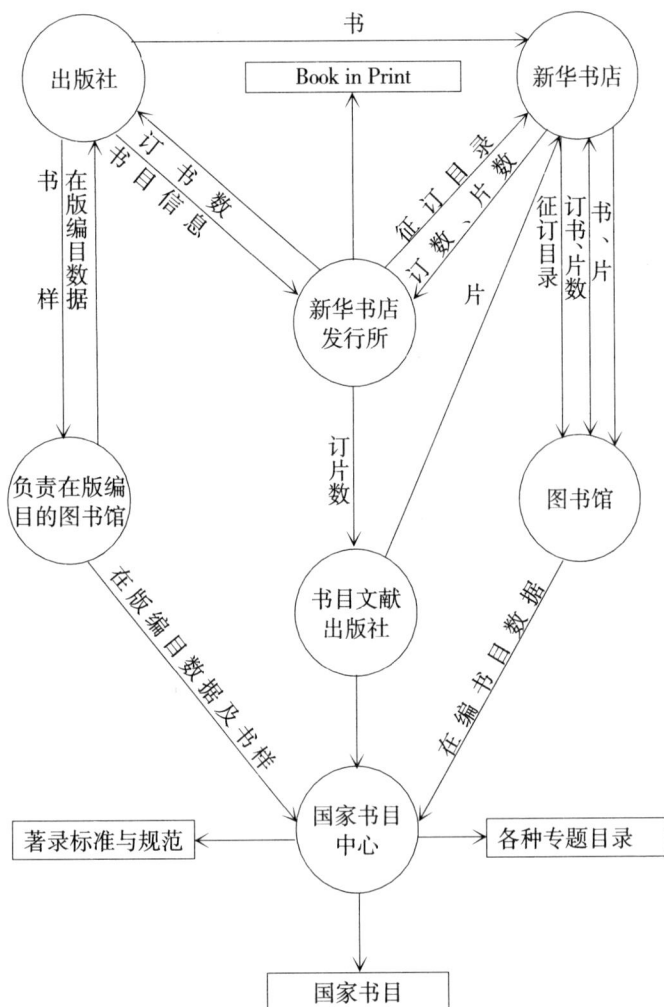

图5 综合中文书目信息系统流程图

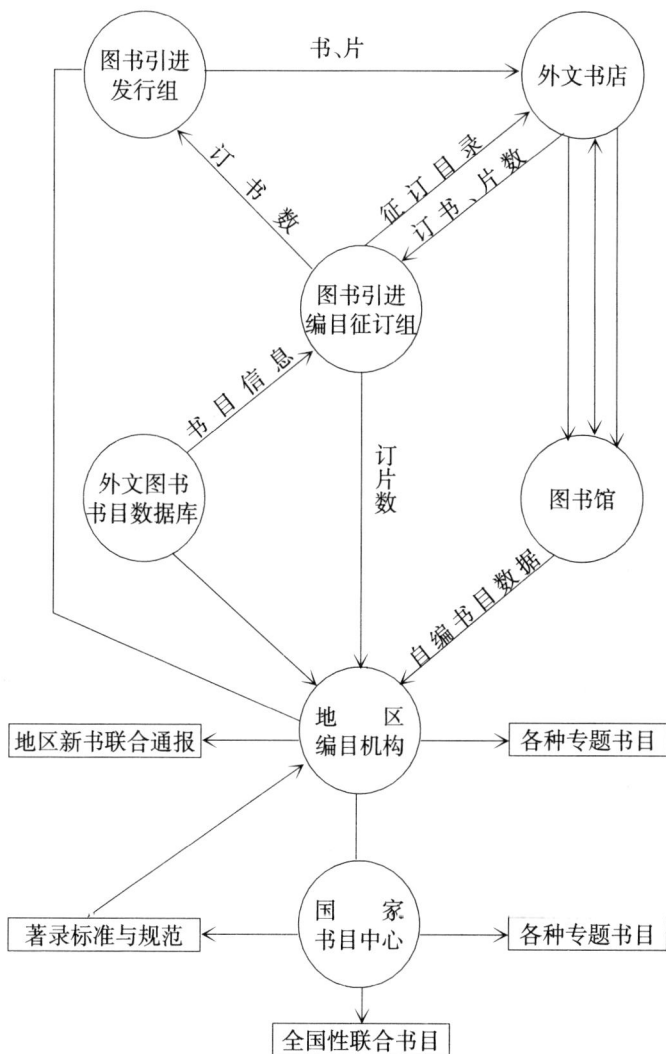

图6 综合外文书目信息系统流程图

第六章　读者工作与馆际互借

第一节　提供一次文献是图书馆的基本职能之一

阮冈纳赞五法则

印度著名的图书馆学家阮冈纳赞 1931 年提出图书馆学五法则,即书是供使用的(book are for use),书是供所有人使用的(book are for all),为每本书寻找它的读者(every book its reader),节省读者的时间(save the time of the reader),图书馆是生长中的机体(A library – is a growing organism)。这些内容极其深刻的命题,受到许多人的重视。即使在今天,时间过去了半个多世纪,这五条法则仍然是有意义的。

图书馆为读者服务的工作是图书馆学法则的具体体现,图书馆服务的内容是极其广泛的,面对新的技术革命挑战,开发文献信息资源的任务越来越重,但外借与阅览,即通常所说的流通工作仍然是图书馆的一项基本任务,这是图书馆传递文献信息的主要职能之一。忽视了这一点,图书馆就不成其为图书馆。

由于图书馆已迈入情报化的时代,信息开发与社会教育的职能增多,有些人提出了图书馆需要从借阅型转化为研究型。如果这里讲的是从借借还还,走向高层次的情报服务,这是对的。如果以为借阅不重要了,那是对情报化趋势的误解。情报职能的出现,是由于读者对仅仅提供一次文献服务感到不满足,要求提高服务的深度,但绝不是可以削弱一次文献的提供服务。每个科学图书馆都要承担借阅一次文献的工作,文摘、题录,都只能帮助而不能代替科学家对原始文献的阅读。我国科研人员对情报工作的意见,主要一点就是缺少良好的一次文献服务系统,他们尖锐地指出,不能及时获得原始文献,再好的情报检索(包括计算机检索)服务都是没有用的。

产生这种认识上的偏差,从理论上说不能不是对图书馆法则缺乏深刻的理解,忘记了图书馆工作的基本职能,以为既然情报工作重要,图书馆工作就不重要了。就如同以为高等教育重要,初等教育就不重要了一样。

评价图书馆工作不可缺少的方面

一个图书馆,有多少人领取了借书证,占应领借书证人数的百分比;其中又有多少人实际到图书馆借过书,占已领借书证人数的百分比;图书馆的藏书有多少被利用了,占藏书总数的百分比;读者借书的拒绝率的百分比,图书馆对读者需要的满足程度,读者借书等待的时间,图书馆每周开放的总时数。这些是图书馆法则的具体体现,不仅是评价一个馆流通工作的基本方面,而且是评价整个图书馆工作一个不可缺少的方面。

我国文化部系统的公共图书馆和乡镇街道图书室是面向全社会的,但相当多的图书馆(室)实行限制发借书证的办法,一般限额都不到所应服务对象的十分之一。本来图书馆是以借书证发放愈多愈好,所以公共图书馆过去有一种推广工作,努力扩大读者登记人数。实行限制发证办法的原因主要有两点:一是书少,保障率低,证发多了没有书借;二是人力紧张。所谓书少是一个模糊的说法,许多图书馆的藏书并不少,但是相当大的一部分没人借,导致高拒绝率低利用率的现象很普遍。除了藏书结构与质量上的问题以外,闭架借书方式也是一个重要因素。人员问题弹性很大,许多馆在改革中要求减人就是明证。现在有些馆已经实行了敞开发证的办法,情况并不坏。关键在指导思想。

其他系统的图书馆都是为本部门服务的,虽然一般地不排斥外单位的读者,但没有形成制度,往往以保证本单位需要为口实,限制对外开放。以大学图书馆而言,在大学图书馆之间,对教学人员发放通用借书证的倡议,只在很少几个地区得到响应。甚至在一个大学内部的系图书室,也只为本系人员(有时限教师)服务,拒绝对外系开放,当然更谈不上对社会开放。据许多大学图书馆的统计,对外服务的工作量不到 0.1%。中国科学院与中国社会科学院的各研究所之间,也是互不借书,对系统以外的读者限制很多。其他专门图书馆的情况也是如此。因而整个服务水平不高,图书馆的社会性没有得到很好的体现。

为他人作嫁衣的职业特征

从古代的藏书楼到现代的图书馆中,都不乏有好学之士,守经黩史,著书立说。目前的情报中心,更出现了许多情报研究人员。在文献信息收藏利用这个领域里,确实是出人才的好地方。但是这个现象只是图书馆工作很小的一个侧面,图书馆更主要的社会职能是为社会培养人才服务,在为社会服务的过程中,图书馆员也得到了提高,而不直接培养社会所需的各种人才。因此,图书馆员的劳动不是自己完成社会性的研究成果或学术著作,而是体现在他人的成果与著作之中。在评价图书馆员的水平时,不能片面地强调他有什么成果与著作,而要全面地考察他的实际工作能力。这是一件政策性很强的事情,稍有偏差,不仅要影响具体工作人员走错道路,而且会使整个图书馆迷失方向。

图书馆员的工作本来就是科学研究的前期劳动,收集文献、掌握信息,再进一步就是进行研究,取得成果。但图书馆员的目的不是自己研究,而是向研究人员提供这些文献信息,以一人的前期劳动,换取多人更快地获得成果,这就是图书馆员之所以叫做图书馆员,也就是他的职业特征——为他人作嫁衣裳。图书馆员自己也可以做一些研究工作,但他的主要任务不是研究,而是为别人研究服务,更不能只顾自己研究而不去为别人研究服务,使读者不能及时获得所需文献信息。如果把图书馆办成研究馆,那就不是图书馆了。

因此,即使我们强烈呼吁图书馆要加强文献信息资源的开发工作,但图书馆提供一次文献的职能也不能削弱。现在有些图书馆把本身的研究看得比为读者服务重要。其原因就是他们对图书馆的社会职能还没有深刻的认识,不自觉地使自己变为一个文献信息资源的守卫者,而不是一个传递者。客观上起了一种阻碍读者获得文献信息资源的作用。

使图书在人民中广泛地流传

图书馆的存在价值就在于它可以向读者出借图书,出借的量越大,其价值就越高。因此,图书馆的活动是社会文明程度的标志。一个国家,图书馆的数量、藏书的数量、图书流通的数量、利用图书馆的人数,确实反映了这个国家与民族的教育、科学、文化水平。从人均数来说,我国当然处于一个很落后的水平,表 13 就很说明问题[*]。但就绝对数来说,就是在同等条件下的可比性来说,我们也仍然存在很多问题。例如国外大学生、研究生及教师获得的图书情报服务要比我们多。并不是所有的人都认识到了"以优质服务扩大图书流通数量"的重大意义,轻视流通工作的现象依然到处存在,即使那些重视流通工作的图书馆,在一些具体方法上也还有许多不适应的地方。

---

[*] 转引自《黑龙江图书馆》,1985 年第 1 期第 14 页。

表 13　　五国图书馆图书周转率比较表

国别	人均藏书（册）	人均借书（册）	平均每册书的周转率（次/年）
中国	0.20	0.12	0.59
日本	0.55	1.02	0.90
美国	1.81	4.18	3.2
瑞典	3.72	8.67	2.2
丹麦	6.47	16.50	2.3

　　关于开架与闭架之争,几乎延续了二三十年。现在,实行开架借书的图书馆是愈来愈多了。争论的焦点之一就是"怕丢书"。当然不能说"不要怕丢书",还是要采取措施加以防范。问题在于许多人对于图书被借用很少不感到怕,这是需要引起深思的。凡是实行开架借书的地方,图书流通量都有相当大比例的增长,工作效率也提高了很多,推行这一方法的过程,实在是一个观念更新的过程。

　　现在关于扩大借书证的发放数量和延长开馆时间又成了图书馆界争论的热门话题。目前不少图书馆不仅节假日休息,每周工作日还有一两段时间闭馆,差不多一年闭馆将近 100 天,实在是一个不小的数目。我国图书馆本来就比较少,应当充分发挥其利用率,如能改变目前的做法,每年只闭馆很少几天,每天再适当延长几个小时的开放时间,一个馆就可以发挥两个馆的作用,就全国来说,将取得多么大的社会效益!这样做当然会带来一系列困难。如果看到了它的重大意义,还是值得这样去做的。开馆时间延长了,扩大借书证发放数量的问题也就迎刃而解了,由于读者到馆时间的分散,避免了过于集中的矛盾,从而为更多的人利用图书馆提供了机会。

　　重温列宁的教导是很有意义的:"值得公共图书馆骄傲和引以为荣的,并不在于它拥有多少珍本书,有多少十六世纪的版本或十世纪的手稿,而在于如何使图书在人民中间广泛地流传,吸引了多少新读者,如何迅速地满足读者对图书馆的一切要求,有多少图书被读者带回家去,有多少儿童来阅读图书和利用图书馆。"[46]

第二节　努力疏通文献信息交流渠道

提高疏通交流渠道的自觉性

"信息不灵"是影响我国四化建设的严重障碍,图书馆在传递文献信息上也有种种不灵的现象。这是整个社会的问题,需要用系统工程的方法进行综合治理,使各个环节逐渐疏通,形成良性交流渠道。从图书馆来说,要自觉排除自身存在的传递障碍,使文献信息交流不致在我们这个环节上堵塞。每个部门都这样做了,"信息不灵"的落后状况也就可以改变了。

社会对图书馆的抱怨是"借书难"。具体的有这样几点:接触信息难,相当多的读者进不了图书馆的门,更到不了书库;查找信息难,不少图书馆的目录体系庞杂,残缺不全,还有人为障碍,不向读者披露;获得信息难,拒借率很高,有的甚至不知何处可借;吸收信息难,不外借的书刊资料,有的不公开陈列,有的存放又不集中,阅览座位既少,开放时间又短;信息报道难,现在查国内信息比查国外信息难,报道工作跟不上;信息被利用难,引进的外文文献利用率很低,但想用的人又很难见到。

这些现象涉及图书馆工作的各个方面,每个图书馆的具体情况又不尽相同,有的问题还不是一个图书馆力所能及的,同样需要进行综合治理。在确立"信息意识"的前提下,每一个方面自我寻找障碍所在,自觉地加以排除,做到"信息不堵塞在我这里"。各馆都为难的问题,提到整个图书馆界去讨论。只要大家共同努力,"借书难"的问题会得到缓解,最终是能得到解决的。许多图书馆在这方面已经迈出了比较大的步伐,取得了明显的效果。问题是在各馆难为的一些事情,从总体上还没有大的进展,这是"七五"期间需要我们费大力气去拼搏的。

抓好为科研服务的薄弱环节

从文化部系统图书馆 1984 年图书流通情况统计资料看,为研究读者服务的比重不到 3%。因此,虽然藏书的相对利用率达到 75.9%,但绝对利用率并不高,特别是研究性文献的利用率从抽样资料看不到 10%。国家对文化部系统图书馆的投资很重视科研所需文献的收藏,占总经费的 50% 以上,但在这方面的服务却不到 3%,如此比例是很不合理的。这个状况长期得不到改变的原因,需要加以探索。

当然,科研读者的比例本来就少,还有科技、高校、情报等部门为他们服务,对此应有基本的分析。但是,从全局看,问题是严重的。而且不仅在文化部系统的图书馆,在高校系统图书馆中也同样存在。首先在图书馆服务人员的分配上,为科研读者(高校中的教师)服务所占比例就少。其次对科研读者提供的有针对性的服务也少,而一般性的活动相对多一些。第三,科研读者的一些迫切要求,如文献保障等问题一直难以实现。

因此,我国科研人员在获得文献信息上所花费的时间与精力比国外同行要多,未能得到良好的图书情报服务,国家在这方面的投资,没有产生相应的效益。"信息不灵"的问题主要表现在为科研服务上,包括对基层的科技服务都不够。这里就有一个全面理解图书馆方针任务的问题。

早在 1956 年的全国公共图书馆工作会议上就确定了"为大众服务和为科研服务"的方针。但是长期以来,不少地方把图书馆看作是一项群众文化工作。如果说图书馆为大众服务的那一部分可以纳入群众文化工作,而为科研服务的一部分就不行了。但是在"群众文化"的影响下,经济和科技部门的任务,对文献信息的要求,图书馆了解不多,难以进行有效的服务。

这个情况近来有所好转,特别在国家科委提出"星火"计划以后,各地方的图书馆采取了许多配合行动,取得了不少成效。1987年4月文化部图书馆局召开了图书馆为星火计划服务的经验交流会,以此为转机,将把这一薄弱环节促上去。

依靠基层图书馆网点解决读书难的问题

文化部系统图书馆的统计资料还说明了,越是基层馆,流通量越大,藏书利用率越高。按图书馆事业管理局1984年的统计资料(见表14),国家、省、地、县四级图书馆的藏书利用分别是10%,30.8%,73.6%,117.2%。按上海市图书馆1983年的统计资料(见表15),市、县、街道乡镇三级图书馆的藏书利用率分别是12.5%,284.1%,1060.5%。上海市乡镇街道图书室的藏书只占上海市藏书总量的19.2%,但网点数却占90.1%,图书流通量占全市总数的67.5%。上海图书馆每年图书流通量100多万册,居全国省级馆之冠,但只占上海市总流通量的2%,绝大多数读者是靠遍布上海的区、县、街道、乡镇图书馆获得服务的。全国173个30万人口以上的城市,不是靠建几个大馆,而是要形成星罗棋布的公共图书馆网点,才能解决广大群众借书难的困难。

表14 文化部系统图书馆1984年图书流通情况统计表

图书馆类型	图书馆数		藏书数		借阅人次		借阅册次		藏书利用率
	个数	%	册数	%	人次	%	册次	%	
中央级	1	0.05	12396000	5	544000	0.4	1247000	0.6	10
省级	34	1.5	68097000	27	8515000	7.2	21003000	11.1	30.8
地市级	270	12.1	70012000	28	29624000	25.1	51538000	27.3	73.6
县级	1912	86.2	98053000	39.4	79126000	67.2	114883000	60.8	117.2
合计	2217		248556000		117809000		188671000		75.9

表 15　上海市图书馆 1983 年藏书及流通情况

图书馆 类型	图书馆数		藏书数		借阅人次		借阅册次		藏书利 用率
	个数	%	册数	%	人次	%	册次	%	
市级馆	1	0.2	8000000	47.9	10787000	52.7	1000000	2	12.5
县级馆	40	9.6	5462000	32.7			15521000	30.4	284.1
乡镇 街道馆	373	90.1	3218000	19.2	9893000	47.2	34279000	67.5	1060.5
合计	414		16680000		20680000		50800000		304.5

　　对于广大农村的乡镇图书室,各省尚无精确的统计资料,但可以肯定地说,对一个省以至一个县来说,不可能只靠一个省馆或一个县馆就可以满足群众的借书要求,而是要广泛建立乡镇与村图书室。在条件不具备的地方,市县图书馆要配备适当数量的车(船)图书室,到广大农村去流通图书。

　　目前大众图书馆中,多为文化阅读型,社会教育型只占很小比例。以北京地区来说,有大众图书馆 10,350 个,其中只有 20 个区县馆具有社会教育型的条件,而北京市成人高等教育的在校学生有 70,000 人,20 个区县馆加上北京图书馆和首都图书馆,当然难以承受这样大的压力。因此,必须与成人教育部门配合,在一万多个文化阅读型图书馆中,选择 100 个左右条件比较好,该地区或部门参加成人高等教育学习的人又较多的街道或工会图书室,支持他们办成社会教育型。譬如成人教育部门提供一定的经费,图书馆界帮助培训干部与调拨适当的图书,有关图书室的主管部门解决阅览条件。这样就可以解决业余高校学生学习上的困难,提高成人高等教育的质量,同时也可使北京图书馆和首都图书馆能集中精力做好为经济建设与科学研究服务的工作。

保障每个公民利用图书馆的权利

图书馆应当向所有的人敞开大门，象袁和*那样的遭遇在我国是不应当发生的。每一个公民都享有学习科学知识、阅读文学作品、从图书馆获得文献信息的权利，这是宪法赋予公民权利的一个具体体现，图书馆要为之提供各种条件，而不是加以限制。

我国图书馆及藏书的数量虽然很少，但由于文化结构的差别以及相当多的人并不具有利用图书馆的意识，现有的条件总的说对我国人民目前的阅读需求是具有承受能力的，只是由于宏观管理薄弱，使这种能力没有得到充分发挥，从而不能很好地满足已经具有图书馆意识的人的阅读要求，更谈不上主动去扩大读者的队伍与服务功能。至于具体的图书馆，主要是还没有意识到保障每个公民利用图书馆的权利的重要意义。

每一个图书馆都应有既定的服务范围，在这个范围内的居民都可以成为该图书馆的读者，借阅其所拥有的藏书及所提供的各种服务，例如参加读书报告会，要求解答咨询等。

图书馆不仅要有足够的开馆时间（例如从早7点至晚9点），良好的读书环境（辟有一定座位的阅览室），还应当对那些不能到图书馆来的读者提供服务措施，特别是对残疾人，更要有特殊的服务。对于年老的科学家及离退休干部，指派专人上门服务是很有

---

* 袁和是中国科学院化学研究所1978年研究生，1980年赴美国蒙特·荷里亚女子院攻读硕士学位，学习期间，癌症复发，在死亡的威胁下，通过了硕士论文答辩，1983年6月20日在美去世。学校为了纪念她，颁发了以她的名字命名的"袁和中美友谊奖金"，奖给对中美文化交流有贡献的人。

袁和在十年动乱中失去了上学的机会，她奋发自学、刻苦读书，由于是一个里弄生产组的工人，没有工作证，进不了图书馆的门，她借别人的借书证到图书馆去，被工作人员发现，把她赶出门外。她含泪望着图书馆的大门，不知什么时候才能获得学习的权利。

事见《中国青年报》1984年10月11日2版，"一个普通的灵魂能走多远。"

意义的。对于距离图书馆较远的居民区,定时开去流动图书车,使那里的读者能方便地借还图书。在流动图书车不能到达的地方,应当提供邮寄借书的方法。

应当尽量节省读者的时间。一个好学的人,他一生中的绝大部分时间是与图书馆打交道。减少借书等待时间,简明易用的检索工具,提高问答咨询的效率等等,将使读者能把更多的精力用于学习与研究。

在借书规则上还应当说明,保证每个读者能获得他进行学习与研究所需要的文献,已借出的可预约登记,未入藏的可申请馆际借书。这些既是读者的权利,也是图书馆应尽的责任。

图书馆要以自己的服务在读者心目中树立起丰碑,终身怀念。

第三节　改革服务体制

省级公共图书馆与(省会所在地)市图书馆的分工

我国省级公共阅书馆目前以普通读者为主要服务对象,因而一般图书的流通占有很大比重。吉林省图书馆 1982 年的一份统计资料是有代表性的(见表 16,表 17*),两者都达到 70% 以上,因而影响其科学图书馆的职能不能很好发挥。

表 16　吉林省图书馆 1982 年图书流通情况统计表

学科	图书流通册数			占全年流通数%	
社会科学	217,100	马列主义毛泽东思想	550	0.18	74.33
		文化教育语言文字	21,800	7.46	
		文学	178,100	60.97	

＊ 转引自《图书馆学研究》,1984 年第 2 期。

（续表）

学科		图书流通册数		占全年流通数%	
自然科学	67,500	数理化	11,100	3.8	23.10
		工业技术	36,500	12.49	
		农业	2,300	0.78	
外文	75,00	社会科学	2,150	0.73	2.57
		自然科学	5,350	1.83	
合计		292,100（不包括内阅、集体借书与馆际借书）			

表17 吉林省图书馆1982年个人读者分析

项目读者类型读者成分		借书人次	占全年总人次%	
普通读者	工人	51,400	48.77	77.38
	农民	40	0.003	
	军人	770	0.07	
	职干	17,500	16.69	
	其他	12,500	11.84	
科研读者	初级科技人员	14,800	14.3	22.62
	中级科技人员	7,700	8.23	
	高级科技人员	910	0.09	
合 计		105,600（不包括内阅、集体借书与馆际借书）		

现在，只有西藏自治区有拉萨市馆，没有自治区馆;陕西省有省馆，西安市没有图书馆。其余各省会所在地都同时有省、市两级图书馆。馆虽有大小之别，但任务却无分工，职能上是重复的，都承担着为一般读者和为科研读者服务的任务，在收藏科研所需文献上都有比较多的投资，同样，主要精力都花费在为一般读者服务上。

在经济体制改革中，有一部分省会所在城市成为计划单列市，即享有省级待遇,不少市图书馆的建设也就按省级馆的规模设计。这样一来,不仅重复投资的问题更趋严重,而且不能合理布局,解决不了读者借书难的问题。

有些省馆盖了新馆以后,把原来的旧馆改为省级少年儿童图书馆,看来这不是一个好办法,最起码是对省馆的主要任务没有摆好位置。何况少儿馆所能服务的范围很小,不可能有为全省少年儿童服务的图书馆,这应是市馆的工作。

鉴于上述情况,应当对省、市图书馆的任务进行明确分工:省馆主要为全省的科学研究、经济建设与领导机关服务,并积极参加地区科学图书馆网络的建设。市馆主要为普通读者服务,并协助文化行政部门组织城市大众图书馆网点的建设。如能进行这样的分工,公共图书馆的两项基本任务就有了组织上的保证,从而能按照各自的主要职能开展工作,避免重复浪费。

我国图书馆体制由于领导多头,系统林立,改革步履艰难。省、市馆同属文化部系统,进行内部调整是否能容易一点。这样的分工实现以后,将有力地推进两种类型图书馆网络的建设。

改变按行政区划建立图书馆的现状

我国地方的街道乡镇图书馆(室)都是自立门户,麻雀虽小,五脏俱全。自行管理,自行采编,至少要七八个人,占用一定的内部办公用房,投资本来就少,能用于购书的费用就更可怜。几十年来,由于行政机构调整而引起图书馆的分合变化,所造成的损失也是相当惊人的。因此,影响了基层图书馆的发展。工会图书室与中小学图书室也由于同样原因,发展缓慢。

产生这一现象的根源是由于按行政区划或行政机构设立图书馆,而不是按图书馆自身的客观规律设立图书馆。每个图书馆都是一级政府或某一部门的下属机构,而不管其实际效益如何。

国家在图书馆服务网点建设上的投资,能真正发挥应有效益的微乎其微。平时由于人员过多,产生所谓"人吃书"的现象,一遇机构调整,图书即遭厄运,大量散失。

因此,应当改变按行政区划或部门设立图书馆的状况。从我国的实际情况出发,不可能离开地区与部门的领导发展图书馆事业,但是在一个地区(例如市、县)一个部门(例如中小学及工矿企业)之内实行分馆制应是可以做得到的。根据人口分布情况,在适当的地方设立分馆,分馆只负责外借与阅览,由市,县馆统一管理,统一采编。这样每个分馆只需要三四个人,用房与经费也可减少一半。同时,能保持相对的稳定性,不致因行政机关的变化而动荡。

此外,县、市图书馆还可采取对工会及中小学图书室实行经费补贴,代为采编图书等办法,鼓励他们为所在地区的居民服务。提倡几个学校、几个工厂企业合办一个图书室。这样,地方不需花费很大投资,工会图书室就成为公共图书馆的网点,中小学图书室就成为社会性的少年儿童图书室。

解决集中与分散的新问题

过去,由于高校图书馆与系图书室之间的关系一直没有很好解决,长期存在集中与分散的问题。许多学校几经分合,来回反复,仍然是形式多样,各有利弊。

现在,同样的问题,在科研单位的院所之间,由业务问题引起,也涉及到管理体制上的集中与分散的问题。

高校图书馆的问题仍然是突出的,系图书室的分散管理,造成藏书复本量大、利用率低;目录体系混乱,拒借率高;特别是专业期刊的分散收藏,读者无法得窥全貌。

现在中国科学院及中国社会科学院文献情报中心与各研究所图书情报室之间的关系也呈现出类似的矛盾。中国科学院文献情报中心的自然科学部设在中关村,为的是便于科研人员利用书刊资料。科学院京区的研究所大部分在中关村地区。每个所都设有图书情报室，都有相当规模的藏书。现在是院所之间、各所之间互不通气，壁垒森严。这些图书室，门对门，门靠门，有的在楼上楼下，有的只有一墙之隔。工作人员都很熟悉，但文献资源却不能共享。

中国社会科学院图书情报中心与一部分研究所的图书资料室就在一座大楼里面，院所之间和各所之间同样是缺乏合作，相互不能利用对方文献信息。

理想的办法是改变目前每个研究所和系都设立图书室的做法，由院及学校一级的图书馆，根据专业设置情况和环境条件，统一设立一些分馆，面向全院（校）读者，使读者能方便地、充分地利用藏书，图书馆也可以节省许多人力、物力与经费，用于文献信息的开发，提高服务功能。

如果体制问题一时不能解决，那么：（1）期刊应能集中（至少新刊要设法集中陈列）。（2）有反映全院（校）的馆藏目录。（3）读者能在各所、系阅览与外借。

高校图书馆应当设立学生分馆

高等学校中由于学生人数众多，借书量占图书馆总外借量的比例很大，有的学校达到90%以上。因此有人认为高校图书馆应以学生为主要服务对象，实际上相当多图书馆的服务机构安排是以面向学生考虑的，为教师服务的工作被挤到了很不重要的位置，从而导致为科研服务的工作上不去，情报工作难以展开，教师比较多的依靠系图书室的服务，影响了高校图书馆方针的全面贯彻。

除了认识上的原因以外，机构设置也是很重要的因素。西方有些国家高校中分设大学生图书馆与研究图书馆，前者集中承担大学生教学参考书的服务工作，后者为教师及学生的科学研究服务。根据两者的不同情况，采取不同的服务方式，工作效率很高。

我国的情况各校不一,有的以书刊为界分工,有的以文献的语种分工,有的按学科内容分工,有的按外借与阅览的不同方式分工,一般地也设有专门为教师服务的机构,但比重很小,大量的服务是学生与教师混在一起,而学生必然挤掉了教师。

《高等学校图书馆工作条例》第十六条规定:"各馆应从实际出发,以利于科学管理为原则,确定本馆的机构设置。"第十七条规定:"规模大、系统多或校园分散的学校,根据需要与可能,可设立专业分馆或学生分馆。"但是,多年来还很少有学校设立学生分馆,看来迈开一步还相当不容易。

设立学生分馆的好处是不言而喻的,它可以全馆流通部门一半的人力,把原来90%的工作量承担下来,腾出一半人力去开展咨询服务与情报工作。困难是在于怎样能划分一个界面关系,组织一定数量的藏书,即可满足学生的一般学习需求。此外,还由于整个学校物质条件的限制(宿舍、教室、图书馆阅览座位等),学生还是要跑到研究馆去进行他的学习活动,从而使学生分馆的建立失去意义。所以需要创造各方面的条件,推动这一改革的实现。

第四节　善于利用他馆藏书

利用他馆藏书取得服务效果

辽宁省本溪市图书馆"依靠馆际协作,开展为科研、生产服务工作"[95]的经验是很有意义的。他们认识到读者需要的文献极为广泛,即使一个大馆,仅仅依靠自己的馆藏,也难以满足多方面的索求。该馆底子薄、经费少、藏书基础薄弱,本馆文献只有30%的保障率。从这一实际情况出发,在1980年确定了有效地开展馆际借书,充分利用他馆文献,满足本馆读者需要,发挥资源共享作用的指导思想。几年来他们从各地图书馆与情报所借进与复制文献千余件,解决了本市科研与生产上的难题,产生了很好的经济效果。他们的做法是:收藏必需的检索工具,为开展咨询、利用外馆文献打下物质基础。具体地说,就是用检索工具这把钥匙,打开资源共享的宝库。在经费不足的情况下,保证检索刊物的收藏,加强对各地区联合目录和各馆藏书目录的搜集工作。从检索工具找到文献线索,从地区联合目录与各馆藏书目录找到馆藏单位,通过馆际借书获得原始文献。就这样,一个条件比较差的图书馆为经济腾飞做出了贡献。

北京市丰台区图书馆从 1980 年起开展为专业户服务的工作。他们深入专业户家庭,了解需要,送资料上门。本馆藏书不够用,就到市里各大图书馆去借,利用技术资料帮助专业户克服了生产上的困难,促进了专业户的发展。他们的工作受到市区领导的表扬和专业户的称赞,首都报纸、电台、电视台对该馆的事迹都作了报道。一个文献信息收藏数量很少的图书馆,注意利用地区文献信息收藏丰富的优势,在促进农村经济发展中发挥了重要的作用。[96]

洛阳市图书馆藏书只有 45 万册,而且大都是社会科学书籍。他们了解到许多工厂藏有不少科技书籍,但因管理人员有限,发挥不了应有作用。就主动与 37 家工厂、大专院校、科研单位的图书馆进行协作,发放馆际借书证,读者可以借阅其中任何一家的藏书。37 家图书馆可供借阅的图书达 300 多万册,其中科技书占有较大的比例,解决了科技人员查找文献的困难。[97]

山西省曲沃县图书馆在为"星火计划"服务中,为了解决馆藏科技资料不多的困难,抽出专人把县科委、科协、农业科技中心、农业广播学校、县工会、水利、林业、农机等专业局,以及县高中和几个大厂矿企业的科技图书资料共 9000 多册全部登记造册,编成联合目录、图书仍在原单位存放,开展馆际互借,使这些过去仅在本部门流通的科技资料,面向全社会充分发挥作用。[98]

虚藏书的概念

本溪市图书馆等单位的做法是符合科学管理原则的,是建立"虚藏书"这一科学方法的具体运用。

从全党工作重点转移到四化建设上以来,不少图书馆比较快地适应了这一形势,把工作重点转到为经济建设服务方面,加强了信息服务工作。在这个过程中,有些图书馆就强调只有提高文献保障率,才能做好服务工作,要求大量增加人员与经费,否则无法满足读者的需要。这是一些图书馆至今在开展为经济建设服务上未能迈出较大步伐,没有很好实现工作重点转移的症结所在。

随着经济、科技、教育体制改革的深入发展,人们对信息的需求越来越迫切,其中文献信息是获得有效信息的一个重要渠道。因此,每个图书馆都面临着为发展经济提供信息服务的问题。但怎样适应这一形势,确实有两种状况,一种是强调"难为无米之炊",工作被动;一种是依靠"虚藏书",服务很有成效。

经济建设与科学研究不同于社会教育与文化阅读对文献的需求。后者所需范围有限,前者则非常广泛。对于大多数图书馆来说,虽然也要增加必要的藏书,但是没有能力,也没有必要,使自己的馆藏能充分满足这方面的需要。

所谓"虚藏书"就是对本馆服务对象对文献信息的需求,不是建立实体的藏书体系,而是搜集可查找与获得这些文献信息的二次文献信息。这里借用了计算机中虚拟存贮器的概念,本馆是一个主存贮器,其他图书馆是虚拟存贮器。本馆掌握了其他图书馆收藏本馆所需文献资源的详细信息,随时都可以索借使用。虽然本馆没有这些藏书,但可与本馆拥有这些藏书一样为读者提供服务,读者没有这个图书馆文献资源贫乏的感觉。自觉运用这一理论,整个国家的文献资源都可成为本馆的虚拟藏书。

图书馆员的"中介"作用

运用"虚藏书"概念的条件：一是对读者对文献信息的需求要有充分的了解，二是对在什么地方可获得这些文献信息也有充分的了解。沟通这两个"了解"的是图书馆员的中介作用。

有些同志提到了图书与图书馆的中介性，[55,65]实际上在这里起作用的是图书馆员的活动。如果说，图书馆的整个业务工作是中介作用的体现，那么了解读者需求与文献地址的中介性就更强了，而且在这一点上图书馆员的作用更为明显。这是"为人找书"与"为书找人"抽象概念的具体化，但这个"找"是通过图书馆员实现则是无疑的。一方面需要对人的深刻了解，知道什么人需要什么书，才能做到为书去找人；另一方面又要非常熟悉关于书籍的信息，知道什么书在什么地方，才能做到为人去找书。

北京市丰台区和许多县图书馆的工作比较多的是感性活动，直接到读者当中去，从读者的生产劳动中，把读者对技术的需求转化为对文献信息的需求，然后再带着这些需求到各个图书馆去查找可以满足这些需求的文献信息，送到读者手中，与读者一起研究，把文献信息中所蕴藏的技术知识转化为生产力。

本溪市、洛阳市等图书馆的经验则具有理性色彩，他们首先从理论上明确了利用他馆藏书的必要性，而后进行系统的调查研究，摸清了读者对文献信息的需求和自身的馆藏条件，从而有目的地收集二次文献，编制联合目录，并为读者创造使用条件，积极提供馆际借书服务，使读者的文献信息需求得到满足。

我们的工作当然要从感性活动上升到理性认识，成为业务指导思想，但首先要看到图书馆员的中介作用，没有图书馆员的活动，人与书，有目的需求与有价值的文献是难以发生交流的。图书馆员的中介意识和具有理论知识，才可以运用"虚藏书"概念，调动更大范围的文献资源，实现其对社会的服务功能。

改变馆际借书低水平的现象

我国馆际借书的水平很低,北京图书馆一年的馆际借书量只有 10000 多册,相当英国图书馆外借部一天的馆际借书量。其原因主要是由于多数图书馆轻视馆际借书的作用。

据《中国高等学校图书馆简介》的编者之一提供的资料,关于馆际借书的情况,702 个馆中只有 397 个提供了数据,其余 305 个馆,或是没有开展这项工作,或是虽开展此项工作,但无统计数字。与北京图书馆建立馆际借书关系的只有 302 个馆。

397 个馆提供的 1983 年馆际借书数量,共约有 10 万册左右,其中借书量超过 2000 册的 9 个馆,超过 1000 册的 15 个馆,超过 300 册的 72 个馆,超过 100 册的 127 个馆,不足 100 册的 174 个馆。馆际借书量占该馆总借书量的比例很小,清华大学占 0.8%,北京大学占 0.2%。[99] 国外高等学校馆际借书量要高得多。

许多高校图书馆没有把馆际借书当作一项重要工作看待,甚至看成是一种额外负担,在人力安排上很薄弱,一般规定只为教师办理馆际借书,现在扩大到研究生,对大学生是不办理的,而且限制条款很多,谈不上主动去开拓这项工作。既不愿意向别馆借书,也不愿意借书给别馆。在这种封闭意识支配下,不会注意利用他馆的藏书,追求自给自足又不可能,从而影响了对读者的服务。其他类型图书馆的情况也差不多。

因此,必须从思想上提高对馆际借书工作意义的认识,推广利用他馆藏书取得服务效果的经验,使有限的文献资源能为更多的人享用。只有馆际借书低水平的现象得到改变,才能从根本上解决需求高拒绝率、文献低利用率的问题。这不仅是图书馆服务水平的提高,而且是整个社会意识的重大转变。

第五节　制定全国性的馆际借书办法

前已述及,我国馆际借书的水平很低,这固然有认识上的原因,但也存在许多实际问题。发展馆际借书有赖于完善的文献资源保障体制与良好的联合目录,这在前面已讨论过,这里着重讨论馆际借书本身需要解决的问题。

实行收费借书制度

国外在馆际借书上最有声誉的是英国图书馆外借部,它对英国图书馆界馆际借书的要求,满足率达到90%以上,并对其他国家开放服务。但它的馆际服务是收费的。据访英人员介绍:"以不列颠图书馆外借部为中心的馆际互借项目,是国家范围合作的一个范例。凡加入这项计划的图书馆都承担着向兄弟馆出借图书的义务,成员馆每年可直接向外借部购买借书单,并凭此单向该馆借阅图书。不列颠图书馆外借部的效率很高,一般三四天便有音信。如该部无借者所需要的图书,就将借书单寄回索求馆,并注明国内哪所图书馆拥有此书,于是索求馆再将这份面值两英镑的借书单寄给有书馆。"[100]

美国图书馆界一般馆际借书不收费,但有些大学图书馆对社会开放时,校外读者借书是付费的。[101]

我国现有的馆际借书办法,都是不收费的。这是影响馆际借书业务不能广泛发展的原因之一。因为承担借出任务较多的图书馆,不仅没有任何好处,而且增加了很多人力物力负担。例如馆际借书中通过邮递方法索借的比较多,而且也是效率比较好、应当提倡的一种方法。但邮递费用很贵,有人主张实行馆际借书免付邮费的办法,这是做不到的。这样,借出图书越多,负担的邮费就越大,其他还有包装费等等各项费用。这是很不合理的。

根据美国图书馆协会的资料:借出馆对索书要求未能满足,进行查找与答复处理的费用,每个要求2.12美元;满足要求的全部处理费用是4.67美元。其中包括直接费用与间接费用(即工作人员工资与各项摊派费用)。[47]

我国没有这方面的统计数字,所有的费用都算上,馆际借出一次书大概要花费好几元钱。有人概算过,本馆借出一次书的代价是1.50元。[102]

应当说明,实行馆际借书收费的办法不是额外增加读者的负担(如复制则由读者付费),而是由读者所属的图书馆支付这笔费用。一是借出馆因借出图书而产生的开销(不包括购买图书的费用)理应由借进馆承担;二是借进馆是实际受益方,而且减少了本馆收藏图书的费用,承担馆际借书费用是合适的。

采取各种有效的措施

馆际借书多数情况是对于研究性资料的需要,一般读物很少有读者提出请求。在研究性资料中,外文期刊又占有相当大的比重,这是国内外的共同特点。英国图书馆外借部主要是外文期刊收藏完整,美国计划建立全国期刊中心,未获成功。我国采取何种形式解决这个问题为好,在资源保障体制一节已有所讨论。馆际借书与复制是同时处理的,对期刊应要求索借馆说明需要其中哪一篇文章,一般即提供复制件而不必借出原本期刊,这样既可广泛满足索借馆的要求,又可解决借出馆阅览与外借的矛盾,不致因借出而影响来馆读者查找资料。

馆际借书要分层次,充分挖掘各个图书馆的潜力,避免集中在少数几个图书馆,形成资源单向流动。我国一般有系统与地区纵横两个层次,应当提倡以地区为主,从交通与通信条件出发,是合适的。

第一步,在所参加的网络或合作组织范围内互借。

第二步,向所属地区的文献资源保障体系进行馆际借书。

第三步,向所属专业系统进行馆际借书。

第四步,向全国文献资源保障体系进行馆际借书。

这里谈的是一般顺序,如联合目录已指明所需文献只有某一图书馆有入藏,当然直接向该馆索借。

馆际借书一般只对单位而不对个人,应提倡邮递函索,逐步做到不接待来人当面办理。这对借入、借出双方都有很大好处,从而能大大提高馆际借书水平。

各馆应配备有相当水平的人员负责馆际借书的工作。从我国的情况看,多数馆对馆际借书没有配备专人,只是兼职管理,或者所任人员素质较差,因而不能很好开展工作。真正能适应要求,有所钻研,开拓业务的不多,这也是影响馆际借书工作开展不够的原因之一。这个问题应当引起各馆领导的注意。

制定全国统一的馆际借书办法

这是推动馆际借书工作开展的迫切需要,在办法中要说明每个读者都有权利提出馆际借书的申请,每个图书馆都有进行馆际借书的义务(包括借入与借出),办法要包括馆际借书的申请、索借手续(最好印刷统一的表格,全国通用),馆际借书的册数、期限及收费方法,馆际借书应遵守的制度及对过期、损坏、丢失图书等违章行为的处理规定,不能进行馆际借书的事项说明,等等。

关于馆际借书的处理业务,据国外有关资料介绍大体有如下内容:

(1)借入

①提出要求 (a)帮助读者形成要求。(b)确定向何馆索借,尽可能找出索书号。(c)填写索借单,存根记录归档。(d)寄出索借单。

②收到图书　（a）收到与解包。（b）核对记录。（c）通知读者借走。

③支付费用　（a）核对记录。（b）算出应付费用并寄出。

④还回图书　（a）修改借书记录。（b）包装与寄出。

（2）借出

①收到要求　（a）收到与核对馆代号编码。（b）核对索书号。（c）提书。（d）保留索书单,登记借出。

②照相复制　（a）核对页数要求。（b）送到照相复制。（c）登记。（d）计算费用与开发票。

③送出　（a）包装。（b）分发或邮寄。

④管理工作　（a）送出过期通知。（b）违章事项记录。

⑤图书还回　（a）解包与检查。（b）修改借出记录。（c）还回书库。

为了做好馆际借书工作,全国图书馆（包括情报所）需要进行统一编码,这个编码最好与联合目录的馆藏单位编码、新华书店与图书进出口公司的订户编码统一起来,也就是文献收藏单位编码标准。这样,将大大有利于馆际借书的管理和提高借还书效率。特别是在使用现代化通信手段处理馆际借书业务时,没有文献收藏单位编码标准是很难的,所以在手工处理的条件下就要开始做。现在信息分类编码研究所已提出"全国文献收藏单位名称代码编制规则"（送审稿）。由于和馆藏单位编码是一致的,将来书目查询和馆际借书就可以有机地结合在一起,获得更高的效率。

对于馆际借书应有专门的统计,按地区与系统分别上报。行政主管部门对全国馆际借书情况进行汇总统计。

改变个人借书证的发放原则

做好馆际借书工作,还要改进目前个人借书证的发放原则。由于我国没有统一的馆际借书办法,各馆发放个人借书证也缺乏有机的联系。有些读者可能同时领有几个图书馆的借书证,而相当多的读者不能享受馆际借书的权利。这个情况一方面影响对读者的管理,同时也不利于充分发挥图书馆的社会职能。从我国读者的实际情况看,借书证的发放是否采取以下几条原则:

(1)阅览不属于借书的范围,凡属中国读者,凭一定的身份证件即可入馆阅览。

(2)一个读者只能在一个图书馆领取借书证,他所需图书该馆没有时,由该馆负责为他进行馆际借书。

(3)一般阅读型读者,在其所在地区或单位的大众图书馆领取借书证。

(4)学生(包括大、中、小学生)在本校领取借书证。如学校没有图书馆(如中小学及成人大学)由与学校合作的图书馆发给借书证。

(5)一般研究人员(指中级专业职称以下读者)在本人工作单位领取借书证,比一般读者享有较多的借书权利。

(6)高级研究人员可领取本系统(如科学院系统、专业系统、同类型高校系统等)或本地区的通用借书证,由所在工作单位的图书馆发放,在规定的范围内通用。

(7)由于各种原因,需在非本人工作单位的图书馆借书时,由该图书馆在本人原来领取的借书证上加注借书权利说明。

(8)和社会上人口管理工作配合,全国读者实行统一编码,一人只有一个借书证号,各馆通用。

第七章　参考咨询与情报服务

第一节　信息社会的要求

从追求知识到查找信息

信息社会的标志是从事信息产业的人员超过了从事工农业生产的人员，即多数人不是进行物质生产，而是做信息处理工作。*从本世纪 50 年代开始，西方各国的信息产业有了迅速的发展，图书馆服务活动随之深化，原有的参考咨询业务延伸为情报工作，同时出现了与图书馆平行的机构——情报中心，图书馆的信息属性日趋明朗。

参考咨询与阅读辅导是图书馆工作知识象征的体现。如果说读者从图书馆接受的外借与阅览服务，虽然获得的是物化了的知识，但他感受的是一种事务性的简单操作，因而知识在物而不在人。参考咨询与阅读辅导就不一样了，图书馆员帮助读者解决了通向知识宝库道路上所碰到的困难，获得了所需的文献，他感受

---

* 美国前总统卡特 1979 年在美国图书馆和情报工作白宫会议上的讲话中说，"我们国家一半以上的成果来自有关的情报活动"。"情报"一词应译为信息。美国 1980年信息产业的职工已占总就业人数的 60%，信息活动与整个社会紧密相联。卡特讲的是广义的信息产业，不是狭义的情报工作。

到一种知识的传授,因而知识不仅在物,而且在人,读者对于图书馆工作的认识得到了深化。过去只是科学图书馆在参考咨询方面的工作多一些,大众图书馆的阅读辅导任务比较重。近来,大众图书馆的咨询服务也逐渐加多。

随着科技文献增长指数加大,人们在阅读文献上碰到了新问题,完全靠个人力量已经是力所不及。以化学文献为例,一位化学家光是要浏览一下世界上一年内发表的有关化学的论文和著作,虽然他掌握数门外语,精通专业知识,每周阅读 42 小时,也要读 48 年,哪里还有可能搞研究、创作。于是他们要求图书馆提供新的服务,即代替他们进行文献信息的汲取工作,使他们能以较少的时间获得大量有效的信息,以较多的时间从事研究与创作。这种服务所要求的广度与深度,即使是知识渊博的学者也不能给予满意的答复,原先参考咨询的工作方式也难以适应。

从被动解答到主动提供

参考咨询的内容很丰富,但就其性质来说,是被动的,因为是读者在利用图书馆及查找文献过程中碰到疑难问题,向参考人员提出咨询,请求帮助。这里有几个条件:第一,必须是图书馆的读者才具备提出咨询要求的条件,如果是一个不利用图书馆又不了解图书馆的人,就不具备这个条件。第二,这个读者还必须知道图书馆有这样的服务内容,就我国的读者来说,相当大的多数是不知道的。这与第三个条件有关,即图书馆要有这样的服务内容并且使它所服务的读者都能知道,但我国许多图书馆或者没有参考咨询的服务内容,或者有参考服务部门,但没有做到使所有的读者知道。所以参考服务的面很窄。中国人民大学图书馆参考工作是做得比较好的,在 1981 年 10 月至 1983 年底的两年多时间内,接受的咨询要求有 1,666 件,[103] 这个数字只相当美国国会图书馆一天的咨询业务。而更多的图书馆没有咨询业务的统计资料。这种现象,说明我国图书馆还没有充分发挥应有的社会职能,读者对图书馆的认识大都停留在"借借还还"的简单操作上,在此背景下,不仅图书馆的学术地位不易为社会所了解,本来就被动的工作方式更不能适应读者需求的变化。

情报工作的特点是主动的,不是等待人们提出问题,而是广泛了解社会的需求,具体到每一类人的特殊愿望,有针对性地编制各种二次文献,按期提供文献信息通报,使读者能及时了解他所从事的专业领域中的最新进展情况,根据通报所提供的线索,直接阅读其最需要的原始文献。

由于这种服务是面向全社会的,因而打破了只为本馆读者服务的限制,前面讲的第一个条件就不存在。至于第三个条件,即这种服务是否能为全社会所了解,由于第三个条件情报工作主动性的影响,是得到了解决的。但在我国的具体条件下,则还有许多事情要做。所谓图书馆工作情报化,不只是增加了某些工作内容与服务深度,首先应是从被动到主动的转变。

从个别性劳动到社会化服务

传统的参考咨询业务不仅是被动的,而且是手工式的个别化劳动。读者以口头、电话、书信等方式提出问题,根据问题的性质与难度以及咨询员本身的知识与能力,或当时给予答复,或经过一番查找后再答复。咨询员虽然非常注意利用各种检索工具并建立咨询记录,但主要的是依靠他个人的渊博知识。提问是个别的,解答也是个别的,整个咨询过程是一种手工方式的个别化劳动。工作效率很低,对人的依赖性非常大,除了少数咨询人员,其他图书馆员就不能给读者以满意的答复,有很大的局限性。

随着读者提问的数量不断增多,涉及的学科日益广泛,光靠咨询员的个人劳动已经不能满足读者的需求。虽然二次文献的大量生产为读者提供了方便的检索条件,但是利用这些二次文献本身就是非常困难的工作。采用机械化的手段已是势所必然。于是首先有了手工穿孔卡片，而后又有光穿孔卡片，直到电子计算机的使用。现代化的情报检索系统，读者不是与咨询员而是直接与中心数据库进行对话，成千上万个读者可同时向一个中心提问，咨询过程中对人的依赖性大大减少，满足率显著增加。

但是，这样的情报检索系统，从建立到服务，都不是具体的图书馆或情报中心所能承担的，必须是一种社会化的事业。具体的图书馆或情报中心只是充分利用社会化事业的服务手段为读者提供方便。在工业发达的国家已纷纷建立了这样的信息产业，从文献信息的收集、加工、建库到服务，已成为一个很大的部门。美国的信息检索行业已成为每年 15 亿美元的大事业，其中 80% 的系统允许读者直接获得原始文献，其余 20% 则只提供文献目录，告诉读者到什么地方去寻找原始文献[13]。

在这种社会化的情报检索系统中，读者可以从几百个数据库所包含的几千万篇文献中选择他们所需要的信息，从而摆脱由于文献急速增长而难以获得信息的困扰。图书馆与情报部门正是从读者这一普遍需求出发，有针对性地生产各种文献数据库，并把这些数据库组织成为一个良好的检索系统，从而改变了被动等待提问的状态，不仅可以随时答复读者的咨询，而且还可以按时向读者提供定题通报服务，主动地通知他所应当知道的事情。

从口头咨询到课堂讲授

在前述一系列的变化中，使读者具有信息意识，学会使用检索工具，进而学会联机检索的手段，就成为参考工作的重要内容。这使得咨询员的活动舞台产生了一个质的飞跃，从图书馆的服务台转移到学校的课堂，这本身也是信息化、主动化、社会化的体现。

关于信息意识的教育，在第三节中将详细讨论。这里谈谈主动化与社会化。这是图书馆与读者两方面都要解决的问题。由于图书馆学方法性的特点,光靠写文章宣传是不够的,需要有直观的讲解,这种讲解等到读者碰到问题再找咨询员请教,不但贻误了时机,而且面对众多的读者,咨询员也是难以应答的。所以就要采取主动授课的办法,使读者掌握使用检索工具与联机检索的方法,碰到问题自己知道通过什么途径可获得他所需要的信息,不必临时去找咨询员请教。由于课堂是向众多的读者传授查找信息的知识与方法,其效果比个别的解答不知要高出多少倍。

这种主动化与社会化的工作方式,缩短了图书馆与读者的距离,把提问与服务的关系变为共同讨论问题、掌握知识的关系,读者与图书馆员更紧密了,图书馆员生活在读者之中,汲取到丰富的反馈信息,加深对主动化与社会化的了解,推动事业的发展。

当然,这样一个转变并不意味着参考咨询业可以取消或削弱,而是需要进一步加强。个别的询问总还是存在的,读者利用检索系统一般不如咨询员熟悉,不免要请求帮助,但其内容与方式都不是原先那个样子了。根据变化了的情况,要进入一个新的活动天地。但在我国这样一个文化结构极不平衡的社会里,几种层次的活动方式,在相当长的时间内将共同存在,我们看准了发展的方向,要尽可能地在较低层次的活动方式中赋予较高层次的活动内容,也许这就是我们能以较短时间实现发达国家所走道路的希望所在。

第二节　文献收集—情报汲取—科学研究的分工

分工是社会进步的必然

在科技不发达的时代,文献收集和情报汲取工作的职能,一般都统一在科学家、工程师一人身上,他们只要掌握几种杂志,便可进行"独立的"科学研究。

十九世纪是科学技术发展的"黄金时代",大量科技书刊出版,科学家与工程师开始感到收集新书刊的困难。图书馆的职能发生变化,出现了科学图书馆,使文献收集同科学研究分离,图书馆代替科学家为全社会收藏文献与交换资料,为科学研究充当后勤,使科学家有较多精力从事创造性的科学研究。

文献信息的进一步增长,出现了对科学文献进行二次加工,编制文摘、题录的行业。1830 年,第一部文摘杂志、德国的《药学总览》创刊,标志着情报工作的开始,使情报汲取与科学研究再一次分离。

文献收集——情报汲取——科学研究的分离是科学中发生社会劳动分工过程的结果之一,极大地提高了社会的科学能力,大大促进了现代科学技术的发展。在当代社会,科学家与工程师已经不能仅仅以个人的劳动获取科学成果,必须依赖整个社会的有机组合。因此,社会的科学能力是科学劳动社会化的产物。作为其中一个重要方面(有人称之为两翼,有人称之为皇冠上的明珠),社会化的图书情报体制的建立就是非常重要的事情。科学技术的现代化,就是科学能力的现代化,"决定一个国家科学事业发展速度的内在因素主要有五个方面:第一,科学家队伍的集团研究能力;第二,实验技术装备的质量;第三,'图书情报'网络系统的效率;第四,科学劳动社会结构的最佳程度;第五,现代科学教育的水平。这五个要素在社会范围内造成了一种集体力量,推动一个国家科学技术的不断前进。它把原来科学分散的孤立的个人研究联系起来,把个人的能力作为一个因素包括在集体的力量之中。这种集体的社会力量,就是社会的科学能力。"[64]

情报服务的作用

总结人类文明社会的发展规律,可以发现,没有知识信息的劳动过程,是简单的模式化的过程,不管人们重复做多少次,不管劳动的时间多么长,对知识的增殖与创新都极其缓慢。以直接经验积累的知识,反映的本质不深,所获知识品格较低,科学创造性不高。科学劳动"部分地以今人的协作为条件,部分地又以对前人劳动的利用为条件"。[104]前人劳动通过文献信息这个中介为今人所汲取,经过无数次认识与实践的循环,逐步达到对科学真理的认识。在这里,文献信息起了最核心、最秘密,而最不易为人发现的作用。

无论是进行科学研究,还是攻克技术难关,都需要进行情报准备。就是说必须充分了解前人已经达到的成就,当今世界的水平动向,我们的主客观条件,所谓"情况明、决心大"。有了认真的情报准备,就可以正确地决定研究课题或工程项目,制定可行的政策,选择最佳实施方案,达到预期目标。所以科技人员一般要以整个研究周期三分之一以上的时间用于情报准备,这样才能避免决策失误或重复别人已经获得成功的项目,赢得竞争的时间。那种宣扬"一无图纸、二无资料",强调"白手起家",实际上就是鼓励蛮干,不按科学规律办事,这是我国科技发展史上一个很深刻的教训。

有效的情报服务不仅可以代替科技人员进行情报准备,从而节省科技人员的时间与精力,而且还可以帮助科技人员克服语言和学科知识上的障碍。因为现代科学技术的发展,学科交错渗透,语言覆盖面大,而一个课题组的科技人员所能掌握的外语及专业总是有限的,凭少数人的能力无法全面汲取信息。图书馆与情报部门却拥有多语种多学科人员的优势,可以弥补科技人员的缺陷。还可以通过情报系统的横向联系,广泛地攫取各种信息。

在重大的科研项目中,情报服务与研究活动采取交叉作业,平行并进的方法,文献信息汲取与研究、制作、试验融为一体,可以缩短认识与实践的循环过程,加快研究的进度。1983年初,轻工部给北京市一轻局拨款7000万元,筹建第二日用搪瓷厂。该局准备以20人用半年时间进行可行性调研。后与首都图书馆合作,该馆只用3个人花了两个月时间就完成了调研任务。

对自然经济的冲击

河北省昌黎县图书馆把他们为农村商品生产服务的效果,收集了100例汇集成册,书名为《播种与收获》,该县县委副书记张文奎同志热情地为此书写了序言,赞颂图书馆的工作人员为农民提供了广泛的科技知识与信息,促进了农村商品生产的发展。许多农民开始时是被动地接受图书馆员送来的科技资料,半信半疑地进行试验,后来则主动到图书馆去寻找有关信息,认真学习与应用。凡是信息对路,使用得当的,都走向了科技致富的道路。该县安山镇沙子营村,一直是靠从山东请师傅来种西瓜。1983年,村里人开始自己种,发生瓜秧萎蔫现象,再请师傅已来不及,急忙到图书室查阅资料,在图书管理员的帮助下,从有关书刊上找到了治疗的方法,使西瓜获得了丰收。

我国农民长期以来依靠有经验的人口头传授生产知识,因而经济发展缓慢。进入八十年代才开始摆脱这种经验传授的束缚,注意利用前人总结的科技知识,农村发生了意义极其深远的变化。"力量从那些能记住很久以前的事的人那里,传到了那些掌握遥远地方有关信息的人那里。把过去的事写下来就成了共同的财产"。"村庄的生活从口传文化发展为媒介文化之后,就以空间而不是以时间、以将来可能怎样而不是以过去怎样为中心了"。[21]

从书本中学习生产技术与科技知识,是国外公共图书馆运动产生的社会基础。我们正在新的历史条件下经历这个过程。无论文献信息中所包含的内容,还是交流这些信息的手段,我国目前的情况比之西方十七世纪来说都已有了很大的进步,但广大农村的低文化结构却与西方那个时代的水平差不太多。许多市、县、乡镇图书馆,紧紧把握这个时机,扎扎实实地发展农村图书室,运用情报工作的方法,主动地在广大农民中有针对性地传播科技信息,为促进农业经济发展做出了积极的贡献。

我国情报队伍亟待加强

目前,不仅发达国家的图书情报体制日趋完善,发展中国家也很注意这方面的建设,而且拥有一支与科技事业相适应的图书情报人员队伍,有可观的预算和先进技术设备的支持。

我国约有 1000 万科技工作人员,由于图书情报体制不完善,加上小生产者的习惯势力影响,科学家与工程师主要的还是靠他们自己的努力收集与阅读文献。这样 1000 万人只有 700 万人的工作效果,加上语言与专业知识的障碍,实际上损耗的知识劳动,远远大于 300 万人。而由于图书馆与情报所的工作效率不高,导致信息不灵所造成的损失就更难以估量。这在很大程度上影响了我国社会的科学能力的提高。

我国图书馆工作人员的总数约 50 万,情报界号称 10 万大军,一共只有 60 万人,为 1000 万科技人员的 6%,而且人员素质较低,经费与设备条件也很差,这样一个条件,当然不能形成良好的图书情报体制,也就不能很好地为 1000 万科技人员分担查找文献、汲取信息的工作。

如果能够有 100 万大军,即科技人员总数的 10%(低于苏联的 13%),质量也是合格的,加上必要的财力与物力支持,1000 万科技队伍就真正可以发挥 1000 万人的作用,而不是 700 万了。

100 万大军,不仅面向 1000 万科技人员,而且还有 2000 万国家工作人员,近 1 亿工人,3 亿多农民,1 亿多在校学生,也就是全社会的人都能在知识性的劳动上节省时间,提高效益,这难道不是我们应当加以思考的一个问题吗?

第三节 培养读者的情报意识

现代社会对人才的要求

由于科学、技术、文化、教育、交通、通信等各方面的原因，我国的信息传递非常不灵，这已成为我国四化建设的一个严重障碍。现在各方面逐步认识到信息的重要性，但对信息本身的认识还是很初步的，特别对于文献信息的认识还很不够。

从各种信息源中获得信息，是信息处理的第一步。对于三种信息源：自然信息源、社会信息源和知识信息源，人们目前注意比较多的是社会信息源，诸如出国考察、参观访问、信息市场、派人参观等等。重视直观的信息，这与长期以来经验主义的影响和干部的知识结构是分不开的。在我国2000万国家干部中，受过高等教育的占21.16%，他们中的多数人主要靠上级的精神、下面的情况、本人的经验来做工作。碰到问题，首先想起到图书馆查资料的为数极少（国外据调查约占20%的比例）。[105]美国国会图书馆国会服务部每年接受的资料查询服务业务近三十万件，我国各级领导机关在决策程序上还处于逐步科学化的过程，对于利用文献信息进行论证的工作也刚刚起步，这是一个长期的奋斗目标。说实在的，许多人从不到图书馆借书、查资料，因而不了解图书馆的社会职能，也就谈不上重视图书馆事业。

另据有关方面调查统计，我国科技人员用于情报准备的时间比国外同行要少得多，其原因是相当一部分人还没有形成查找利用文献信息的习惯，或者是没有充分认识到文献信息对科学研究的重要性，所以不肯花费时间。不少人在获得科研成果以后才要求情报部门帮助查找信息，看看他们的成果在国内外是否处于领先地位,盲目性很大。

还有一些科技人员仍习惯于靠个人的劳动收集文献信息,一方面是由于图书馆与情报中心的服务工作没有做好,另一方面许多人不相信这些部门的情报工作能力,硬是自己去搞,结果费了很多精力,既不全面,也不准确。

现代社会所达到的知识密度,一个人如不能系统地接受信息的熏陶,便无法成才。人们对于客观世界的认识是从认识事物存在的方式和运动的状态开始的,也就是从获得大量信息开始的。现代信息便成了人们认识发生、发展的基础。成才的过程就是接收、利用、加工、处理以及输出信息的过程,这个过程不能离开社会实践,大量的是吸收与输出文献信息的活动。因此,培养我国人民,特别是国家干部与科技人员的情报意识,具有强烈的吸收文献信息意识与能力,是促进现代人才迅速成长的一个重要方面。

终身教育的基本环节

现在世界上特别重视在职教育和继续教育的问题,在科学技术飞速发展的形势下,一个受过高等教育的人,如果他不能继续学习,五年以后,他的知识就过时了。继续教育虽然有各种各样的途径,利用图书馆自学仍然是最主要的方面。但是自学要有方法,所以我们的教育要训练学生具有不断掌握新知识的能力。目前世界上有一句名言:"未来的文盲不再是不识字的人,而是没有学会怎样学习的人。"当然我们国家目前处于一个非常复杂的情况,还有2亿多不识字或识字很少的文盲,但在受过高等和中等教育的人当中,具有不断掌握新知识能力的人,为数也很少。所以我国在职教育的任务十分繁重。面对这一情况,一方面,要认真做到普及九年义务教育,另一方面要对各个层次的受教育者进行继续学习方法的训练。这样一个训练过程不应当放到劳动者就业以后去进行,而应当在学校教育中完成。这就是我们必须承担的任务以及这个任务的艰巨性。只有在学校中掌握了基本的自学方法,一个人才可以终身不断地自我去接受教育,使他的知识能适应时代的发展。

在这个问题上,对我国的教育方法要进行分析,我们一般是重视知识传授,要求记忆力好,所谓博闻强记,不同于西方人重视技巧,强调工具的应用。直至目前举行的各种知识竞赛,主要还是注重记忆能力,很少涉及获得知识的方法。从小学到大学的各门课程中,缺乏检索能力的训练,在学术著作后面,一般也没有书后索引,检索工具(包括期刊与专著)比国外有很大差距,汲取信息和继续学习的能力就弱一些。因此要改进我们的教育方法,增强检索能力的训练,这是终身教育的一个基本环节。做到这一点,仅仅靠图书馆界的努力是不够的,但图书馆界的努力又非常重要,因为图书馆的工作人员对于这一点有最为深刻的了解,又是业务职能的范围,所以就要图书馆界人士向各方面做宣传,并且以实际有效的工作,使人们认识到这个环节的重要性,从而推进这一改革的实现。

"文献检索与利用"课程的开设

一些发达国家几十年前就在高等学校中进行利用图书馆和文献检索方法的训练。我国一些专家学者早在六十年代就呼吁教育部门重视这件事情,到七十年代末,不少高等院校开始以讲座的形式开设了文献检索课程。许多情报所与图书馆也陆续举办了各种形式的文献检索培训班,几年来培训了几十万科技人员,虽然在整个科技队伍中还是一个很小的比例,但在实际工作中产生了很大的影响,引起了各方面的重视。

1981年,原教育部颁发了《中华人民共和国高等学校图书馆工作条例》,其中第9条规定,高校图书馆要"辅导读者查阅文献资料,并进行有关方法的基本训练。"此后,有更多的高校图书馆开设了文献检索课程，虽然多数仍然是讲座的形式，但有的学校已列为选修课或必修课。经过几年时间的努力，各地编写出一批教材，初步形成了一支师资队伍，也积累了一定的教学经验，建立了实习基地，促进了图书馆参考咨询工作的进展。

在此基础上，1984 年 2 月，原教育部印发了《关于在高等学校开设 < 文献检索与利用 > 课的意见》，要求"凡有条件的学校可作为必修课，不具备条件的学校可作为选修课或先开设专题讲座，然后逐步发展完善"。规定由各校图书馆负责组织教学与实习，全国高校图书馆工作委员会负责进行指导。这一决定对高校图书馆工作有很大的推动，许多学校克服了各方面的困难，把这项工作做起来，全国及地方的高校图工委分别培训了 2000 多师资，起了促进的作用，到 1986 年，全国已有 532 所院校以不同形式开设了"文献检索与利用"课，听课人数 22 多万人，从 1983 至 1986 年累计达到 160 万人，取得了较好的教学效果。1985 年 6 月，高校图工委与中国科技情报学会共同召开了专题研讨会，重点讨论了文献检索与利用课程的教材建设问题，明确指出这是巩固与发展这一课程的关键，决心按学科组织力量共同编写系列教材，为更多的学校开课创造条件。经过一年多的准备，1986 年 8 月成立了系列教材编审委员会，决定第一批着手编写 25 个分册，在 1989 年以前陆续出版。1987 年 9 月高校图工委又召开了全国高校文献检索与利用课教学研讨会，进一步总结交流了经验。

现在，有些省市已将该课列为公共必修课，开课的学校越来越多，整个课程的开设还获得了国家科委授予的科技情报成果奖，短短数年，已经有了长足的进展。随着时间的推移，必将发生更大的变化。可以说，这项工作是图书馆界近几年最有成效的一件事情。

全面进行对读者的情报教育

目前文献检索与利用课程的发展，还不平衡，理工农医院校比较快，达到50%，文科比较少；多的地区60%以上院校开了课，少的只有20%；必修课的比例较小，大多是选修或讲座。要使之成为所有大学生的公共必修课，还要花费很大的力气。关键是争取院校领导的重视，最好的方法就是我们开出高质量的课程。

在各级党校系统开设"文献检索与利用"的课程有着特殊的意义。因为党校培养的是各方面的领导干部，他们掌握了利用图书馆查找文献的知识，不仅使他们自己具有了更新知识的能力，利用文献信息的意识，从而能帮助他们提高领导水平，避免决策失误，而且由于他们自身了解了图书馆的职能，也就会重视这一事业的发展，注意发挥图书馆在两个文明建设中的作用。即使是一些短期培训班，例如"市长学习班"，讲授一两次也是很好的。

此外，我们还应考虑业余大学、电视大学、函授大学等成人高等教育中，如何增加这一内容。在中专、中技、中等师范、职业高中等中等职业教育中怎样开设这门课程，现在不少师生已提出这方面的要求。在普通中小学教育中也有必要普及利用图书馆和文献检索方法的知识，使学生在完成九年义务教育以后能掌握一个基本的自学方法。总之，我们要形成一个多层次的教学体系，使一个人从小学就受到利用文献信息方法的教育，逐步养成利用文献信息的意识，随着他接受教育的程度提高，这个意识就更加强烈，检索方法也更加熟练，成为一个符合时代要求的人才。这个目标实现以后，随着其他条件的相应改变，文献信息就能广泛成为资源，转化为生产力。所以这是一件非常有意义的工作。

我国到2000年，才能达到小康水平，希望到建国100周年，也就是2049年，能赶上中等发达国家的水平。目前的小学生，是使我国赶上先进国家水平的一代新人。面向未来，就是要以适应社会发展需要的知识教育这一代新人。例如大约再过10年左右，我国的中小学可以普遍开设计算机应用知识课程，那将引起我国文献信息处理发生难以预计的变化，人们获得知识的方法将产生一个飞跃,配合文献检索方法的教育,大大提高继续学习的能力,与现在的人相比,确实是一代新人。把我国建成现代化的国家,需要经过几代人的努力,从我们这个角度看,也必然是这样。不可能在一个早晨实现共产主义。所以要进行坚韧不拔的工作,少说空话,多做实事,图书馆事业只能在全国人民知识结构的变化中得到发展,而且也必将有很大的发展。

第四节　做好文献信息的活化工作

"活化"是情报工作的核心

虽说已进入信息时代,但我国图书馆的服务情况却有很大差异:图书馆网点分布很不平衡,相当多的图书馆还未开展参考工作,已经设立的参考部门大都仍然采用传统的被动工作方式,只有很少一些图书馆具有情报服务的职能。面对这样一个不平衡的状况,我们必须克服重重困难,实现图书馆工作向情报化的转移。

钱学森曾经指出,"情报就是为了解决一个特定的问题所需要的知识",这是一种"激活了、活化的知识",[106]我们同意其中"活化"的见解,但被情报工作者活化了的应是文献信息,而不是知识本身。

因此,情报工作的核心就在"活化"上。这个"活"字首先是对读者需求的充分了解。然后去"激活"馆藏(包括其他馆的馆藏)中处于静态的文献信息,形成情报,再去满足读者的需求。这就要求图书馆的参考部门以"活"的服务为主,充分利用社会化的检索工具,当然本身也要积累必要的资料,包括剪报与编制索引卡片,作为已有检索工具的补充。但不能在这方面耗费过多的精力,像我国现在这种大家都分散编辑参考资料的现象是很不经济的。例如全国有近百个新闻出版单位的资料室,编印关于出版信息的内部刊物,其中绝大部分信息相互雷同,不但浪费了人力、物力,而且造成了信息污染,使读者难以从中捕捉到最有价值的信息。这样的事情完全可以集中到少数几个单位去做。大部分资料室要善于利用这些信息对本单位的业务部门做好"活"的服务。

过多的内部工作,工作人员必然没有时间到读者当中去,只能等待读者来找,也就谈不上主动。在对读者知之不多的情况下所积累的资料、索引、剪报等等,其利用率如何,难以检验,倒是占据相当大的空间,背上了很大的包袱,顾不上去做"激活"文献信息的工作。改变这一现象需要两个条件:一是有很好的检索工具,并形成检索体系;二是从思想上(特别是服务对象的思想)认识到"活"的服务方式的重要,不是摆摊子,而是给东西。

"活"的服务包括为读者提供良好的阅读环境,方便的检索条件,热情的咨询解答,最主要的是有针对性的主动服务。

重大课题与重点读者的跟踪服务

从五十年代开始,我国图书馆界就有了为重大课题与重点读者实行特殊服务的方法。这个方法运用得好的,都取得了明显的效果。

在研制银河计算机的过程中,有关情报部门成立了专门的服务班子。在确定方案之前,为研究人员组织了有关文献信息展览,搜罗了国内所能获得的全部资料;在研制过程中,不断提供新到资料,其中包括花高价从国外购买的最新文献;把特别对口的外文资料,译成中文;碰到疑难问题,千万百计去查找有关信息。情报人员真正成为研究队伍的一员。

南充师院图书馆在 1933 年接受了大熊猫研究中心要求提供有关"竹子开花"的文献信息,首先从本馆查到四篇文献,打开了路子,而后又在省内各单位查到数十篇古代的和国外的有关资料,最后又利用国际检索终端,获得 39 篇文献(其中 36 篇有效),为抢救大熊猫做出了贡献。该馆搜集的"竹子开花"资料也成为世界收藏最多的地方。[107]

中国科学院图书馆近年来配合科研攻关和院内召开的各种学术会议,举办专题书刊展览,获得与会代表的极大好评。

由于参考工作人员的专题服务,使研究人员不必抽派人员负责文献信息工作,从而加强了研究的力量。而且由于参考人员对文献信息相当熟悉,比研究人员干起来更有效。还可凭借图书馆员中多学科、多语种的优势,许多研究人员难以做到的事,参考人员却非常得心应手,所以对重点课题的专门服务,对加快科研工作的进度非常有效。

南京图书馆长期以来就有为重点读者服务的制度,对一些专家学者的功成业就起了很好的作用,给他们留下了深刻的影响。南京师范大学中文系教授唐圭璋解放初编写《宋词四考》时,得到了南图的特殊服务,至今他还常说:"最难忘的是李仲融馆长特许我进库找书。"1986 年金陵图书馆又成立了"读者协会",实际上就是确定了一批重点读者。

我国对科研人员普遍没有配备助手的制度,许多事情都要他们自己动手去做,尤其是在查找与搜索文献信息上花费掉他们相当多的精力,特别是一些年已古稀的学者,做这些事情非常吃力。图书馆如能对他们实行特殊服务,不仅是他们本人的福音,对国家能取得更多的研究成果,抢救这些濒临失去的知识,有着非常重大的意义。对于发奋图强的中青年学者,也为他们尽快成才架上了人梯。

可惜的是,这样一个指导思想与工作方法,还没有成为科学图书馆的服务制度,更没有形成分层次的、有组织的服务网络,当然也就没有显示出图书馆的功能。如果所有的科学图书馆都能做到对重点课题与重点读者实行跟踪服务,对课题一直服务到获得成果,对读者不断了解与满足他的新的需求,图书馆就能真正成为社会的科学能力中的一个组成部分。

到农村、山区传播科技信息

对于广大农村、山区的服务又是另一种情景,这里的读者(有时还说不上是读者,只是潜读者)根本提不出什么课题,需要图书馆员自己去发掘。找到有关文献信息,也不是简单的提供就完事,还要与服务对象一起消化文献信息中所蕴含的科学知识,商量怎样把这些科学知识用于他们的生产实践。这是在我国特殊条件下的一种特殊服务方法。

安徽省太湖县图书馆,1984年对全县初具规模的273户专业户进行分析研究,给他们寄出"专业户情况调查登记表",根据专业户的反馈信息和该馆的主观条件,确定了108户为第一批跟踪服务对象,为他们建立了跟踪服务档案。按照这108户所从事的专业,从馆藏报刊中摘编针对性很强的题录卡片,定期印发主题目录索引,供专业户随时来馆查询。对该县专业户的发展起了很好的促进作用。[96]

贵州省遵义县图书馆,1982年春天与三岔乡图书室配合,组织了农科读书户20户,经过半年来的服务,使农民认识到:"要致富,科学技术迈大步。"该馆随即将这一经验在全县推广,团溪分馆的读书户秦泽亮,是村党支部书记,图书馆为他提供360多种书刊资料,使他学到了许多新技术、新经验,不仅自己实践,还带动其他农户,由于引进了水稻良种,该村亩产提高15%,达到1500斤,别人问他从哪里学来的,他说是从图书馆学来的。现在遵义县16个分馆已组织了500多户农科读书户,并且开创"服务一人,众人得益"的新局面。高坪区的读书户宁洪昌也是从图书馆提供的资料中学会了水稻新品种栽培技术,与其他农民一起,把亩产提高到1600斤。大沟乡的读书户陈顺清在全村遭虫害时,到图书馆找到灭虫的资料,很快扑灭了虫害。县馆每年还召开一次农村读书户代表座谈会,检查服务效果,制定服务计划,推广新技术、新经验、新成果,使这一活动不断向纵深发展。[96]

在文化部图书馆事业管理局和国家科委"星火计划"办公室联合召开的"图书馆信息暨为星火计划服务经验座谈会"上,与会代表所交流的经验,大都是运用这种特殊服务方法取得的,而且也证明是一件大有可为的事情。因为在广大农村,尤其是一些贫困地区发展经济的关键是提高单位面积产量,扩大多种经营,扶植两户生产,兴办乡镇企业,是很低层次的文献信息需求,都有比较成熟的技术知识,一般县图书馆可以承担这样的任务。需要我们充分认识这一特点,主动去做好信息服务工作。

替领导读书

为党政军领导机关服务,是各级公共图书馆的重要任务,也是所有机关图书馆的主要职责。但在很长一段时间中,这项任务比较抽象,往往理解成给领导机关发一批借书证,或者有一些特殊照顾,领导同志需要某些图书报刊时,想方设法为其借到,如此而已。

随着改革、开放的步伐逐渐加快,使越来越多的人认识到信息的重要作用,尤其是各级领导,在估计形势、制定政策,预测未来等重大活动中,都要有全面、及时、准确的信息作依据,但又苦于日常事务工作缠身,没有充分的时间翻阅必要的图书报刊,迫切需要有一个部门能按照领导工作的特点,从有关的图书报刊中筛选出最重要的信息,提供给领导同志参考。

1984年初,江苏省常州市图书馆首先进行了这方面的尝试,他们利用馆藏报刊,针对常州市各条战线的建设实际,特别是党政领导部门普遍关心而又必须注意的问题,创办了《信息选编》,分送给市委、市政府各主要领导部门参阅,为市委、市政府在重大问题的决策上提供了强有力的信息,引起了强烈的反响,受到了领导同志的赞扬,认为这是一项开创性的工作。市政府当即决定每年拨款10000元予以支持,市属各部门也给予很高评价,并提出许多建设性意见。现在《信息选编》已成为常州市党政领导机关的一个不可缺少的信息工具。江苏省文化厅及时总结了常州市的经验,在全省加以推广,各市图书馆陆续开展了为领导进行信息服务的工作,并有所创新与发展。

现在,浙江省的奉化、湖州、杭州、绍兴、慈溪等市、县图书馆,安徽省的蚌埠、合肥、来安等市、县图书馆,陕西省的宝鸡市图书馆和青海省图书馆,学习常州市图书馆的做法,以不同的形式为领导机关提供信息服务,都受到了领导同志的肯定与赞扬,取得了较好的服务效果。

第五节　建立完善的文献信息检索系统

分别进行编制检索工具和建立检索系统的工作

建立文献信息检索系统,包括研制文献信息数据与建立检索系统两方面的内容,相当于编印检索刊物与设立检索工具阅览室这两种工作,只是实现的手段不同。国外一般是由政府机关、学术团体、大学、商社等部门负责数据库的研制,生产电子出版物出售,一些商业机构购买这些数据库建立检索服务系统,只有很少一部分数据库为某些检索服务系统所专有。

目前我国一些部门同时进行造库与建立检索系统的做法有待商榷。

造库与建立检索系统分属于文献信息生产与藏用不同的子系统,它们之间既有联系,又有区别,各有不同的职能。就数据库的研制而言,和编辑大型检索刊物一样,是对原始文献信息的再生处

180

理,在某一个学科领域内,覆盖面虽广,但专业性很强,标引的深度大,而且数据库必须成为商品,有一定的市场订户,才有生存的基础。如果编辑一个检索刊物,造一个数据库,只供一个检索系统使用,就很难有存在的经济基础。而检索系统是一种服务系统,根据其服务目标,要收集比较多的检索刊物或数据库,这些检索刊物或数据库绝大多数都不可能由检索系统自身组织生产,必须从市场购买。同时进行文献信息数据的再生处理和检索系统的建立工作,表面看是一个完整的系统,实际上不符合社会分工的原则。如果说管理信息系统必须建立这样的完善系统,文献信息系统就做不到。这好比一个国家只有一个出版社或一个图书馆,每种书只有一本,只在一个地方可以借阅,那是行不通的。

检索刊物或数据库的生产,覆盖面可大可小,而且不一定要有大型设备,即使没有计算机也可以进行文献信息的再生处理。在目前条件下,利用微型机生产数据库是可行的办法。建立检索系统则必须有较大的设备,而且数据库的品种越多,积累的时间越长,所需要的设备越大。

数据库生产与检索系统共用一台设备还存在机时的矛盾。检索系统是为用户服务的,而造库是内部使用的。二者的关系不易协调,在人力安排上也有影响。目前一些专业部门所进行的从生产到服务的"一条龙系统",一般在造库上投入较多,服务的产出较少,这是要认真考虑的。应当把研制数据库与建立检索系统的工作进行分割,成立一个包括各方面造库单位参加的协调机构,统一制定研制规划,集中力量解决共同性的问题,并由各部门组织所属单位去落实具体的造库项目。这样做比较有利。

建立检索刊物——文献信息数据库体系

研制文献信息数据库是一项很大的系统工程,涉及的问题很多。首先要确定造库的方针,是国内外的文献都做,还是只做国内的。对于国内文献,是自行造库,还是参加到国际性的造库系统中去,在国内外分别造库的情况下,如何形成我们自己的体系。

根据造库计划,要解决好文献收集的问题。文献收集不全,就不可能保证数据库的质量。对于这些原始文献,还要规定提供使用的方法,与建立文献保障体制要一致。

造库本身需规定一系列标准、规范与编码,才能将几千万篇文献有机地组合在一起。这包括磁带记录格式,文献著录规则,主题与名称规范,语言与地区编码等等。

需要决定怎样造库,是按学科划分,还是按应用项目划分。现在有不同的看法,需要很好研究,而且要与目前手工编印的检索刊物有所衔接,避免相互脱节。各个数据库之间如何减少文献的覆盖面,美国 CA、BA、EI 三大数据库相互覆盖都在 30% 以上,我们应当规划得好一些。

由哪些单位负责造库,怎样把分布在各部门的造库单位组织成为一个整体,是一个复杂的问题,是协调工作的重点。

我国编辑检索刊物的单位很多,分属于各个部门。虽然有检索体系的计划,但由于自然科学与社会科学没有统一,检索体系计划所组织的部门又不全,例如大学就没有包括在内。刊物的编辑方法很不一样,有的是自编,有的是翻译国外的,有的从国外译一些、自己编一些,另成体系。所以,选题既有重复又有遗漏,文献覆盖面交叉现象严重,没有一家能保证齐全。分类标引方法不一,集中全国力量编制的《汉语主题词表》使用得很少。我国印刷型检索刊物的底子是比较薄的,研制文献信息数据库所面临的困难很多。

在当前条件下,要规划好印刷型检索刊物的体系,以此为基础发展机读数据库,切忌另搞一套。这是各国的共同经验教训。

健全咨询服务系统

建立计算机化的检索系统非常复杂。从技术条件讲,一是计算机本身的条件,二是通信条件。而网络的拓扑结构形式取集中式还是分布式,以专业系统为主,还是地区系统为主建立网络与节点,一次文献与二次文献是统一建立系统还是分开建立,不同语种的数据库,特别是汉字与西方文字的数据库如何建成统一的检索系统等等。这些问题不仅与技术条件密切相关,业务工作也有很大影响,是需要深入研究的课题。

从目前我国的实际情况看,计算机检索服务的面还很小,在表21的统计中只占12%,就大多数图书馆来说,还是要建立与健全良好的手工咨询服务系统,应当改变只有少数馆开展咨询服务,或者只有个别咨询服务事例,而没有咨询服务体系的现象。这是图书馆工作情报化的关键所在。

情报工作可以说是咨询业务的延伸。但是,不少图书馆的咨询业务很弱,当然就谈不上实现情报化的转变,而是"藏书楼"、"借书处"、"图书馆"。面对我国改革、开放的形势,必须形成遍布全国,纵横交错的咨询服务网络,对不同文化层次的用户提供多种形式的服务,在此基础上为建立计算机化的检索系统创造环境条件。只有这样才能为"四化"建设做出应有的贡献,提高图书馆咨询工作的总效益。

对于咨询网络的建立,彭湘源同志提出的十点设想,可以推动人们进一步思考这个问题。

(1)领导支持,给予必要的物质保证和关怀,有专人主事。

(2)网络有不同的规模和层次。

(3)网的纲、目、节点上配备专职(或兼职)人员从事业务咨询,并充当联系人,负责联系馆内和读者中的专家和网络上的各点。

（4）不同网点都要按规定配备工具性书刊，以便于工作和从工作中提高；学科、文字等方面的分工要同馆际采购的分工相结合。

（5）建立制度，书面规定馆和个人的权利义务。

（6）根据分工组织自编文献工具并相互交换。

（7）加强同各数据库的联系，扩大资源范围。

（8）组织培训班、进修班和研讨会来培养情报意识。

（9）编印业务交流和互通情报的网刊，辅以更为及时的电话联系。

（10）严密组织，避免松散懈怠，举行定期评比（需服务受益人参预），并鼓励先进馆与个人。[96]

与出版部门的协调

文献数据库的生产与出版部门有很大关系，涉及文献信息的综合处理，在业务上加强联系与协调，以形成合理的处理流程。不仅要共同解决汉字的字符集，汉字排序方法和汉字输入方式的标准化，而且要实现印刷型学术期刊的编辑格式标准化。如能向检索期刊编制部门提供原始期刊的校样，则可大大缩短检索期刊出版的时差。

目前我国检索类期刊出版的时差很长，少则半年，多则一年以上，不能适应社会对文献信息的需求，以致许多图书馆、情报所不得不以手工方式自行编制本单位需要的报刊论文索引，既浪费人力、物力，质量又不高。

如果刊载原始文献的学术期刊能附有论文文摘页，排成文摘卡片格式，每篇学术论文按"GB3793—83 检索期刊条目著录规则"著录，收藏单位收到刊物后，可将此页剪下，贴在卡片上排入目求，刊登原始文献的学术期刊编辑部将附有论文文摘页的付印校样（多打一份）寄给收录该刊的检索类期刊编辑部，使他们不是等收到期刊后再着手加工编辑,而是提前进行工作。如双方配合默契,再施用已有的自动化手段,例如汉字计算机激光照排技术,辅助编辑处理,可望将检索类期刊的出版时差缩短到三个月以内。这件事国外是有先例的。从我国的条件说,应当更容易实现。问题是增加了学术期刊的成本。

比较可行的办法是,是否只向检索类期刊编辑部提供论文文摘页,而不付印,并且由检索类期刊编辑部向学术期刊编辑部付一定费用。关键是要进行试验。

第八章　计算机应用

第一节　计算机应用的社会化

图书馆应用计算机的社会背景

图书馆面临文献信息量大而分散,又要满足社会对情报服务的需求,靠原有的手工操作是不可能做到的。早在 1948 年,维纳就在《控制论》一书中指出,由于科技文献急骤增长,给图书馆带来了巨大困难,人们考虑要采用机器来处理文献。只有这样才能使图书馆成为社会全体成员的"决策支持系统"。

任何一个国家的图书馆,都是由于社会对图书馆的服务提出了更高的要求,同时也为图书馆应用计算机提供了物质条件,才有可能进行自动化系统的建设。因此,图书馆自动化从一开始就具有社会化的特征。凡在当时技术条件许可下,对社会广泛发生作用的系统,就能得到迅速的发展。美国国会图书馆的 MARC 计划和 OCLC 的联机编目网络,20 年之内,在全世界引起巨大的反响:20 多个国家研制与发行 MARC 磁带,OCLC 的用户达到 8000 多个,书目记录超过 1000 万个。就是由于它们满足了社会的需求,在整个社会处于转变的关头,实现了图书馆自身的改造,赶上了时代的步伐。

我国图书馆事业的落后状况,社会各界是很不满意的。采用自动化管理手段是形势的迫切需要。我们不仅要在本世纪实现国民收入翻两番的目标,还要在下个世纪用 50 年时间,赶上工业发达国家。实现这一宏伟设想,必须彻底改变我国的封闭状态,大量引进国外先进的科学技术、生产设备、管理方法和教育手段。引进的办法很多,例如派人出去,请人进来,购买设备与专利,等等。但这些都很有限,了解与接受的面较窄。若能把记录国外各方面知识的文献信息引进来,则传播的面要大得多,把它们翻译成中文,传播的范围就更大,如果再建成一个高效的检索系统,那就有更大的作用。这就是建立计算机化文献信息系统的社会需求。

信息技术条件的影响

图书馆自动化需要信息技术三个方面的支持:①计算机数据处理和逻辑运算的能力。②存贮介质满足大容量的要求。②通信设备支持网络系统。就我国来说,还有一个汉字信息处理的特殊功能。

计算机从诞生到现在,虽只有 40 多年的历史,但已经过四代更新,正向第五代机迈进。运算速度从每秒钟几千次达到几亿次,内存容量从几千字节增加到几千万字节。处理字符的能力最初只有几十个,现在有了几万个。数据库管理系统(DBMS)已与操作系统(OS)构成一体,尤其是输入输出(I/O)设备有了多样化的发展,象光笔条形码阅读器、激光扫描器、字符识别、图像识别、声音识别装置、激光打印机、激光照排机等,大大提高了文献信息的处理能力。设备的日益微型化,使性能价格比不断提高。

存贮介质中的穿孔纸带与穿孔卡片已被淘汰。磁带的存贮密度有了极大提高,软磁盘日益广泛使用,硬磁盘的盘组容量达到几千兆字节。每片光盘即可存贮几亿字节。文献信息的海量存贮要求已不成为问题。

通信卫星与光导纤维的出现,使数据信息传输更为方便,网络建设已不存在空间距离的困难。

正是信息技术所提供的条件,使图书馆自动化在短时期内有了很大发展。

我国由于信息技术的落后,设备依赖进口,特别是通信网络很差,加之汉字信息处理的自身障碍,整个社会的数据处理功能处于一个极低的水平。国外科学计算与数据处理应用计算机的比例为1:9,我国则正好相反,为9:1。这样一个情况对我国图书馆自动化事业不能不产生许多消极的影响,这是我们要认真加以对待的。

美国图书馆自动化的进程

美国是图书馆自动化开始最早,也是迄今最发达的国家。1954年,美国海军军械试验站图书馆首先利用 IBM701 计算机对文献信息进行处理,建立了世界上第一个信息检索系统,这是图书馆自动化的一次有益尝试。

六十年代,一方面国会图书馆组织了各方专家,在 Gilbert W. King 主持下,对图书馆应用计算机的可行性进行系统分析,于1963年发表了《自动化与国会图书馆》的报告,明确指出图书馆自动化必须从建立机器可读的书目数据库开始。

另一方面,在麻省理工学院开始了情报传输试验(INTREX),这个计划没有成功,随后斯坦福大学进行 BALLDTS 系统的研制。

这两方面的工作对图书馆自动化都产生了重大的影响,前者导致国会图书馆研制 MARC 磁带,并于1969年正式发行,引起各国的注意,相继发行本国的 MARC 磁带,由于各国 MARC 格式不一,国际图联又推动 UNIMARC 的制定。后者则"弄清楚了图书馆的业务工作复杂,即使计算机具备再高的性能也不能轻举妄动",而且意识到"各个图书馆靠本身的力量研制大型的自动化系统,专供自己使用,看来已被大家公认为是一桩蠢事"。[108]从而推动计算机化图书馆网络的开发。OCLC 应运而生(1967),随后是 RLIN

（1974），WLN（1975）。这些网络建立之初都是书目信息网络，后来逐渐增加了其他方面的功能。

与此同时，美国化学文摘社利用计算机编印化学题录，进而用计算机对记录这些题录的磁带进行检索，引起文摘数据库的大量生产。1967 年 MEDLINE 研制成功，接着又出现了众多的商业性质的信息检索服务公司，其中最著名的有 DIALOG（1972），ORBIT（1972）和 STAIRS（1977）三大系统，向全世界提供检索服务。

由于流通工作的特点，加之小、微型机的大量生产，Turnkey 技术的支持，利用小、微型计算机建立流通管理系统的工作发展很快，出现了专门提供流通管理软件包 Libs100 的计算机图书馆服务公司（CLSI），其系统行销北美、西欧、澳大利亚等国。北京图书馆最近也购买了这个系统。

各国实现图书馆自动化的途径

就一个国家来讲，大体做了三方面的工作。

（1）国家图书馆研制并发行本国的 MARC 磁带，目前已有 20 多个国家生产了 MARC 磁带，其中有美国、英国、澳大利亚、加拿大、意大利、西德、法国、比利时、丹麦、瑞典、芬兰、挪威、荷兰、南非、西班牙、墨西哥、日本等。

（2）图书馆界合作建立计算机的图书馆网，迄今世界上已有 13 个比较重要的网络，美国的 OCLC，RCN，WLN；英国的 BLAISE，BLCMP，SWALCAP，SCDLCAP；荷兰的 Pica；瑞典的 Liris；加拿大的 UTLAS；香港的香港图书馆网络；澳大利亚的 ABN；日本的学术情报系统。其中有些是与二次文献信息合建的系统。

（3）有提供商品化的图书馆自动化系统软件包的公司。美国有 CLSI（计算机图书馆服务公司），英国有 ALS（图书馆自动化公司），加拿大有 Geac 公司，澳大利亚有 Pty 公司，日本有电子计算公司和梅默莱克思公司。主要提供流通管理系统，也有期刊管理、采购管理方面的软件,目前已推出集成系统软件包。不必由各馆分别研制。

从一个图书馆来说,实现自动化有三种形式:

(1)大多数图书馆在馆内安装与网络联接的终端,进行联机编目,从网络获得目录卡片或缩微平片(COM)供读者查询。自行安装 Mini 或 Micro 计算机,用于流通、期刊与采购管理(一般购买商业公司提供的现成系统)。此外,以远程终端利用信息检索服务公司的数据库对读者进行情报检索服务。

(2)有部分大学图书馆利用大学的计算中心,部分公共图书馆利用当地的计算中心,建立本馆的自动化系统,例如美国的BALLOTS 系统。

(3)少数图书馆自行安装大型计算机,建立本馆完整的自动化系统(In—house)。美国有三个比较成功的实例:西北大学的NOTIS 系统,纽约公共图书馆的 LIONS 系统,加利福尼亚大学的MELVYL 系统。

无论是社会性的书目信息网络,还是一个馆自建的系统,都充分利用国家图书馆发行的 MARC 磁带。

第二节　图书馆的业务功能要求社会化的处理

图书馆业务功能分析

计算机并不像有些人想象的那样,能代替人进行图书馆的全部操作。如果我们把图书馆所有的业务功能列成一个表,可以看出这些功能可以划分为知识处理、事务处理和机械处理三个类型(见表18)。

表 18 图书馆业务功能分析表

部门	工 序	知识处理	事务处理					机械处理
			建档	查询	处理	打印	统计	
	书目分发							✓
	选 书	✓						
采	查 重			✓				
	审 批	✓						
	订购处理				✓			
访	文档建立与维持		✓					
	统 计						✓	
	经费管理			✓				
	催 询				✓			
收	验 收			✓				
登	登 记		✓					
	图书加工							✓
	规范查询			✓				
分	著 录	✓						
	分类标引	✓						
编	打 印					✓		
	文档建立与维持		✓					
	统 计						✓	
	读者身份审查				✓			
流	找书、还架							✓
	借还手续处理				✓			
	文档建立与维持		✓					
通	过期、丢失、损坏处理				✓			
	统 计						✓	
参	检索策略确定	✓						
	查 询			✓				
考	统 计						✓	

191

部门	工　　序	知识处理	事务处理					机械处理
			建档	查询	处理	打印	统计	
馆 际	馆际查询			✓				
	馆际借还处理				✓			
	书籍收发							✓
	统　　计						✓	
	文档建立与维持		✓					

对文献的选择及其审批,对文献的原始著录与分类标引,确定对一次以及二次文献信息的检索策略,都需要凭借图书馆员的丰富知识作出判断,这里涉及许多人为的因素,使用计算机是难以进行处理的,虽然不能说绝对不可以,但至少是代价昂贵,无法维持。显然,这一部分功能仍然要由人去处理,随着计算机技术的日趋完善,可以增加一些辅助处理功能,但最终还是靠人去决策。

书目及文献的接收与分发,对文献的物理加工、文献的取与归架,是一些机械性的劳动。改变手工操作低效落后的办法是采用机械器具来处理。当然,现在许多机械器具上都安装了计算机控制装置,但那是一种程控处理,而不是文献信息处理。

事务处理的各个工序可以归纳为建档、查询、处理、打印、统计五项功能,这是计算机数据处理的范畴。

计算机为图书馆提供的处理能力

图书馆属于文献信息系统,在计算机应用上属于数据处理方面。

计算机存贮的是二进制代码,所有文字、符号都要用二进制数进行编码,存贮在计算机及其外部设备上。由于拉丁字母的数量有限,8 位编码可以产生 256 个字符,就包含了所有的西方文字。汉字有 6 万多个字,人们分别用 16 位、24 位和 32 位进行编码。

由于文献全部变成了二进制代码,计算机就可以识别与处理。

即使到五代机,内存达到几十兆字节,对于文献信息的海量存贮要求也是难以满足的。所以从计算机用于数据处理以后,主要是利用外部设备存贮数据,并推动其不断更新。外部设备不仅可以存贮数据,还可以脱机传递交换,当成商品出售,从而推动了信息产业的发展。

文字的输入输出方式不断改进,大大提高了数据处理能力,各种自动读入装置不仅免除了键盘操作,而且增加了数据的可靠性与处理速度,条形码阅读器的出现是流通系统获得成功的基础。激光打印机使目录卡片的质量超过了手工印刷的水平,COM 设备在西方国家淘汰了目录卡片,激光照排机大大缩短了书目索引与检索刊物的编印周期。

逻辑运算是数学计算的变换,检索实际上是逐字比较,进行减法运算,等于零者即为命中。由于布尔代数和各种算法的运算,加上各种索引文档的建立,检索速度比人工高出几百倍,几千倍,甚至几万倍。

西方文字由于字与字之间有一空格,因而自动抽词处理非常方便,汉字则比较困难。现在有许多人进行这一课题的研究,已经获得阶段性的成果。自动排序的问题,西方文字很方便,汉字也基本解决,关键在于汉字字符集排序如能与机器的内部代码一致,则将大大提高汉字信息的处理能力。

机读数据一次存贮,多次使用的性能,从而可以做到一家建档大家使用,一次建档永远使用,一个文档多方使用,从而促进文献信息交换,实现广泛的资源共享。

图书馆内外业务关系的影响

我们从第四章到第七章讨论了图书馆采购、编目、流通、参考四个方面的宏观业务功能,可以把这四方面微观与宏观的关系概括为表19。就一个具体图书馆的操作来说,包含文献的采访、收登、编目、流通、参考、馆际借书和行政管理等方面。从表19可以看出,只有收登、流通与行政管理是一个馆的内部事务,操作处理上与图书馆外部关系不大,而采访、编目、参考、馆际借书与外部的关系则非常密切。几乎70%以上的处理,依赖于网络的支持。

表19　图书馆内外业务关系表

馆内业务	馆外业务
采访	采购协调
收登	
编目	集中编目、合作编目、联合目录
流通	
参考	情报检索
馆际借书	联合目录、馆际借书
行政管理	

在前面几章的讨论中,已经说明采购协调与馆际互借都有赖于良好的联合目录,就是一个好的一次文献信息系统。而情报检索则需要有一个好的数据库系统,也就是一个好的二次文献信息系统。图书馆自动化程度比较高的一些国家,都已经建立了社会化的书目信息系统(提供一次文献信息)和情报检索系统(提供二次文献信息),有的是分别建立,有的是合建一个系统。在图书馆自动化理论的阐述上,有的包含情报检索的内容(如特德的《计算机化图书馆系统引论》),有的则将情报检索排除在外(如萨蒙的《图书馆自动化系统》)。

图书馆自动化的进程已经说明,书目信息系统与情报检索系统是任何一个具体图书馆难以独自建立的,而其业务功能对各个图书馆的影响又非常之大。因此,许多国家的图书馆界都采用各种合作形式,建立社会化的系统,充分实现信息资源共享,而这又正是社会对图书馆的迫切需要。

对于和外部没有业务关系的收登、流通与行政管理,许多图书馆则建立了自己的独立系统。其中以流通系统最为成功,因为"流通工作是重复性的,它所遵循的步骤是能系统地加以说明的,也能够相当容易地同图书馆的其它工作区分开来,而且流通工作所需要的著录项目不必那么广泛而复杂。"[108]

建立计算机化的图书馆网络

计算机化的图书馆网络是自动化的必然产物,也是各国自动化计划近年来发展的结果。同时,图书馆的主要业务功能都需要外部网络的支持。主要由于网络能以较低成本向成员馆提供国家图书馆的 MARC 数据,毋需本馆全套购买。加之网络真正实现了合作编目,做到了联合编目,使成员馆之间书目信息资源能够共享。一个 OCLC 成员馆的新书,向网络检索,命中率达95—97%。因此,参加的馆越来越多。

国外书目信息网络经历了三个阶段:第一阶段是向成员馆提供目录卡片,OCLC 每天印刷卡片60万张,各成员馆不用再编印目录卡片。第二阶段是向成员馆提供缩微平片(COM),缩微平片不仅当月的目录自动排序印制,而且按季按年还可累积。这样,各馆就不用排目录卡片。第三阶段是向成员馆提供机读书目数据,这是在微型机、小型机的存贮容量与处理能力日益增大以后,各成员馆逐步建立本馆的书目信息系统,供读者通过终端进行检索,不再维持卡片或 COM 形态的书目系统。

我国的书目信息网络系统,在相当长一个时间里,主要是向成员馆提供目录卡片,有些图书馆如果有能力建立本馆的书目信息系统,则可以直接提供机读书目信息。这两项功能将平行发展,而提供缩微平片的阶段可能要绕过去了。由于光盘的出现,建立机检系统比建立 COM 系统的费用便宜一些,许多小型图书馆很快就能安装微机,建立书目信息系统而停止使用目录卡片。在通信条件解决以前可通过软盘介质交换从中心获得机读书目数据。通信条件解决以后,我国网络发展速度可能要比发达国家快。

第三节　专业化与协作化

社会化的具体体现

总结国外图书馆实现自动化的历史经验,考虑到计算机与通信技术飞速发展所提供的条件,我国应当建设以地区为主,包含文献信息系统各部门在内的分布式网络。在文献信息系统各部门之间,进行专业化分工,实现高度的协作化,这是建设社会化的书目信息系统与情报检索系统的具体体现。

我国目前的状况是部门分散,职责不清。新闻单位的新华社,各大报社,广播电视部门等,都有建立新闻检索系统的打算。出版系统目前已有国内外四种计算机激光汉字照排系统。图书馆系统(包括文化部、国家教委、科研机构)以一次文献信息的处理为主,也有二次文献信息的研制工作。情报部门以二次文献信息的研制为主,也有一次文献信息的处理业务。档案系统的情报职能日趋加强。

由于各部门自成系统,彼此分离,缺乏横向联系,因而没有统筹规划,系统效益很低。由于出版发行部门还未执行国家标准《文献著录总则》,建立社会化的书目信息系统就很困难,学术期刊与检索类期刊缺乏有机的配合,因而检索期刊出版的时差很长;编辑检索刊物与研制文献数据库没有统一规划,既不能形成科学的检索体系,又产生重复浪费的现象;科技情报与社科情报的分离,也就不能建立完整的情报检索系统;图书馆几大系统的合作不够,以致我国联合目录事业非常落后。

在这样一个背景下,各部门又都有规模宏大的自动化计划,例如国家科委的情报检索系统,中国科学院的数据库研制计划,北京图书馆的国家书目中心,北京大学、清华大学与中国科学院的 APT 网络。而中国社会科学院、新闻出版署等也都在规划本部门的书目信息与情报检索系统。

因此,文献信息系统各部门之间加强横向联系,进行专业化分工,共同建立社会化的文献信息系统,就成为一个重要的课题。

与计算机界的分工合作

图书馆界在实现自动化的过程中,与计算机界有着密切的关系,国外的经验教训说明,处理好这一关系非常之重要。加之我国的情况与国外有所不同,许多方面都要有慎重的考虑。

首先是图书馆所用的计算机安装在什么地方。从图书馆操作的特点看,以安装在图书馆为好。一是实时性,书目信息系统需要联机处理,而且多终端、多功能同时操作。二是专用性,整个图书馆自动化系统运行以后,不能再承担其他项目的操作。三是方便性,图书馆拥有大量的数据存贮介质,包括磁带、磁盘、软盘、光盘等,随时要作更新处理,操作人员远离机房很不方便。四是使用权,图书馆要根据自己的工作安排使用机器,但计算中心的工作时间与工作人员安排不可能与图书馆要求完全一致,发生矛盾很不好办。五是所有权,按照我国目前的体制,机器安装在哪里,所有权即属谁,安装在计算中心,图书馆使用就要支付很大的上机费用,这是我国许多大学图书馆不能使用学校计算中心机器的一个主要原因。因此,需要向计算机界及有关领导部门讲清楚,对图书馆使用的计算机,在软件开发与技术管理上可以采取更为有效的方法,不一定要把机器安装在计算中心。

其次就是软件开发,目前国内多数文献信息部门是自行安装的计算机,但采取了招聘软件人员自行设计系统的做法。这是不足取的。从国内软件人员的水平动向看,第一流的仍然在计算机科研与教学部门,参加应用软件开发工作的人员离开这一支撑环境,所研制的系统是有很大局限的。另一方面科研与教学部门不能参预大型系统的开发工作,理论与实际脱离,不利于计算机科学与技术的发展。因此,文献信息部门应做好系统分析,提出系统要求说明书,把工作重心放在数据准备与组织实施上,软件的开发则以委托计算机科学研究与教学部门承担为好。

第三,关于系统维持,文献信息部门要有自己的设备维护人员,但只要一般的日常操作,大的硬件问题应由厂方负责,大的软件问题则找开发研制单位。每个系统都要有一个什么问题都能解决的维护班子是没有必要的。因此也不能认为由于图书馆维护力量不足而要把机器安装在计算中心。

第四,网络问题。应当由计算机主管部门与邮电主管部门共同研制公用数据通信网,不宜由每个业务部门各自建网。那是非常浪费的。因此,图书馆自动化系统是利用公用网,也就毋需开发网络软件。

第五,至于商品化的图书馆自动化软件包更应由计算机科研与教学部门和厂家合作生产,不必由一个一个图书馆去开发。

与文献信息系统各部门的分工合作

鉴于图书馆自动化的主要内容是建立社会化的书目信息系统与情报检索系统,而完成这样的工程仅仅依靠图书馆的力量是不够的。

在第五章中我们讨论了建立我国综合书目信息系统的问题,关键是加强出版部门、发行部门、图书馆、情报所之间的横向联系,统筹规划。在目前手工操作的条件下,各部门不仅分别对每一种文献进行单元著录,而且也分别编制新书目录和累积书目。如果应用计算机仍然是这个局面,不仅是人力、物力的极大浪费,而且哪一家也难以建成功能齐全、覆盖面完整的书目信息系统,给用户带来很多困难。

同样,我们在第七章中关于建立完善的二次文献信息检索系统的描述,如果没有图书、期刊、报纸各个文献生产部门的紧密合作,没有科技情报、社科情报部门的同心协力,仅仅依靠图书馆界是无能为力的。按照我国目前的状况,虽然各部门总是能建成一些情报检索系统,但质量如何就很难说了。

由于历史的与社会的种种原因,每个部门都形成了各自的特点。我们应当本着扬长避短、互相支持的原则,充分发挥每个部门的潜力,以求得系统的最大效益。

从传统的情况看,图书馆在一次文献信息的处理上有悠久的历史,也有相当坚实的基础,在二次文献信息的处理上,限于财力、物力,相对就弱一些。因此,图书馆界宜于把工作重点放在书目信息系统的建设上。国外一般是由国家图书馆研制与发行本国的MARC 磁带供全社会使用,出版与发行部门也是充分利用 MARC 磁带中的书目信息而不再另行制作。当然各国国家图书馆在生产MARC 磁带时,也注意利用整个社会的机器编目成果,这样做才能有最好的经济效益。

图书馆界内部的分工合作

从国外图书馆界实现自动化的途径中所做的三个方面的努力来看,我国实际上也是在这样做,只是没有明确的规划与分工,走了一些弯路,效益不够理想。

1980 年春成立的北京地区研究试验西文图书机读目录协作组所做的大量工作是不会被历史忘记的,我国图书馆界目前在自动化活动中有成就的一些人,不少都在这个组工作过,这个组所取得的成果已经在各个方面产生了影响。虽然这个组已经停止了活动,但也从未宣布它的结束。

现在北京图书馆正在雄心勃勃地进行建立国家书目中心与研制汉字 MARC 的计划,由于在经费上获得了国家的重大投资,有比较好的物质条件,可望在近期内推出他们的首批成果,从而对全国图书馆自动化的进程将有所促进。

大学图书馆是建设网络最热心的部门,80 年代以来,上海、北京、西安的一些大学纷纷进行了网络建设的探索,其中以北京大学图书馆与上海交通大学图书馆最为活跃,这两个图书馆均已独立安装了高档小型计算机,一方面着眼于馆内自动化系统的开发,一方面又积极向网络建设迈步。1985 年北京大学图书馆、清华大学图书馆、中国科学院图书馆共同发起建立"中关村地区图书馆自动化网络系统",简称 APTLN,1986 年向有关领导部门正式提出了报告,1987 年又争取国外有关基金会的合作,目前正处于规划准备与人员培训阶段。

图书馆流通管理系统一直是许多部门的热门课题,许多图书馆作过键盘输入的试验,一直不能为工作人员接受,自从南京大学图书馆引进激光扫描装置,进行局部图书流通管理以后,上海交大、北师大、航天部 208 所、深圳图书馆等均已建成实用流通管理系统。最近深圳大学、东北电力学院、空军政治学院、福州师范大学、中山图书馆等相继推出集成管理系统。目前国内微型机生产已具有一定水平,汉化能力大大加强,光笔扫描装置也已能生产。需要抓住时机,组织批量化的生产,提供商品化的集成系统,其功能可覆盖图书馆各部门的管理业务。

此外,图书馆与情报部门分别安装了 50 多个国际联机检索终端,可直接查找世界各国的数据库,但利用率一般都不高。

如果能把这些分散的努力,聚合成为一个整体的计划,我国图书馆自动化的进程,当会比现在要快一些。

第四节　数据准备

没有充分的数据准备就不可能实现图书馆自动化

无论是书目信息系统,还是情报检索系统,都需要将大量的一次或二次文献信息,转换为机读形式。没有这方面的工作,就谈不上建立系统。而这种数据转换的准备工作既非常复杂、繁琐,又大量耗费资金与人力。这是许多学者反复告诫不要轻举妄动,强调走网络化道路的原因所在。凡是着手创制编目计划的图书馆都要面临这样一个问题,需要将准备输入到拟编目录中的事项,全部用键盘穿孔,除了一些很小的图书馆以外,这确实是一个巨大的障碍。[108]

尽管计算机是高性能的信息技术,但毕竟是一种处理工具,而不是信息本身,也不能产生信息,自动化只是管理的手段,数据才是信息系统的核心。没有数据的系统等于是没有货物的商店,数据质量不高则好比漂亮的商店里陈列了一堆垃圾。国外图书馆界的一句话"Garbage in ,Garbage out"(垃圾进,垃圾出)很生动地说明了数据准备工作的重要性。

近年来,国内图书馆与情报部门有不少系统通过了鉴定,除少数几个系统外,多数没有足够的数据记录以表示系统的能力,更缺少一支数据工作队伍以维持这个系统的运行,绝大多数系统鉴定以后便束之高阁。早在1982年就有人提出了这个问题,近来越来越多的人认识到这个问题的严重性。在1986年召开的"中国情报学会第五次机器检索学术交流会议"上,终于明确决定,以后提请鉴定的系统,如果其数据记录达不到其应有记录的70%,则不予鉴定。

但是,数据准备工作仍然没有放到应有的地位,目前我国图书馆自动化已有了相当发展,并有了相当数量的计算机技术人员加入到这一行列,然而至今仍未形成一支数据处理人员的队伍,许多图书馆的自动化部(或计算机室)很少甚至没有数据处理的专家,这对自动化的进程不能不带来消极的影响。

数据工作是建立自动化系统的主体任务

计算机既可用于科学计算,也可用于数据处理,这两者之间的差别如表 20 所示。[109]

我国许多计算机技术人员原来都是面向科学计算的,对数据处理的特点不太了解,当然也就不了解这两者之间的差别,更谈不上了解图书馆的特殊需要。许多主管部门以为,既然是用计算机,只有计算机技术人员才是内行,因此闹了不少笑话。例如某计算机中心购置一台图书馆专用计算机时,竟然字符集只有英语大写字母,因而图书馆不能用。又如在利用世界银行贷款为一些大学购买计算机时,有的大学图书馆提出了 8 位编码字符集的要求,被相当一些计算机专家视为不懂计算机的奇谈怪论,不予考虑,造成了相当大的损失。

表 20　科学计算与数据处理的性能对比

处理机性能	科学计算	数据处理
输入/输出量	量少	量很大
输入/输出速度	相对不太重要	很重要
计算与输入比	比例高	低
计算速度	非常重要	相对不太重要
存贮量	中等	要求高

在研制图书馆自动化系统中,一般都是由计算机技术人员主持程序设计,这是无可非议的。问题在于不少软件人员不了解图书馆自动化系统不能以程序为主,必须以数据为主,这和设计科学

计算程序的要求恰恰相反。因此,他们只满足于对业务工作的一般调查,把数据准备看作为一种辅助工作,而不是由业务部门提出系统要求说明书,据以进行系统设计,并要有数据处理专家参预其事,协同开发。这样研制出来的系统,当然不能投入实际运行。这是我国前几年研制试验系统中相当普遍存在的一个问题。

一个图书馆自动化系统的建立,数据准备工作应当是主体任务,计算机只是应用的工具。计算机有很强的技术性工作,是系统的支柱,但它本身不能成为信息系统。数据记录用手工处理也是系统,用计算机处理就成为自动化系统。计算机技术的应用既不应当迁就落后的数据处理方法,但更不能脱离数据工作的特点,要围绕数据准备工作的展开进行系统开发。认识到这一点,才能解决数据人员培训与队伍建设的问题。

标准化与规范化

数据问题的核心是标准化与规范化。没有书目著录格式和机器记录格式的统一标准,不仅国家与国家之间的书目信息不能交换,书目资源不能共享,UBC 的目标不能实现,即使一个国家书目控制(NBC)也难以做到。图书馆界历来对标准化是很重视的,因此,有人说,"图书馆工作的历史,也可以说是标准化的历史"。[110]在手工操作时代,这句话的含义还不那么突出,然而,计算机系统对标准化要求程度之高,远远超出了手工。"LC—MARC 对标准化的促进,无疑是其最重要的成果之一。"[111]

在 MARC 研制计划的推动下,国际图联很快就组织力量,对书目要素进行分析,提出了制定标准的要求:(1)由计算机自动地识别著录事项;(2)即使不懂其语言,也能掌握书目的结构(了解哪个是书名,哪个是著者等)。从而产生了 ISBD(国际标准书目著录)。与此相适应,英美编目条例也进行了修订,出版了 AACR$_2$。同时,国际图联与国际标准化组织又邀请各国研制 MARC 磁带的专家,提出了 UNIMARC,作为国际间交换书目信息的通信格式。

规范问题是书目控制中的又一重大问题,尽管有了 ISBD 和 AACR$_2$,但著录的内容没有统一的规范,就不可避免产生书目记录的重复(即同一种文献产生几个不同的书目记录),据统计,OCLC 的重复率竟达 30—40%,WLN 与 RLIN 也存在类似的问题。因此,WLN、RLIN 与 LC 合作,制定连接系统计划,建立"共享规范文档",以解决这一问题。

我国自 1979 年成立全国文献工作标准化技术委员会以后,在标准的制定与推广上做了大量的工作,制定了一系列标准,进行了标准的宣传普及工作。1983 年召开的全国西文图书编目标准化与自动化研讨会,对于建立西文图书书目信息系统的有关问题进行了深入的讨论,会后又组织专门班子,编写出版了《西文文献著录条例》。对于西文图书编目自动化的实现,奠定了数据准备的基础。

中文图书编目自动化的关键是汉字 MARC 格式的制定,现在有不少单位在进行这项工作。北京图书馆计划在 1989 年底推出汉字 MARC 样带。

规范问题是一项非常复杂的工作。对于我国在建立书目信息系统之初是否就建立规范文档,始终有两种不同意见。从功能要求讲当然是建立好,但我国的物质条件与技术水平又有一定困难,这是一个需要认真进行讨论的课题。

最小投资/最大效益

自功化、网络化与标准化,所追求的都是能以最小投资获得最大效益,也就是社会在获得文献信息时耗费的人力、物力与时间是最经济的。

自动化网络的目标是数据资源共享。标准化与规范化是实现这一目标的保证,从而建设一个概念上的大图书馆,国家图书馆,世界图书馆。因而应用计算机的核心问题是数据准备工作的协调组织。

国外文献信息系统各部门，从经济效益出发，凡是可利用别人的数据（包括花钱购买），自己就不做，这样可以赢得时间，把技术力量用在更关键的地方。

我国的一些部门，由于具有原始文献收藏的优势或局部优势，因而总想着自己制作全部数据，不愿意利用别人的成果，更不愿花钱去购买，认为别人做的不如自己做的好（其实不尽然）。这样做的结果就只能你做你的，我做我的，而且在一个部门内看不出重复浪费，某些人甚至掩盖这种现象，以说明自己系统的成就，但是延误时机却是不可回避的事实，给社会造成的损失虽无形但可见。

必须反复说明信息的生命力在于时间，过时的信息价值就会降低甚至失去价值。而我国书目索引和检索刊物的致命弱点就是编辑、出版周期过长。原因固然很多，但缺乏协调、缺乏系统工程的工作方法，未能充分挖掘各有关部门的潜力，而是分别平行地进行重复性的工作则是很重要的方面。由于我国低工资政策和事业单位不进行经济核算，不少部门对人力、物力的浪费不以为然，而以自成系统为主要目的，因为不能自成系统，就要受制于人，这又是确实存在，令人痛心的事实。所以最大的损失是时间，是整个社会失去了腾飞的机会，是影响国家向前迈进的步伐。只有这样认识，才能超脱种种扯皮的现象，把数据准备工作协调好。

第五节　系统建设

确定目标

不少图书馆在进行应用计算机试验以至建立整个自动化系统

时,其计划目标成为购置什么样的设备、研制什么数据库、哪些业务实现自动化管理等等,而对于系统建设的根本目标却无涉及。正如国外有的学者指出的:"图书馆员往往热衷于技术问题,而忘记图书馆的本来目的。而且图书馆员只热心于自己所从事的工作领域,却不关心提供信息的总体系统的有效性。"[110]我国一些部门进行自动化试验已有好几年时间,但对于读者和业务工作却没有带来明显的好处。固然试验要有一个探索过程,但是目标不明确也是很重要的因素。

有些图书馆,特别是一些新建的图书馆或建设新馆舍的图书馆,以所谓新的图书馆要有新的管理手段而确定自动化计划。有的只是为了赶上"现代化"的形势,普及微机应用而进行试验。有的则仅仅由于计算中心或计算机系、所的技术人员要进行一次科学研究。很少有在全馆进行总体改革,找出业务薄弱环节,而后确定自动化的目标。

进行个别试验,需要有一馆的总体目标为指导;确定一馆的总体目标,则要有整个社会的宏观目标为背景。一个馆只是社会的一个节点,局部试验又只是这个节点的一个组成部分。在总体目标不清楚的情况下进行局部试验,必然有很大的盲目性。

由于我国现在缺乏全国性的规划,给每个具体的图书馆确定本馆自动化计划,带来了很大的困难。为了避免计划的盲目性,就要充分估计本馆在全社会所处的地位,承担的任务和具备的主客观条件,针对业务发展的方向,以确定有保留的自动化目标较为适宜。注意避免与其他部门进行同样的课题研究,慎重考虑系统的边界,尽可能吸取别人的成果,把自身的技术力量用于开拓新的领域。而且应当以提高服务效益为系统目标,立足于增强整个文献信息系统的运行效率。

确定系统目标还不能脱离当前的信息技术条件,切忌追求力所不及的先进系统。如系小型试验,应能做到在短期内见效。即使较大的系统,也以能不断增加实际效益为宜。防止旷日持久,劳而无功。

系统分析

系统目标确定以后,就要进行认真的系统分析工作,本来进行系统分析不一定是为了建立计算机系统,但是我国的实际情况往往是已经确定了自动化的目标,再进行系统分析工作,有的部门甚至未作系统分析就进行系统设计。所以我们只能强调在进行系统设计之前一定要做好系统分析工作。

系统分析一个最基本的原则是要遵循"自顶向下"的方法,在进行一个具体图书馆的系统分析时,对系统环境的了解非常之重要,现在则存在许多困难。尽管如此,仍然要按照系统分析的技术方法与工作步骤,对系统环境进行深入的调查,作出科学分析。弄清楚有关背景条件,才能进行系统本身的调查与分析。

现在国内已有不少部门在进行自动化系统的研制工作,首先要搞清楚下面一些情况:

(1)本馆所要达到的目标,是否已有人在做,直接利用他们的成果是否比本馆自己做更合算,例如,安装国际联机检索终端,如果附近已有单位安装,去作用户比自己安装要便宜得多。

(2)本馆所要进行的工作,是否已有比较成功的软件,能否买来应用,例如对流通工作实行自动化管理,就可以从已在运行的系统中选择适合本馆需要的引进,不必重新开发。

(3)本馆所要开发的课题,与其他部门有无需要协调的地方,例如,建立机读文献数据库的工作,目前有无印刷版检索刊物,如果有,两者应如何配合。

其次,对于正在进行全面系统设计的部门,要做比较深入的调查,了解其系统功能有无可利用之处,从而决定本馆系统的功能要求,例如本馆打算建立书目信息系统,有无图书馆正在研制书目信息数据库并可提供服务,提供服务的条件与费用是否比本馆自己做要合算,如有肯定的答复,本馆就不必筹划一个庞大的数据准备队伍。如果得不到肯定的答复,就要考虑本馆有无能力自己准备数据。

第三,关于设备选型,鉴于建设网络只是时间的问题,因此,购置的机器要与其他图书馆能够兼容,利于将来联网。

管理体制改革

计算机在图书馆的应用,必然对现有的管理体制产生冲击,因为计算机的应用不可能是单纯的技术引进,会引起业务传统、工作方式、周围环境等方面的巨大变化。计算机不是在图书馆内孤立地存在,它受到手工方法、管理体制和人员素质的诸多制约。彻底的自动化,不仅是计算机的应用,连同这些制约因素也要发生变化,因此,改革是不可避免的。

譬如流通管理自动化,在闭架式借书的情况下,其效益就差得多,研制书目信息系统,没有标准化与规范化的实施,系统很难建立。国际联机检索已做了好几年,但是没有联合目录,不知所需文献在何处可以获得,检索结果近似无用。自动化网络的本质是为了共享分散存在的资源而创建起来的组织,没有共享的管理体制,自动化又有何益。如此等等。

早在 1978 年,我国图书馆访英代表团在访问报告中就已指出:现代化管理技术与科学管理方法的关系是生产力与生产关系的矛盾在图书馆界的反映,呼吁人们给予足够的重视。当时只看到了网络化建设的一个方面,现在看来涉及到整个管理体制,而且还不只是图书馆界自身的问题,与整个社会都有很大的关系。图书馆界要实现资源共享,往往受到其主管部门的制约。

钱学森对香港记者的一次谈话是很发人深省的。他说:"我国科技人员什么都不怕,只怕体制组织上的问题。对这些问题,科技人员是无能为力的,这些体制问题就成了科技工作的拦路虎。"因此,"我现在改行了,我发现有些问题自然科学解决不了,所以开始研究社会科学的问题。当前最需要研究的是我们国家怎么改革,从十一届三中全会前夕就来劲了,1978 年发表了关于'系统工程'的第一篇文章,从 1978—1985 这七年中,我都在宣传这个东西,同时跟大家在一起做好工作。""我们的社会科学要大大发展,这也是马克思、恩格斯一百多年以前所开创的'科学的社会科学道路'。我们要用现在的科学方法,继续走下去,完成他们已经开始的工作。"[112]

比起整个国家的改革,图书馆自动化系统是一个很小的系统工程。但毕竟也是一项系统工程,同样需要运用系统工程的方法,同样需要解决体制的问题,这就是我们工作的方向。当然,我们也要考虑系统的适应性,即周围环境对新技术的可接受程度,稳妥地进行改革。

系统研制

系统研制可以说是一个技术性的问题,但又不仅是技术问题。对于一个自动化系统的建设,研制应用软件,配置适当的设备,是非常重要的技术工作。但是软件研制与数据准备不仅要同步进行,而且要紧密配合,才能建成一个优质系统。为此,就要有一个数据处理方面的专家小组,还要向图书馆所有数据人员讲授数据准备方面的知识,使他们掌握新的工作方法。这样必然要改变原先的处理流程与工作原则,也就涉及到改革管理体制。

因此,在系统研制阶段实际上是要做四件事情:软件设计、数据准备、人员培训、体制改革。这四方面还要有一个相互制约的进度表,只有每个方面都能按时完成预定要求,系统才能如期建成并投入运行。否则,或是只有程序演示而无数据内容,或是数据内容与程序演示不相吻合,或是工作人员不熟悉新的数据处理方法,或是新的数据处理方法与工作组织发生矛盾，等等，导致系统不能运行。

这样说来，系统研制应是一项综合性的系统工程。国外的经验说明，此时需要一个为设计提供力量、智慧和热情的关键人物主持其事。[113]他既不宜是几乎没有计算机系统知识的高级图书馆员，也不宜是对图书馆系统几乎不了解的计算机人员。最好是具有计算机知识的高级图书馆员，或者是曾经设计过图书馆自动化系统的计算机专家。否则就要由一名高级图书馆员和一名计算机专家共同来主持这项系统工程。这是系统能否成功的关键所在。

我国图书馆自动化仍处于试验阶段，已经运行的只是一些微机管理系统，完整的系统建设只有个别的投入实际运行，多数仍处于准备状态。因此，只能吸取国外的经验教训，结合我国的具体情况，谨慎地进行自动化系统的建设。应当说，国外同行的经验教训，从技术性的角度看，基本上是可取的。

第九章　图书馆系统的反馈控制

第一节　图书馆系统反馈控制之必要

反馈控制原理

图书馆系统是否很好实现了它的职能,是否满足了社会对图书馆的需求,图书馆系统内部各组成部分是否能保证这些职能的执行,有哪些因素对其执行产生影响,社会对图书馆所提供的投资条件,能否保证图书馆职能的实现。对诸如此类的情况,要有及时的了解,并采取相应措施,解决存在的问题,调节各方面的活动与相互关系,使系统职能顺利实现,这就是图书馆系统的反馈控制。

反馈控制是一个相当普遍而又重要的原理,不论企业的管理,生产过程的控制,仪器设备的运行,以至政策的制定与调整,都是反馈控制的过程。虽然具体提法习惯上有差别,但都是根据系统运行中的实际情况,即反馈信息,作出应有的决定,调整未来行为,以保证系统目标的实现。有时是单路反馈控制,有时是多路反馈控制。自觉地利用反馈控制原理,可以使系统得到良性循环,系统功能不断完善。

图书馆有很多反馈途径,而且有微观反馈控制与宏观反馈控制两个方面。微观反馈控制是维持一个具体图书馆的业务操作,处理好与主管部门及图书馆网络环境的关系。宏观反馈控制则着眼于整个图书馆系统的有效管理,同时要处理好图书馆与社会的关系。微观反馈控制的得失,无疑对一个具体图书馆的工作将产生不同的结果,但对全局冲击不大;宏观控制是事业发展的根本所在,也是我们研究图书馆系统反馈控制的主要目的。维持良好的宏观反馈控制,就能使事业建设沿着正确的方向发展,为各个具体图书馆提供合适的工作环境;如果宏观反馈信息不灵,系统失控,事业建设就要受到影响,对具体图书馆工作将带来莫大困难,整个社会的发展进程也会受到不同程度的波及。

图书馆系统反馈信息流向

图书馆系统反馈控制如图7所示,三路反馈控制包含有四种反馈信息:

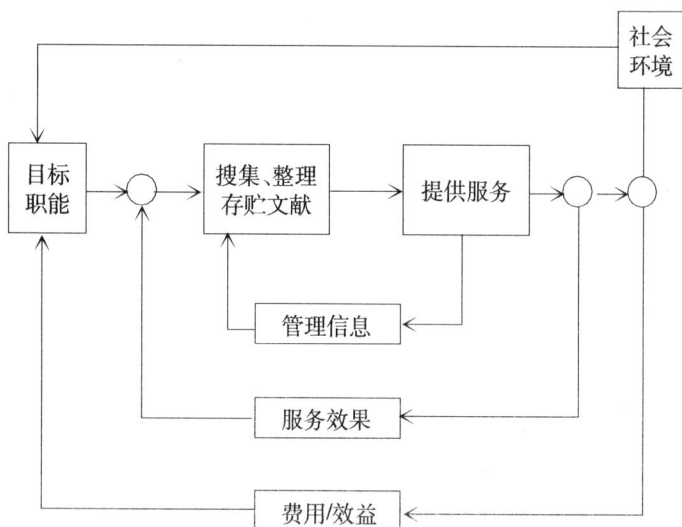

图7 图书馆系统反馈控制图

(1)图书馆各种统计和工作报告,是最低一路的管理信息。

（2）读者对图书馆服务的反映,包括表扬和批评的意见,介于管理信息与服务效果之间。

（3）图书馆对读者服务所产生的效果,是较高一路的反馈信息。

（4）社会对图书馆的投资与图书馆服务效果之间产生的费用/效益分析,也是一种投入/产出分析,是最高一路的反馈信息,与社会环境的关系最为密切。

社会环境信息不是图书馆系统自身运行所产生的反馈信息,但却是对系统生存与发展具有重大作用的反馈信息,往往能影响图书馆职能目标的确定与调整。

图7既是一个具体图书馆反馈信息流向的反映,也是整个图书馆事业反馈信息流向的描述。

反馈信息的作用

各种统计报表反映了图书馆系统的运行情况,根据这些管理信息,可调整图书馆系统内部各组成部分的操作,使之保持良性循环。加强科学管理,进行各种改革,就是解决这方面的问题。

"管理与控制是同义的,有效的控制依靠已经建立的控制方法,即订立标准,对照标准衡量工作,纠正偏差。"[114]提高管理水平是反馈控制的目的之一。以管理挖潜力,无论对一个具体的图书馆,还是对整个图书馆事业,都有很大的意义。

服务效果是衡量系统职能目标执行情况的客观依据,可据此部分地调整图书馆与社会的关系,改进工作方法,提高服务水平,满足读者的需求,以获得更好的服务效果。而服务效果也表明了图书馆的存在价值。

我国图书馆在保存人类文化遗产和开展社会教育这两方面的职能,社会上比较了解。而对于传递科学情报与开发智力资源的职能知道的人则不多。这固然说明图书馆在这两方面的服务比较不够,但和图书馆未能收集这两方面已有的服务效果并向社会做宣传也有很大关系。

费用/效益分析是在更高层次上反映系统与社会的关系:一方面社会对图书馆的投资是否获得应有的效益,系统对此需作出回答。另一方面,此种投资能否维持系统的运行,也应有说明。如果费用/效益比高,说明系统运行情况良好,实现了职能目标。如果费用/效益比低,则说明系统运行情况不好,未能实现职能目标。

在社会对图书馆产生新的需求时,一方面系统要有响应,包括调整系统的职能目标与业务操作方法。另一方面社会要增加新的投资,以维持正常的费用/效益比。图书馆学研究的内容,不仅要阐述图书馆在社会大系统中的地位与作用,还要说明图书馆在社会总支出中应占有的比例。

加强反馈控制之必要

目前,我国图书馆系统的宏观反馈信息不畅,国家的宏观控制能力薄弱,对图书馆事业建设产生不利影响。因此,"今后我国图书馆事业发展的战略重点应当是加强国家对事业发展的宏观控制的能力。"[115]

首先是调整图书馆与社会的关系,推行体制改革,振兴中华经济是全社会压倒一切的任务,这就要求图书馆做好文献信息开发工作,努力为经济建设、科学研究和发展教育服务。图书馆系统在这方面的职能是个薄弱环节,必须依据社会环境的变化信息,下大力气改变这种状况。

其次是进行图书馆系统的整体建设,目前由于各个部门分散运行,不仅整体极不协调,而且各个部门之间产生种种"危机转移"的连锁反应,以致整体系统和部门系统的费用/效益比都较低。因此,排除宏观反馈信息的传递障碍,加强系统的整体性就非常之重要。

第三是推动系统的综合发展,现今的图书馆发展计划是由各部门和各单位制定的,每个局部都因资源与能力的不足而提出比较大的发展目标,综合起来看就有很大的重复与浪费。在图书馆网点设置、文献资源布局、现代化设备应用等方面,局部资源缺乏而全局资源不能充分发挥效益是图书馆事业当前最为突出的矛盾。部门之间反馈信息的相互交流是解决这一矛盾的前提条件。

第四是全面提高图书馆系统的运行效率,我国目前的经济条件,在近期内不可能对图书馆事业有较大的投资,而图书馆管理落后又确有相当的潜力可挖,加强科学管理就成为迅速改变图书馆落后面貌的重要措施。有人估计,我国图书馆界现有的人力、物力、财力,如能充分发挥作用,可比目前扩大 1/4 以致 1/3 的事业服务能力。由于图书馆业务工作普遍具有社会化的特征,加强宏观反馈控制,全面提高系统的运行效率,就有非常重大的意义。

第二节　图书馆统计

图书馆统计的职能

图书馆的各种统计报表,是图书馆系统运行情况的反映,是认识图书馆工作发生、发展情况的工具,是最基本的反馈信息。从真实记录、经过准确计算的数字中,可以看到图书馆事业的成就,对社会做出的贡献,读者阅读倾向所反映的需求变化,藏书结构,规章制度与服务方法三方面存在的问题,从而为改进图书馆管理提供可靠的数据。

"对于图书馆数量的统计,它的增长实际上是反映图书馆事业的发展,它的发展体现着国家对于文化事业的重视程度,并且也包含了这样一些因素的变化:人民对于图书的需求以及图书馆对于人民需求的供应相应变化的动向,这些变化要从图书馆统计去寻求答案。"[116]

例如,全国 2017 个县中,有 1702 个县已经建立了县图书馆,达到 84.4% ,这就说明"七五"计划"县县有图书馆"的要求已基本实现,是我国文化建设史上的一个重大成就。而高校图书馆的迅速发展,藏书增长数量和文献检索课程受业人数,反映了我国高等教育事业欣欣向荣的景象。

湖北省文化厅从全省公共图书馆藏书人均数低于全国人均数的情况,提出了"七五"期间要加强藏书建设,力争在 1990 年达到并超过全国的人均数。同时鉴于现有藏书中科技图书比例偏低,只有 30% 左右,不能适应为"星火计划"、"乡镇企业"、"农村两户"服务的需要,在发展藏书中要增大科技图书的比例,达到 60%以上。

图书馆统计制度

"图书馆的统计工作,有属于全国范围的,有属于局部地区或系统的,也有只是属于一个图书馆的。"[116]就是说应当有三个层次的统计数字,分别为三个层次的管理者提供不同的反馈信息。

第三个层次是每一个具体的图书馆的统计,这方面目前情况比较好,大都能有一个最基本的统计数字。当然有内容详略、质量优次的差别。

第二个层次按地区的全面统计基本没有,只有按行政隶属关系的分系统统计,这方面文化部系统比较好,有一定的上报制度,每年度有完整的统计数字,并纳入国家统计公报。教育系统中高等学校有统计数字,但不完善,也不及时;中专、中小学基本上没有。科研系统,中国科学院、中国社会科学院几个大的部门有统计数字,许多分散的科技单位则没有汇总的统计。工会系统有统计数字,其他机关团体,厂矿企业就没有了。所以总的说,第二个层次不太好。

第一个层次的情况最不好，没有一个集中汇总的统计数字，所以全国有多少图书馆，多少藏书，多少读者，流通了多少图书，谁也说不清楚，以致对于我国图书馆及藏书，是多了，还是少了，看法上有很大的分歧。

由于第一、第二两个层次的统计制度不健全，对第三个层次统计工作也就缺乏有效的监督，对其统计内容与质量不能提出指导性的意见。

需要尽快建立全国性的图书馆统计制度，加强第一个层次的统计工作，由国家统计机构委托图书馆事业主管部门执行这一职能：制订全国图书馆统计的指标体系，报表制度及有关计算方法，统一管理全国的图书馆统计数字，如期如数向国家计划部门提供全国图书馆的综合统计资料，并全面检查监督图书馆计划的执行情况及改进意见等。

对于第二个层次也要有相应的规定，从我国实际情况出发，每个具体的图书馆应分别向所在地区的主管部门和其所属系统的上级主管部门分别递送内容相同的统计报表，地区与系统汇总后递送图书馆事业主管部门，再汇总报送国家统计机构。

统计方法

（1）除了藏书（要区分文种、类型）、经费、人员、馆舍、读者等基本项目和采购、编目、流通等基本数字以外，要增加分析项目，要有与上年数字的对比，还应增加剔除藏书。馆际借书和服务背景（应服务人数，实际发证人数）等项目，并计算出各种比率。

（2）计量方法要标准。对于文献的品种、册数（例如线装书、多卷书、尤其是期刊），对读者利用图书册数的计算，特别是阅览数量的计算，需要有统一的计量方法，文献工作标准化技术委员会应当尽快制定这方面的标准。

（3）统计工作要严谨。要改变某些图书馆随便对待统计工作的现象，使统计数字准确可靠，相关的数据能够吻合，上报要及时。应当按照《中华人民共和国统计法》对各级领导及统计人员提出要求，规定各层次上报的时间。各地区、各系统的主管部门，都应有人负责统计工作，收集所属图书馆的报表，汇总上报。没有相应主管部门的图书馆，是否可以委托某一部门执行汇总功能，例如请当地图书馆学会代为汇总。

（4）统计报表设计要科学：一要简单明了，二要便于填写，三能互为利用（有关部门的统计项目与计量单位尽量做到划一），四是计算容易。最好全国能印制统一的报表，以利于标准化与自动动化的推行。

（5）计算机的使用。首先在图书馆事业主管部门和各系统、各地区的相应管理部门中，推广计算机的应用，并实行软盘介质传递统计数据的方法，在当前条件下是可以做到的。各个具体图书馆与系统、地区的相应管理部门之间是否实行软盘介质传递的方法，视各地具体条件而定。这样可大大提高统计工作的速度与质量。

统计分析

每一个图书馆都应确定专人负责统计工作（哪怕是兼职的），在上报的统计表上，除加盖单位公章，还应有负责人与统计员的签名。

统计员至少每半年提出一份分析报告，与各类学校的学期时间同。根据分析目标的需要，可进行必要的抽样统计。

各级行政主管部门至少每年应提出一次分析报告，从宏观角度，就所管理范围内统计数字所反映的问题，提出改进工作的意见。

分析与不分析是大不一样的，没有分析的数字，是无用的信息,只有经过分析,才能使其活化,发挥反馈作用。

就以科技读者比例小,科技图书流通量低这一情况而言,这个数字在许多公共图书馆的统计报表上已出现了许多年。对此未作出分析时,这个数字就是不引人注意的。杭州图书馆的领导分析了这个不正常的数字,看到了发证工作中的不合理规定(按部门分配借书证,科技人员得不到)和流通工作中的弱点(被动等待读者上门,而科技人员没有时间来查找文献),采取了改进措施,对科技人员优先发证和主动替科技人员代查所需文献,使情况发生了变化。

为什么许多图书馆对于上述数字没有做分析?可能由于缺乏科学管理知识,或许不懂得运用反馈控制原理。但是很重要的一个原因是对为经济建设服务,为科技服务的意义缺乏认识,以为文艺书籍流通量大是正常现象。

这里涉及宏观的统计分析,全党工作重心的转移、整个社会的改革浪潮、读者结构与阅读需求的深刻变化,图书馆对此需要做出什么样的响应?原先的办馆方法许多已经不适应了,结论是要改革,但怎么改,要从宏观上进行分析,提出对策。

读者服务面小(发放借书证有限)与藏书利用率低是另一个普遍存在的现象,许多人对此习以为常,不作分析,不做调查研究。提到敞开发证就困难重重。福建省图书馆原来发证 18,000 个,敞开发证也就增加了 14,000 个。首都图书馆现在也敞开发证了。一个地区不可能几十万人都来领证,领了证的人也不可能都来借书,这些国内外都有统计数据,不作分析,就不可能创造性地开展工作。

第三节 读者情况的调查研究

注意心理分析

读者对图书馆的反映,一般说批评多于表扬,综观各种报纸上发表的读者意见,大部分是批评性的,有的批评还很尖锐,例如《读书》杂志1984年第12期上徐家祯对上海图书馆的批评,提出了"图书解放"的问题。

这里有一个心理学研究的课题,为什么表扬的少,批评的多。我们做了那么多服务工作,人们认为是应该的,这是图书馆的本职工作。有礼貌的人也许当面表示了谢意,但很少有人写文章到报纸上表扬。此外,我国的著者还不习惯于在利用图书馆的资料完成一部学术著作之后,在其著作中写下这一过程,说几句表示谢意的话。但是图书馆工作中有毛病,妨碍了他的研究或创作,这个气就大了,一阵激动,文章就出来了。

所以听到批评意见,一要重视,因为这确实指出了我们工作中存在的问题,是推动改革的重要因素,要认真对待。但是也不要否定一切,产生怨气,事物总是有两重性。因此,我们要了解读者的全部意见,就不能只是被动地听取,而要主动去进行调查。只有在全面听取读者意见的基础上,才能对系统运行作出正确的评价,并据以提出改进工作的措施,以免头疼医头,脚疼医脚,不能从根本上改变系统的运行状况。切忌自我满足,听不得批评意见,与读者顶牛,那将堵塞反馈渠道,难以有所前进。

充分利用社会有关部门的综合调查材料

社会学家的调查材料中,往往包含对图书馆工作富有宏观指导意义的数据,必须注意利用。

苏联图书馆学家丘巴梁,在其所著《普通图书馆学》一书中写道:"根据社会学方面研究工作的最新材料,甚至在一些小城市和小的居民点,对于政治、科学、生产和文学艺术各类出版物,保持稳定需求的人约占居民总数的71%(在工人中占67%,集体农庄庄员占51%)。"用以说明苏联图书馆事业的巨大社会作用。

国家统计局所编的《统计年鉴》,每年都有各种基本情况的统计数据,例如分省的人口数字,其中包括各类学生的在校人数、科技人员的数字、分省的国民经济总产值数字等等。用这些基数与图书馆及藏书数量进行对比分析,可以看出图书馆事业的发展与社会的经济、文化发展是否适应,各地区的发展是否平衡。

中国社会科学院青少年研究所当代中国青年职工调研组编写的《当代中国青年工人的现状》一书,提供了一些值得重视的数据。中国6000万青工中,具有高中文化水平的占57.36%,这些人迫切要求进行文化学习,努力参加各种成人教育,就是说有3000万人是城市图书馆的积极读者,这对图书馆界是一个巨大的冲击力。现在到处都可看到各类职大学员在公共图书馆门前排队等待阅览座位,想尽各种办法领取一张借书证,以满足他们的学习要求。1984年,各种成人高等教育在校人数有140万人。"七五"计划国家要求成人高等学校为国家培养具有专科以上水平的专门人才210万人(普通大学为260万人)。普通大学近千所学校,每校都有规模不等的图书馆,有和学生人数相应比例的阅览座位与购书经费,而成人高等教育在图书馆方面却未作任何投资。需要向成人教育部门反映这个情况,采取措施加以解决。否则会对成人高等教育带来很多困难。

这样的事例很多,图书馆对于一些社会性的重大活动需要敏感,及时采取对策,否则,等社会的压力挤到图书馆来,就被动了。

组织大型综合调查与专题抽样调查

吉林省图书馆于1981年6月到12月组织近900名图书馆工作者对8538名经常到各系统、各类型、各级图书馆（室）的读者进行了一次普遍性的调查，调查表包括12个方面的38项问题，最后汇编成《对图书馆8538名读者的调查与分析》的小册子，包括：调查的一般情况、各类读者阅读情况的统计和分析、读者利用图书馆情况和分析、读者对图书馆工作的各方面评价的统计和分析、读者对图书馆希望和要求的分析五个部分，总结出80份统计表，把读者提出的10153条意见，归纳为16类，78项，获得了检验《省、市、自治区图书馆工作条例》的大量反馈信息。例如有655人提出"图书馆藏书太少"、"拒借率高"、"发放借书证少"。长春市150万人，省馆发证2万，市馆发证1万。服务面为50:1（此计算有不妥之处，总人数中应除去文盲和学龄前儿童）。说明广大读者对此意见很大。有618人提出"图书馆要延长开馆时间"，还有人提出"图书馆工作人员的学习时间不应占开馆时间，应全日开馆"，"图书馆应实行轮休制，全周开馆"。调查人员认为："图书馆开馆时间长短与图书馆的藏书经费、设备等并没有多少直接关系。仅与工作人员的工作时间有关。适当延长开馆时间，是在有限的条件下增加图书流通量和阅览时间，从而提高图书利用率的有效方法。为做好服务工作，在开馆时间上根据读者的具体要求和实际可能做某些调整，适当延长开馆时间并不难做到。"

较为不足的是，最后的报告只是就事论事的分析，虽然也提出了不少改进意见，但多为一般见解，未能形成重大的突破性措施。这与当时的背景条件有一定关系，是今后组织这类大型调查活动所应注意的。

八十年代以来，图书馆界已经普遍注意使用抽样调查的方式，就某个问题进行专门分析。《大学图书馆通讯》1984年第1期集中发表了三篇此类调查报告,很有参考价值。

(1)天津大学图书馆向本校教授、副教授发出382张调查表:(收回101张,占26.4%),列出八个项目,征求教授们对改进图书馆工作的建议,获得一些重要的反馈信息。如:利用外文文献的语种分布,90%为英文;利用文献类型分布,外文期刊最多,占29%;利用文献年代分布,70年代的占44.2%,80年代的占14.4%;从阅读文献后所附参考文献中了解文献来源的人最多,占23%;查到文献线索后,国内未收藏的有14.7%;科研时间中有14.1%用于查找文献;等等。教授们提出的建议共310条,其中要求加强定题通报服务和开展代查文献服务的最多,分别占23.6%和21.6%。

(2)北京大学图书馆学系研究生对京津七院校研究生发出400份调查表(收回298份,占74.5%),取得了一些宝贵的数据。如:文科研究生利用中文图书占第一位,理科研究生利用外文期刊占第一位;中文文献81年以来的最受欢迎,外文文献多为70年代的,80年代的到馆很少,"想看但是看不着";对图书馆服务需求以外借阅览为第一,占89%;等等。对怎样做好为研究生服务的工作提供了重要信息。

(3)北京大学图书馆学系学生对北大文、理、外语三种类型的450名本科生进行阅读倾向调查,发现:文科学生借书最多,人均每年借书56册,外语次之,41册,理科最少,22册;但是课外读物所占比例的次序恰好相反,理科为52%,外语为51.3%,文科为34.2%;高年级学生借书多于低年级,四年级人均每学期借书22册,三年级17册,二年级18册,一年级只有11册;但课外读物所占比例的次序又是相反,一年级55%,二年级54.5%,三年级48%,四年级40%;课外读物中以各种文学读物居首,文科为85%,理科为75%;等等。

直接听取读者意见

许多图书馆都订有定期召开读者座谈会的制度,公共图书馆一般一年一次,大都在年度之末;学校图书馆多为一年两次,每个学期一次。图书馆方面向读者介绍这一期间的工作情况,提出下一年度(或学期)的打算,征求读者意见。这种制度坚持得好的图书馆,在服务工作上大都比较活跃,与读者关系融洽,至少在微观上很有成效。反之,则沉闷、僵硬、低效。从宏观范畴组织读者座谈会还很少开展。

设立读者意见簿本来是听取读者意见最有效的一种手段,但事实上往往流于形式,很少见有运用这种方式汲取读者有益意见以改进工作的经验。所以读者也很少对此发表意见,小的往往就不提了,大的则投书报社或领导机关,这是我们应当注意的一种现象。

个别征求读者意见是图书馆员的重要活动之一,很少有专门征求读者意见的活动,一般是在服务工作之中与读者的亲密交谈。这样的图书馆员事业心很强,对工作怀有满腔热情,时时注意倾听读者的意见。而肯于认真发表意见的多为经常利用图书馆的老读者,他们往往能提出许多精辟的见解。没有这样两个条件,个别征求读者意见的事情是做不好的。

直接听取读者意见是一种非正式的信息反馈渠道,没有定量的衡量与测算标志,有很大的随机性,实际上是馆员与读者之间人际关系的反映,是正式反馈渠道的一个补充。

表 21　27 个图书馆服务效果分类统计表

服务内容 \ 服务方式	上级分派 1	2	3	4	小计	重点跟踪 1	2	3	4	小计	主动提供 1	2	3	4	小计	回答咨询 1	2	3	4	小计	机检服务 1	2	3	4	小计	书展宣传 1	2	3	4	小计	合计 1	2	3	4	小计
科学研究	1				1	2	1	2	2	7			2	2	4			2	2	4		2	3		5						7	4	4	6	21
技术革新												4	2		6		2	2		4							3			3		3	7	6	13
引进与外贸项目												1			1	4	1	3		8											3	5	1		9
成果鉴定																1	1			2											1	1			2
产品开发	1				1	1				1	6	2	1		9	13	20	4		37											7	19	24		50
水平动向调查						1			2	3	2				2	16	6			68	1	22			23						2	83	6		91
技术咨询				3	3											1	5	1		7											1	1	5		7
工程项目													2		2	1				1											4	2			6
农村科技普及												14			14	1	7			8						9	3			12	10	24			34
自学																	3			3												3			3
用户搭桥																1	2			3											1	2			3
合计	2			3	5	3	1	2	4	10	11	20			36	12	63	32	38	145	1	24	3		28	9	3			15	28	89	57	65	239

1. 科研馆 5 个;2. 高校馆 2 个;3. 省级馆 9 个;4. 县级馆 11 个。

225

第四节　服务效果的收集与报道

收集服务效果是对图书馆存在价值的检验

文献信息系统各部门现在都注意了服务效果的收集,并向社会提供反馈。

中国图书进出口总公司很早就注意收集引进外文书刊的利用效果,从 1982 年起编印《进口书刊资料使用效益选编》,以后每年都有续编,向各有关部门散发。他们还以展览的形式扩大宣传的影响,财政部对他们的做法表示赞赏。

科技情报部门宣传服务效果的工作也做得比较好。1983 年,国防科工委系统曾经举办了一次大型的情报服务成果展览会,在社会上引起很大反响,许多成果受到上级主管部门的奖励。中国科技情报学会还从全国各地收集的服务效果中,精选了 400 例,正式出版,公开发行,在社会上产生了一定的影响。

图书馆界最近几年来也注意了这方面的工作,许多地方的图书馆也都编印了"服务效果汇编"。河北省束鹿县图书馆编印的《读书效果一百例》、昌黎县图书馆编印的《播种与收获》,县委领导同志都为之撰写序言,很为重视。广东省中心图书馆委员会编印的《书刊资源利用》,经常刊登书刊利用效益,起了很好的交流作用。

中国图书馆学会 1985 年 9 月在贵州召开的"读者服务工作学术讨论会",交流了 48 篇论文与经验总结,其中一些文章介绍了 27 个图书馆的 239 项服务效果(见表 21),图书馆在 11 个方面的服务对读者起了重要作用。从 6 种服务方式看,由领导机关给图书馆分配任务去完成的,只有 5 项,占 2%,而图书馆主动服务的却达到25%。如果除去湖南医学院图书馆进行科研水平动向调查83项的特殊事例,主动服务的比例达到40%。这次会议的论文已经汇集成册,[96]其内容比之1983年杭州读者工作研讨班的论文集,有了很大进展,可以说迈了一个台阶。可惜的是未能公开出版,只是在图书馆界内部交流,而不能向社会广为宣传。此外,没有突出强调服务效果问题。也是美中不足之处。

宣传服务效果是争取社会支持的重要手段

不少图书馆至今对这项工作还没有引起注意,不了解利用服务效益引起领导机关重视图书馆社会职能的重要作用。由于历史的和社会的诸种原因,各级党政领导部门对图书馆的事是不太熟悉的,许多地方的事例说明,不少地方的负责人是在了解到图书馆的服务效果以后,主动关心图书馆工作的。

国防科工委的负责同志看了1983年举办的科技情报成果效果展览会以后,肯定了情报工作所取得的成绩,对经费与设备上的困难给了适当解决[117]。

开展计算机检索服务是一项新工作,许多单位都注意了将服务工作的效果及时向主管部门汇报,使这项工作得以迅速推广,北大、北京农大、四川南充师院在这方面都有经验。

《光明日报》(1986年6月2日)关于杭州图书馆进行改革,变动服务方式的报道,主要经验就是三条:帮助领导看书、为企业提供信息、加强为科技服务。他们的工作受到服务对象、特别是市领导的赞扬,把这些反馈信息再经过新闻工具的扩大,使该馆工作的开展受益非浅。

许多市、县图书馆在加强为乡镇企业、农村两户和科技扶贫的服务中,注意了计算社会获得的经济效益,使各级领导部门了解到图书馆为经济建设服务,大有潜力可挖,改变了对图书馆的看法。据1987年4月在宜昌召开的"全国图书馆信息工作暨为'星火计划'服务经验座谈会"所提供的资料,对部分省市公共图书馆的不完全统计,在进行文献信息服务中所产生的可计算经济价值的社会效益达1.5亿元(见表22),超过对这些馆投资的几十倍。许多市县领导深入到图书馆了解情况,帮助解决困难,鼓励图书馆更好地为振兴经济服务。广东省东莞县甚至停建县委、县政府办公大楼,把省下的82万元用来盖县图书馆。

表22　部分省市文献信息服务经济效益统计表　　单位:万元

类别 地区	国营企业	乡镇企业	农村专业户	合计	备注
全国总计	11001	2487	1612	15100	
北京		20		20	
天津		45	5	50	
河北		36	400	436	
山西			300	300	
内蒙古					
辽宁		189	100	289	
吉林	355	90	207	652	
黑龙江		735		735	
上海		120		120	
江苏	2200			2200	
浙江	430	88		518	
安徽	1216		50	1266	
福建					
江西					
山东					
河南		816	150	966	
湖北	623	258	20	901	
湖南			80	80	
广东	97			97	
广西					
四川	6000			6000	

地区 ＼ 类别	国营企业	乡镇企业	农村专业户	合计	备注
贵州	80		140	220	
云南					
西藏					
陕西					
甘肃					
青海					
宁夏			160	160	
新疆		90		90	

事实证明,哪些图书馆对社会的反馈工作做得好,哪里的图书馆与社会的关系就会密切,工作就更好做,困难也比较容易能得到解决。当然,首先得有可反馈的内容。不过,这些内容到处都有,需要我们去挖掘。反之,如果没有反馈,领导机关对图书馆的情况茫茫然,那里的图书馆工作就比较难以开展。只能是"以其昏昏,使人昭昭"。

对读书有效者进行奖励　密切图书馆与读者的关系

航天工业部二院图书馆评选优秀读者的活动,为我们提供了回收反馈信息的经验。他们为了了解本身藏书被利用的情况,在1984年开展了评选优秀读者的活动,对能以充分材料说明利用本馆藏书在研制和生产中做出优异成绩和创造出较大经济效益的读者给予奖励。通过半年多的酝酿,发出《读书效果调查表》,由本人填写与单位证明,对经过核实的100份调查表的统计,其中有5项填补了国家空白,24项直接解决了生产中的关键问题,有24项获得院以上成果奖,直接经济效益666万元。此外,利用文献资料撰写论文,著书立说以及在生产中改进工艺、革新技术者不计其数。最后评出一、二、三等奖 22 人,于 1985 年 6 月召开了表彰大会,部科技委和院负责人都到会讲了话,对图书馆工作起了很大推动作用。[118]

金陵图书馆组织读者协会,把收集、评选、奖励、报道读书效果作为一项经常性的工作,为图书馆提供了一条成功的经验。

湖北省仙桃市图书馆 1986 年在主管部门指导下,开展了"农民读书读报活动",有 31.3 万人参加,以干什么工作读什么书为主,强调用科学方法改变农村面貌,谁读书产生的经济效益大谁就受奖。据市有关部门统计,这次读书活动共产生经济效益 53623 万元,至少有 8 万多户种苎麻的农民直接得到好处。市里召开了全市性的授奖大会,把农民的读书学习活动更加引向深入。[119]

主管部门检查服务效果是推动事业建设的好方法

编印汇编材料是宣传服务效果的一种基本形式,但是非正式出版物的影响面比较小,个别单位和地区要出正式的书又比较难,从整个图书馆界来说,一是要支持办好《书刊资源利用》(广东省中心图书馆委员会主办)这个刊物,使其成为向全国宣传书刊利用效益的一个阵地;二是有关部门如能每年从全国图书馆界精选一些重大服务效果编辑成书,正式出版,将起到很大的社会宣传效果。

注意利用新闻工具,扩大影响也是很重要的。北京市丰台区图书馆为专业户服务取得了很好效果。1984 年,当专业户向图书馆赠送图书时,丰台区领导邀请了首都报社、电视台的记者参加,作了报道,引起各级领导的重视,扩大了图书馆的影响。

领导机关对所属图书馆进行服务效果的检查,不仅对图书馆工作本身产生推动力,由于有图书馆的上级单位参加,还能使有关部门增强对图书馆服务职能的了解。这项工作应当制度化、经常化。国家教委对高校图书馆的检查就是一例。1986 年,国家教委就文科博士生专款购书和世界银行贷款购书的使用情况,组织几个小组到各校检查,各校领导非常重视,要求用书单位报告效益情况,由于用书情况如何将影响今后的拨款,所以许多教师及研究生都谈了从引进国外文献中获得的信息,对推动教学与科研所起的作用,从而肯定了这两项专款购书的意义。

第五节　完善宏观反馈控制体系

增强宏观反馈意识

既然加强宏观控制能力成为图书馆事业建设的战略重点,整个图书馆界需要自觉地增强宏观反馈意识,以保证这一重点建设的顺利实现。

增强宏观反馈意识表现为两个方面,一方面是有关主管部门要采取措施,沟通宏观反馈渠道,研究社会环境和注意宏观调节;更重要的一个方面是每个具体的图书馆以及每个图书馆工作人员的重视与支持。

每个具体图书馆在制定本馆计划及进行各项业务工作时,要充分考虑宏观环境的各种因素,注意利用社会化的生产能力与外部资源,以节省本馆人力物力、财力的消耗,提高系统的费用/效益比。这就要进行信息咨询,因此,每个图书馆要将本馆的各种信息向有关主管部门反馈,使宏观环境能有完善的信息资源,能满足各个具体图书馆的查询需求。

只有每个图书馆都具有大图书馆(国家图书馆、世界图书馆)的概念,自觉地以整个图书馆界为背景条件,把本馆看作图书馆系统中的一个节点,才能具有强烈的宏观反馈意识。这种意识与当前普遍存在的小生产意识是矛盾的,这个矛盾不解决,我国图书馆事业建设就没有希望。因此要从各个方面去提高人们的认识,主动支持宏观调节活动,避免系统的恶性循环。例如由于馆际互借的不方便,而追求文献资源的自我满足;随着文献收藏的迅速增大,导致人员不足,书库饱和、经费超支;在本馆人力、物力、财力高度紧张的情况下,无力支持馆际之间的协调工作;馆际协调工作的难以开展,使宏观环境对每个具体图书馆缺乏有效的支持;如此等等。我们必须变恶性循环为良性循环,把宏观与微观的关系理顺,才能使每个图书馆和整个图书馆事业得到健康的发展。

沟通反馈渠道

由于没有全国性的图书馆统计制度、缺乏对读者需求的深入调查,不能全面收集图书馆服务效果以有效方式向社会报道,因而系统的反馈信息不畅,宏观控制体系很不完善,也就不能进行不同层次的费用/效益分析,及时调节图书馆与社会的关系。整个图书馆系统的运行比较呆滞,缺乏活力。需要从下列几点进行努力以改变这种状况。

首先是加强统计工作,逐步健全分地区、分系统汇总统计上报的制度,把全国所有图书馆的统计信息搜集齐全。有人设想,先进行一次全国性的图书馆普查,为全国性统计打下基础,结合社会调查和撰写论文,可以获得一大批研究成果,为制定图书馆发展战略提供可靠的数据。

其次是推行服务效果上报制度,目前只是零星地报道,内部也很少发正式的通报或情况交流,最好能建立一种上报制度。为了鼓励上报的积极性,可分级进行奖励。先分系统或地区进行奖励,全国再集中奖励。既奖励读者,也奖励图书馆工作人员,同时向社会作广泛的宣传。

此外,要加强对读者意见的处理,尤其要重视读者的批评意见,及时予以答复,以鼓励读者提意见的积极性。至于对读者的大规模调查,涉及问题较多,需要有充分准备,一般以进行专题抽样调查为宜。

研究社会环境

社会环境是图书馆事业存在的基础,其发展状况是图书馆系统进行调节的根据,但社会环境对图书馆的影响有时不是直观的,而具体的图书馆又很难作深入探讨。需要决策与管理部门组织力量对社会环境进行研究,抓住社会变革的脉搏,弄清我国社会的特点,探索对图书馆发展可能产生的种种因素,及时提出对策。例如书价上涨,居民文化结构升高,经济体制改革的动向,"星火计划"的实施,现代技术设备投入实用的能力,所有这些对图书馆将提出什么样的挑战,需要采取哪些措施,等等。

科学与大众两种类型图书馆所碰到的共同问题,反映出我国社会的一个重要特点,即中国的社会还没有为图书馆准备好读者。从领导机关到各个层次的用户,绝大多数人不了解图书馆的社会职能,不知道图书馆有什么作用,也不知道怎么去利用。有阅读能力的人只知道可以到图书馆读书,没有阅读能力的人则认为图书馆与他无缘。

在科学图书馆表现为:只有很少的领导机关在进行重大科学研究、技术开发、工程建设时,能吸收图书馆参与其事,大多数单位不知道图书馆在进行情报调研上要比科技人员强一些,没有用好这一支力量。

就科技人员来说,前些年调查只有0.1%的人会使用文献检索方法的状况虽有所好转,但由于多年已经形成习惯,总还是自己动手,而不善于利用图书馆的条件。使用电子计算机情报检索手段,进行开题立项的水平动向调查,至今还未形成制度。随着对大学生开设"文献检索与利用"课程和不断对用户进行培训,这个状况会逐渐改变。

对于大众图书馆来说,面对的是低文化层次的用户,两亿多中等文化,两亿多小学文化,还有两亿多文盲。怎样使如此众多的人了解图书馆的职能并知道怎样去利用,就有一个更为严重的用户培训任务。而且要使用一种特殊的培训方法,就是通过主动上门服务,产生明显的经济效果,使其了解图书馆传递信息的职能,碰到问题知道找图书馆。这简直可以说是一件伟大的事业,也许是建立具有中国特色的图书馆的发展道路:首先为图书馆训练好用户,培养一大批服务对象,从而推动事业的建设。

注意宏观调节

对于图书馆系统的费用/效益分析,一个具体图书馆是不能说明问题的,只有在宏观范畴内才有意义。

我国图书馆事业的投入/产出是否成比例,由于国内还没有开展图书馆经济学的研究,也就没有适当的数学模型,因而还不能作出科学的判断。但从几种不正常的现象看,似乎也是高投入,低产出。例如图书馆总数很多,达到40万个,平均2500人就有一个图书馆;但能对公众开放的图书馆却很少,几乎50万人才有一个。全国的总藏书量人均有一册多,但可供公共使用的只有0.25册。因此,一方面广大群众借书难的问题严重,另一方面绝大多数图书馆的利用率又很低,工作量不饱和。一方面我国的文献资源贫乏,另一方面重复收藏、浪费资金的情况又比比皆是。一方面各馆的拒借率很高,另一方面馆际借书又很薄弱。一方面图书馆埋怨社会不够重视,另一方面又未能对社会做出更多的贡献。这种种现象反映了宏观缺乏调节能力,形成失控状态。

在我国现有体制的情况下,进行宏观调节存在很多困难,但是等待体制改革完成以后,再去做这些工作,那又将无所作为,贻误时机。需要图书馆界的同志,从事业建设的大局出发,冲破条块体制的束缚,加强协作,搞好宏观调节,在社会所能提供的物质条件下,做出尽可能多的贡献。

　　最有效的措施是建设多层次的两种不同类型的图书馆网络，最好是由上而下，但从这几年的经验看，上面的事情涉及面太宽，船大难掉头，下面比较灵活，工作反而容易开展。所以我们既不放松上面的努力，但又不是被动的等待，而要充分调动基层的积极性，象太原、洛阳、青岛、宜昌等城市都建立了比较有效的图书馆网络，需要及时总结他们的经验，加以推广。同时，也不要追求全面的网络活动，能做成一件事就先做一件事，逐步地把协调工作推动起来。只要坚持不懈的努力，总是能起到一定的调节作用。

第十章　图书馆法

　　图书馆立法以及图书馆法的执行情况,是一个国家图书馆事业发展水平的标志。图书馆事业比较发达的国家,图书馆立法都比较完善;图书馆法的执行情况,也较为良好。反之,图书馆事业比较落后的国家,或者立法不够完善,或者图书馆法的执行情况不好。

　　图书馆法属于上层建筑的范畴,不仅是图书馆事业的反映,也是一个国家政治、经济、科学、文化诸因素的综合。图书馆与社会的关系,是通过法律形式表现出来的,它是一个国家图书情报政策的体现。因此,图书馆法的制定与执行,是一个十分复杂的问题。但是,图书馆立法,对图书馆事业的发展,有着极其重要的推动作用,这在中外历史上都有所记载。

　　从我国的情况看,图书馆立法不能说很不完善,但执行情况不够理想。近年来,不少同志呼吁加强图书馆的立法,但议论之中比较多的强调通过图书馆立法提高图书馆的社会地位、改善图书馆物质条件这一方面(当然这是很重要的一个方面),对于图书馆需要承担哪些法律责任,应该执行哪些有关的法律、法令则研究不够。此外,不少人认为我国图书馆立法很不完善,其实,我国现行法律及有关法令中,关于图书馆的条文还是不少的。只是我们没有很好运用这些法律、法令去开展工作。许多图书馆的工作人员,包括一些领导同志,甚至还不熟悉这些条文。在当前普及法律知识教育时,需要把我国1979年以来制定的法律及法令中有关图书馆的条文,向图书馆及有关部门的工作人员进行宣传,并采取各种措施予以执行。在此基础上,再研究现行法律及法令的不足之处,进行新的立法准备。

为此,需要对国外图书馆的立法情况进行调查研究:了解各国图书馆立法的历史,图书馆法的内容,图书馆法的执行情况与所起的作用,图书馆立法工作的经验教训,等等。同时,对我国历史上图书馆立法的情况也要进行总结,有哪些经验教训。借鉴国外和我国历史上图书馆立法的经验教训,对我们更好地执行已有的法律与法令、进行新的立法准备,都会有很大的推动。

第一节　国外图书馆立法情况

西方国家的立法

由国家对整个社会的图书馆事业进行组织管理,是从近代产业革命开始的。英国于1850年颁布了《公共图书馆法》,这是世界上第一个关于近代图书馆的法令,以后几经修改,于1964年公布了新的《公共图书馆与博物馆法》,可算是公共图书馆立法的范例。这项立法规定英国教育部有责任监督和帮助改进公共图书馆服务,而地方当局则有责任提供全面有效的图书馆服务。服务的标准已在1965年公布,不能达到既定标准的小机构放置于较大单位的监督之下。此外,根据这项立法,英格兰和威尔士建立了图书馆咨询委员会。这项立法是英国公共图书馆进入一个重要阶段的标志,是政府首次行使权力对地方当局提供图书馆服务的质量进行检查和管理。

瑞典、丹麦、芬兰、荷兰和挪威等北欧国家也相继进行类似的立法活动，"公开出借权利法"是斯堪的纳维亚半岛国家立法的主题。

美国大多数公共图书馆立法的根据是州立法机构制定的一般图书馆法的条文，内容主要是授权市、村、乡、县、选区或地区这样的地方政治实体建立公共图书馆；批准用于公共图书馆的各种课税，阐述政府关于公共图书馆的计划，规定公共图书馆必须永远供有关行政区的居民免费使用。联邦政府直到1956年才通过了"图书馆事业法"，1964年颁布的"图书馆事业与建设法"有比较大的影响，包括"事业"与"建设"两方面的内容，拨款比过去有了增加，1966年修订时又增加了馆际合作的条款。此外在"初等与中等教育法"及"高等教育法"中都有关于发展学校图书馆的条款。

在加拿大，大多数公共图书馆的成立在法律上都得到省立法机构通过的一般图书馆法的认可。澳大利亚和新西兰在第二次世界大战以后制定了图书馆法。

苏联及东欧国家立法情况

苏联在十月革命胜利后，按照列宁的建议在1920年11月3日颁布了"关于集中管理俄罗斯苏维埃联邦社会主义共和国图书馆事业"的法令，要求建立图书馆网。1934年又通过了"关于苏维埃社会主义共和国联盟的图书馆事业"的决议，对实现普及性原则、发展图书馆新类型、建立图书馆事业领导机关及改进图书馆藏书办法和干部培养工作都作出了明确而具体的规定。

1984年3月13日，苏联最高苏维埃主席团10926—X号命令批准"苏联图书馆事业条例"，[120]其第三条指出："全苏和各加盟共和国的图书馆事业立法，由确定图书馆事业组织，图书馆藏书建立、利用与保管之原则的本条例，以及符合本条例的全苏和加盟共和国颁布的有关图书馆事业问题的其他法律条例组成之。"该条例实际上就是苏联的图书馆法，共六章三十二条，比较全面、完整。

第一章总则,阐述了苏联图书馆的基本任务、组织原则和公民利用图书馆的权利,图书馆的建立与登记制度;第二章苏联图书馆的统一体系,说明了各系统图书馆组成统一的体系,指出"全苏部际图书馆委员会"的职能,它作出的决定各系统图书馆的主管机关都必须遵守;第三章图书馆藏书完整性的建立和保障,规定了呈缴本、储存图书馆、国家书目登记与集中编目等制度;第四章图书馆服务,指明了读者的权利与义务,图书馆的责任,馆际互借的原则;第五章图书馆的物质与技术保障、图书馆干部队伍的培养;第六章图书馆的国际交往。

50年代以来,东欧一些国家也都制定了图书馆法规,如匈牙利(1956)、捷克斯洛伐克(1959)、波兰(1968)、德意志民主共和国(1968)、保加利亚(1970)、罗马尼亚、南斯拉夫等,都对图书馆的建设和图书馆网的组织工作做出了规定。这些国家的图书馆法受苏联的影响比较大。

发展中国家立法情况

发展中国家要摆脱落后,走向进步,振兴本国的经济,进行图书馆立法有着重要的意义。1953年,联合国教科文组织在尼日利亚举办的图书馆员训练班上强调了图书馆立法的社会意义。在训练班的正式文件中指出:只有经过立法才能授予相当机构具有组织、拨款和有效管理图书的全权,确定图书馆应当完成的任务。这些国家大多数已颁布了图书馆法规,在发展国家经济,提高居民文化素质上起了很好的作用。

印度是发展中国家图书馆立法的先行者,1948年马德拉斯邦通过了图书馆法规,这是由著名图书馆学家阮冈纳赞起草的。亚洲除日本外,南朝鲜在1963年,伊朗在1964年公布了图书馆法。

非洲国家中,加纳率先于1949年通过了图书馆立法,并据此成立了一个对教育部负责的、被授权向全国提供公共图书馆服务的中心图书馆理事会。随后,尼日利亚在 1955 年,塞拉勒窝内在 1959 年,坦桑尼亚在 1963 年,乌干达在 1964 年,肯尼亚在 1965 年,马拉维在 1968 年也相继制订了类似的立法。

日本立法的特点

日本在明治维新后,注意图书馆事业的建设,1899 年政府订立与公布了《图书馆令》,1906 年、1933 年两次进行修订。

二次世界大战后,美国文化渗入日本,对图书馆建设有很大影响,1947 年制订了《国会图书馆法》,1950 年公布了《公共图书馆法》及《公共图书馆法实施细则》。1953 年又制订了《学校图书馆法》,次年公布了《学校图书馆法实施细则》。以后又不断进行修订。1981 年国会图书议员联盟酝酿提出日本《图书馆事业振兴法(草案)》,其总纲写道:"图书馆,是将人类文化进步和发展的成果作为资料和情报,进行自由广泛的搜集、保存,并对外公开的设施。它所拥有的资料和情报,由于馆际协作体制的建立,应成为国民珍贵的共有财产,大家可以自由平等地利用。"第 6 条"图书馆网络的确立"写道:"为了让国民中的任何人在任何地方都能利用图书馆的情报与资料,建立图书馆网络是必要的。为此,所有图书馆要实现一体化,按地区、图书馆类型、专业范围等分别构想和确立多层次的图书馆网络。"在"图书馆设置的特例"中写道:"在人口过稀等另有规定的特殊地区,可将学校图书馆和公共图书馆合为一体,供儿童、学生和居民共同利用。"虽然日本国会至今还未通过这一法令,但反映了日本图书馆界希图通过立法手段确定图书馆的发展方向与建设原则。[121]

第二节　我国图书馆立法沿革

清王朝的立法

我国是世界上较早制定图书馆法的国家之一。宣统元年（1909），当时的学部奏订"图书馆通行章程"共十九条，这是我国第一部图书馆法规。由于变法维新的要求，加之西方文化的引进，首次在政府法令中提出了图书馆的名称，标志着我国文献收藏利用机构性质的转变，从私人所有的藏书楼变为向公众开放的图书馆，在我国图书馆事业的发展史上是有一定影响的。章程规定："京师及各直省省治，应先设图书馆一所，各府厅州县治，应各依筹备年限以次设立。"在这个治令公布以后，京师图书馆（北京图书馆的前身）和各省图书馆相继成立。

这个章程还规定了"保存国粹"的宗旨，并有"私家著述、有奉旨禁行、及宗旨悖谬者，一概不得采入"，"海外各国图书……宗旨学说偏驳不纯者，不得采入"等条文，和公共图书馆自由收藏、自由阅读的原则大相径庭，这不仅是由于清政府当时的政治主张所决定，而且也受到传统文化中保守倾向的影响。

章程规定图书馆由学部主管，强调了其教育性质，后来民国政府亦由教育部负责。

民国时期的图书馆规程

民国4年（1915年）10月，教育部同时颁布了《通俗图书馆规程》（11条）和《图书馆规程》（11条）。1927年大学院又公布了《图书馆条例》，1930年教育部重新颁布了《图书馆规程》，1939年又作了修正。这些规程与条例虽然都很粗略，在当时的社会条件下,连年战乱,经济萧条,也没有实施的可能。但毕竟提出了图书馆的建设原则、机构设置、人员要求、经费来源等规定。扩大了公共图书馆的影响,在东部沿海地区与大中城市,兴建了不少图书馆,尤其是高等学校图书馆有了相当的发展。兴办了图书馆教育,成立了中华图书馆协会。不少官家与私家藏书,渐次向公众开放,这些都和《图书馆规程》的制订与颁布有很大的关系。

建国后有关图书馆工作的法规

中华人民共和国成立后,党和政府关心图书馆事业建设,颁布了一系列有关图书馆工作的文件。1950 年政务院颁发了《禁止珍贵文物图书出口暂行办法》及《古迹、珍贵文物图书及稀有生物保护办法》。1955 年 7 月国务院发布了《关于处理反动、淫秽、荒诞书刊图画的指示》。

由于受学习苏联的影响,图书馆不再由教育部门主管,改由文化部领导。文化部首先于 1955 年 4 月颁布了《关于征集图书杂志样本办法》,7 月发出《关于改进公共图书馆工作的指示》,11 月发出《关于补充省图书馆藏书的试行办法的通知》,1956 年 1 月发出《关于清理公共图书馆积存旧书成立交换书库问题的通知》。1956 年 7 月召开了第一次全国图书馆工作会议,确定了公共图书馆服务大众便利专家的方针。所有这些,对于我国公共图书馆的建设都起了积极推动的作用。

1956 年 12 月,教育部召开高校图书馆工作会议,通过了《高校图书馆工作条例》(试行草案),确定了高校图书馆为教学、为科学研究服务的方针。

从 1953 年制定发展国民经济的第一个五年计划起,就列入了发展图书馆事业的内容。在以后的每个五年计划中,都包含有图书馆事业建设的指标,从而保证了图书馆事业能随着整个国民经济的增长得到相应的发展。

具有立法性质的《全国图书协调方案》

1957 年 6 月 6 日国务院全体会议第 57 次会议批准了《全国图书协调方案》，根据这一方案，"在国务院科学规划委员会下设图书小组，由文化部、高等教育部、中国科学院、卫生部、地质部、北京图书馆的代表和若干图书馆专家组成，负责全国为科学研究服务的图书工作的全面规划，统筹安排，目前首先要进行下列的工作：一、建立中心图书馆；二、编制全国图书联合目录。"

当时成立了北京、上海两个全国性的中心图书馆委员会，九个地区性的中心图书馆委员会。在第一中心图书馆委员会下成立了全国联合目录编辑组，编成各种联合目录 39 种。在联合目录组的推动下，建立了中、西、俄文的统一编目组，发行三种文字的统编卡片，在此基础上，编印西文新书联合通报。此外在协调藏书建设，开展馆际互借，加强图书馆之间的合作上也做了许多工作。

1957—1966 年几年间，虽然执行《方案》的过程中有不足之处，图书馆网络建设受到一些干扰，但总的说，《方案》的指导思想是正确的，问题抓得准，措施也得当，对图书馆事业建设起了很大推动作用。

1962 年 12 月，国家科学技术委员会与文化部在 1963—1972 科学发展规划（草案）中联合提出了"图书"部分，肯定了《全国图书协调方案》公布以来所取得的成绩，进一步提出了六个方面的任务。由于"文化大革命"，这个规划（草案）所提出的任务没有能够实现。

第三节　我国现有的图书馆法令

国家级的有关法令

（1）我国宪法（1982 年 12 月 4 日第五届全国人民代表大会通过）第二十二条规定，"国家发展为人民服务、为社会主义服务的文学艺术事业、新闻广播电视事业、出版发行事业、图书馆博物馆文化馆和其他文化事业，开展群众性的文化活动。"

第四十七条规定："中华人民共和国公民有进行科学研究、文学艺术创作和其他文化活动的自由。国家对于从事教育、科学、技术、文学、艺术和其他文化事业的公民的有益于人民的创造性工作，给以鼓励和帮助。"

在国家的根本大法中，明确规定图书馆的社会地位和对公民承担的法律责任，这在世界各国宪法中是比较突出的，也就为我国图书馆立法提供了法律根据。

（2）中共中央书记处 1980 年 5 月 26 日会议，通过了《图书馆工作汇报提纲》，决定在文化部设图书馆事业管理局，管理全国图书馆事业。

遵照中央决定，文化部已在同年设立了图书馆事业管理局。但从立法观点看，没有经过全国人民代表大会常务委员会的确认，立法程序不够完善，在适当时候应当补行立法手续。

现在有不少同志认为我国没有一个跨系统有权威的、统一管理全国图书馆事业的机构，其实在中央书记处的决定中已经对此作了规定。

图书馆事业管理局"除直接管理公共图书馆外，还应担负起组织各系统图书馆工作之间的协调，统筹图书馆教育、科学研究和有关国际活动等方面的任务。"

（3）中共中央关于科学技术体制改革的决定（1985年3月13日）指出："积极发展国际间的计算机联机检索系统，扩大科学技术图书的进口规模，加速国际间科学技术信息交流，及时把握世界科学技术发展的动向。"这是建立我国文献资源保障体制的一个纲领性要求，意义非常重大。但由于图书情报的体制问题没有得到相应的解决，这一重大法令性要求未能得到具体落实。从政府部门的职能分工来讲，一次文献的资源布局应是文化部图书馆局的职能范围，这是在执法过程中需要加以明确的问题。

（4）五年计划中的指令性要求，以"六五计划"（1982年12月10日第五届全国人民代表大会通过）为例：

第二十五章第四节："要有计划地引进、搜集、整理、复制和报道国内外科技文献资料，加强国内科技情报交流，逐步建成适应我国科技发展的科技情报系统。"

第二十六章："要逐步建设一些必要的科研和图书资料情报工作的设施。"

第二十八章第一节："要求加强对高校图书馆的建设"。

第三十三章第四节："加强公共图书馆的建设。认真抓好北京图书馆建设工程。目前尚无公共图书馆的省、市、县，要逐步地建立起来。在大中城市要建立儿童图书馆。"

第三十三章第五节："积极发展少数民族地区特别是边境地区的文化事业，建设和扩充图书馆、文化馆、博物馆、影剧院等文化设施。"

"六五计划"对图书馆事业的发展，规定得很具体，也有相当大的投资，因而对事业建设有很大推动。但也反映了条块分割体制产生的弊端，只有各部门的项目安排，没有整体的宏观规划，这些在"七五计划"中有所改进。

有关图书馆事业的相关法令

（1）1981 年 1 月 30 日,国务院以〔国发(1981)21 号〕文件,批转文化部、国家档案局、国家人事局制定的《图书、档案、资料专业干部业务职称暂行规定》,规定图书馆的业务职称定为研究馆员、副研究馆员、馆员、助理馆员、管理员五个档次。随后文化部又于 1982 年 4 月 3 日以〔文图字(82)第 312 号〕文件,印发《关于图书馆专业干部业务职称考核测验的几点说明》的通知。几年来,各系统图书馆陆续进行了业务考核和职称评定的工作,对图书馆干部队伍建设起了很好的作用。

（2）"中华人民共和国文物保护法"(全国人大常委会 1982 年 8 月 23 日公布)第二条(四)项规定:"需要的革命文献资料以及具有历史、艺术、科学价值的手稿、古旧图书资料等"受国家保护。

第二十二条与二十三条还规定了图书馆对上述文献的登记管理制度。

这一法令对我国图书馆收藏的珍贵图书提供了法律保护,对图书馆保存文献的职能非常有利。

（3）全国人大常委会 1983 年 12 月 8 日通过了《中华人民共和国统计法》,第 8 条规定:"部门统计调查项目,调查对象属于本部门管辖系统内的,由该部门拟订,报国家统计局或者同级地方人民政府统计机构备案;调查统计对象超出本部门管辖系统的,由该部门拟订,报国家统计局或者同级地方人民政府统计机构审批,其中重要的,报国务院或者同级地方人民政府审批。"对于全国图书馆的统计,可按统计法的规定,拟定项目,报国家统计局审批后施行。

国务院各部门有关图书馆工作的法令

（1）1981 年 7 月 24 日,国务院办公厅在转发文化部、教育部、

共青团中央《关于全国少年儿童图书馆工作座谈会的情况报告》的通知中指出:"少年儿童图书馆,是我国图书馆事业的重要组成部分,是以广大少年儿童为对象的重要的社会教育机构。建立少年儿童图书馆(室),组织和引导广大少年儿童多读书,读好书,是促进下一代的健康成长必不可少的重要手段。因此,要求有关部门要给予积极的支持,并共同做好这项工作。"在文化部等单位的报告中具体要求:"一、加速少年儿童图书馆的建设。二、各级公共图书馆,特别是地、市以下的图书馆和文化馆图书室,要积极创造条件,向少年儿童开放。三、办好中、小学图书馆(室),是解决中、小学生课外图书阅读的重要措施。四、图书阅读是少年宫、少年之家的必要组成部分,各级宫(家)必须加以重视。五、要积极帮助农村社队和学校开展图书借阅活动,尽可能地组织图书下乡。"

(2)关于呈缴本制度

1979 年,国家出版事业管理局以〔(79)出版字第 193 号〕文件,发出"关于修订征集图书、杂志、报纸样本办法的通知"规定各出版单位缴运样本的数量如表 23。

表 23　缴送样本数量表

| 单位 | 图　　　书 | | | | 杂志 | 报纸合订本 |
	初版新书	不同装帧、开本、版式、字号的版本	重印书	租型		
国家出版局	1		1	1	1	
版本图书馆	1	1	1	1	1	1
版本图书馆第二书库	1	1			1	1
北京图书馆	3				3	1

1984 年 6 月 15 日,文化部发出"关于颁发《图书、期刊版权保护试行条例》的通知",其中第十八条规定:"图书、期刊出版后,出

版单位须按国家规定缴纳样本。过期不缴纳，经国家版本图书馆通知后仍不缴纳者，由文化部出版事业管理局通报并罚款。"1985年1月1日文化部又发出"关于颁发《图书、期刊版权保护试行条例实施细则》和《图书约稿合同》、《图书出版合同》的通知"，在《实施细则》第十八条规定："图书、期刊出版后三十天内，出版单位应按国家规定向文化部出版局、中国版本图书馆、北京图书馆缴纳样本；地方出版单位还应向本省、自治区、直辖市出版管理机构和省、自治区、直辖市图书馆缴纳样本。"

据北京图书馆查对，他们接受缴送本达 90%，这在世界各国都是比较好的。但是省级馆的情况不太好，这与新规定刚刚试行有关，出版社与图书馆两方面都还不习惯，需要加强宣传与督促。

（3）根据《中华人民共和国标准化管理条例》，我国参加了国际标准化组织文献工作标准化技术委员会（ISO/TC46）的活动，并于 1979 年 11 月 28 日在全国标准局领导下，成立了与 ISO/TC46 对应的机构，全国文献工作标准化技术委员会，下设八个专业组负责研制各项文献工作国家标准。

几年来经国家标准局批准公布的国家标准有：中华人民共和国行政区划代码、人的性别代码、世界各国和地区名称代码、文献目录信息交换用磁带格式、科技学术期刊编排规则、中文书刊名称汉语拼音拼写法、中国各民族名称的罗马字母拼写法和代码、检索期刊编辑总则、文献类型与文献载体代码、文献著录总则、检索期刊条目著录规则、文献主题标引规则等。

我国文献工作国家标准的制定还仅仅是起步，需要研制的标准还很多。国家标准是具有法令性质的，是每个文献工作机构和文献工作者都应当遵循的。但我国文献工作部门在推动标准的执行上，采取的措施不够，以致已经公布的国家标准未能严格执行。这里有种种因素，说明制定标准与执行标准都要有法制观点，无法执行的标准就暂时不要公布，公布以后就要采取措施贯彻执行，否则将影响法令的权威性,失去立法的意义。

各主管部门具有立法性质的条例

(1)文化部于 1982 年 12 月,以〔文图字(82)第 1548 号〕文件,颁发了《省(自治区、市)图书馆工作条例》。

教育部于 1981 年 10 月 15 日,以〔(81)教高一字 057 号〕文件,颁发了《中华人民共和国高等学校图书馆工作条例》。

1978 年 12 月 8 日至 16 日,中国科学院在广州召开全院图书情报工作会议,讨论并通过了《中国科学院图书情报工作暂行条例》。

上述条例的颁布,对图书馆事业的建设与发展,都起了一定的作用。现在看来,内容还不够全面,立法的角度也不够完善,因此到了关键的地方,就没有实施的保证。

a.省馆工作条例的第一条规定,省图书馆"是全省(自治区、市)的藏书、图书目录和图书馆间协作、协调及业务研究、交流的中心"。

文化部作为图书馆事业的主管部门,可以作出这样的规定,但此事涉及各部门图书馆,事前既未征求各部门意见,统一认识,文件又未发各部门图书馆参照执行,在各地的实际工作中就产生了不少问题,从公文程序上说不完善。

b. 高校馆工作条例的第一章"性质和任务",只谈图书馆在一个学校内部的职能,不谈在整个社会上的地位与作用。虽有"开展馆际协作活动"的任务,但不是一个基本职能。这种规定削弱了高校图书馆、特别是一些重点高校图书馆的地位与作用,也不符合我国的实际情况,这一点对高校图书馆趋向封闭保守,有一定影响。

c.关于图书馆的经费,高校馆条例提出"占全校教育事业费的5%",省馆工作条例只讲"要保障省馆必要的经费"。前者虽较具体,但许多学校不认账;后者没有主语,更是一纸空文。这是因为条例中没有保证其执行的条款。

(2)原教育部于1984年2月22日以〔(84)教高一字004号〕文件《印发〈关于在高等学校开设"文献检索与利用"课的意见〉的通知》,要求"凡有条件的学校可作为必修课,不具备条件的学校可作为选修课或先开设专题讲座,然后逐步发展完善",并规定由各校图书馆负责组织教学与实习,全国高校图书馆工作委员会负责进行指导。两年多来,已有近半数的学校以必修课、选修课、讲座等形式对数十万大学生开设了文献检索课程。国家教委又于1985年9月5日以〔(85)教高一司字065号〕文件印发《关于改进和发展文献课教学的几点意见》,要求进一步贯彻前一文件精神,继续提高认识,创造条件,逐步推广普及,并提出了若干具体意见。

第四节　图书馆立法的原则与内容

图书馆立法的社会基础

目前我国正在加强法制建设,已经通过或正在讨论许多专门的法令。关于图书馆法的制定已经成为图书馆界的热门话题,许多同志对此进行了认真的探索,发表了不少论著。

1981年9月,徐文绪、乔瑞泉、张德芳三人提出了"中华人民共和国公共图书馆法"(建议草案)(见《四川图书馆学报》1981年第4期),九章三十六节。

随后,桑健在大连市图书馆学会1982年科学讨论会上提出"中华人民共和国图书馆事业法"(建议草案)(见桑健编著:《图书馆学概论》)十章三十三条。这两个建议草案为图书馆立法工作做了大胆的尝试。

1982 年 11 月 17 日—21 日,中国图书馆学会在南宁举行了"图书馆法专题学术讨论会",着重讨论了:一、制订我国图书馆法的必要性和社会条件。二、制订我国图书馆法的指导思想和基本原则。三、我国图书馆法的立法依据。四、我国图书馆法的类型。五、图书馆法的体系结构和内容。

此后新出版的图书馆学基础教材,如吴慰慈、邵巍的《图书馆学概论》,桑健的《图书馆学概论》,于鸣镝的《图书馆管理学纲要》,倪波等编写的《理论图书馆学教程》都列入了"图书馆法"的专门章节。河北大学图书馆学系 1985 年编印了《图书馆法规文件汇编》(内部资料),比较全面地收集了国内外有关图书馆法的资料。

因此,不仅我国图书馆事业的发展提出了立法需求,而且理论探索也有了相当的成果,已经具备了图书馆立法的社会基础。

立法原则

(1)有利于党和国家加强对图书馆事业的领导,贯彻党的方针政策,更好地为两个文明建设服务。

(2)有利于人民群众实现宪法赋予他们进行科学研究、文艺创作和各种文化活动、充分享有利用图书馆和自由阅读的权利,并对图书馆工作进行民主监督。

(3)保证图书馆事业为实现其职能应享有的社会地位与物质条件,有利于图书馆事业的发展、服务与管理水平的提高。

(4)明确图书馆事业的社会性,不管图书馆的行政归属关系,其资源为全民所共享,有利于整个国家以较少投资获得最大效益。

(5)符合我国国情,和其他法令保持协调,所提各项规定,在经济、政治、教育、科学、文化、技术各方面都具有可行性,切忌追求无法实现的过高指标。

(6)与国际有关规则相适应,由于我国已是联合国教科文组织与国际图联的成员国,我国的图书馆法与上述组织的条例要有所衔接,有利于走向国际化,实现更大范围的资源共享。

(7)立法只就图书馆事业建设的重大原则问题作出规定,不涉及业务工作的具体细节和操作技术。

立法内容

吴慰慈、邵巍对图书馆立法内容提出了10点想法:(1)关于图书馆性质、地位和社会职能的规定。(2)关于图书馆经费及其来源的规定。(3)关于图书馆各项服务标准的规定。(4)关于图书资源建设与布局的规定。(5)关于图书馆各类人员编制与素质的规定。(6)关于图书馆机构和建筑设备的规定。(7)关于各类型图书馆发展和布局的规定。(8)关于图书馆业务技术标准的规定。(9)关于图书馆事业管理体制的规定。(10)关于馆际协作与资源共享的规定。

于鸣镝也提出了10点,与上述内容大致相同,只是有一条国家关于建设图书馆事业的基本原则,而没有业务技术标准的规定。倪波等人提出了8点,与吴、邵的10条比较只是(3)(8)合成一点,(9)(10)合成一点。这说明,各方面对图书馆法内容的看法是接近的。在此基础上,进一步深入研究,可以制订适合我国国情的图书馆法。

我国图书馆法应有之特点

就图书馆法应包含的内容来说,我国现行法令中对许多重大原则问题已有所规定,例如图书馆的性质、地位与职能,国家的管理机关,文献资源建设,呈缴本制度、藏书保护、专业人员职称待遇、文献工作技术标准等等,在有关法令中已有所规定。这就说明,从我国的情况看,图书馆事业建设所要解决的立法问题,不一定全部集中在图书馆法中加以规定。事实上,也不可能在图书馆法中能解决全部问题,例如关于专业人员的职称待遇,各行各业都由劳动人事部门统一归口管理,图书馆界不可能单独地对此作出规定。

此外,我国正处于体制改革的大变动之中,有些事情一时还难以决策,例如关于图书馆的体制,按目前的行政隶属关系与财政拨款原则,是不能实行分馆制的。但体制是可以改革的,今后不一定没有可能实行分馆制。

因此,我国图书馆立法应当集中对图书馆事业自身所急需解决的问题作出规定,例如图书馆网络建设,文献资源共享,国家书目事业,馆际借书等。凡在其他法令已有规定、且对图书馆工作有积极意义者,就不必再列为条目。如现行法令对图书馆事业发展不利,但一时又难以改变,则先绕开,以免整个图书馆法不能通过。随着体制改革的不断深入,再不断进行修订。

第五节　我国图书馆立法展望

宣传立法的意义

需要向全社会宣传图书馆立法的必要性,制定图书馆法是为了维护人民读书学习的权利,完善国家决策程序,推动科学技术进步,保存人类文化遗产。没有法制保障,上述目的就不能很好的实现。

要使全社会了解,由于没有法制保障,图书馆事业的建设,特别是县以下基层图书馆的建设,始终处于一种可有可无,可多可少、可大可小、可快可慢的不稳定状态,事业的兴衰进退,完全取决于领导机关和决策人员的一念之间。有了法律规定,就是一件要办,应当办成什么样子,什么时候办好的事情。人民读书学习的权利才有保证。

加强图书馆立法,还可以使人民了解自己利用图书馆的权利,也使图书馆的工作人员认清自己的责任。例如每个公民都享有领取借书证的权利,申请馆际借书的权利,向图书馆提出咨询的权利等等。图书馆不仅有责任满足人民的上述权利,还有责任为各级政府各种社会组织提供决策需要的文献信息,保护图书馆的藏书不受损害等等。当然图书馆工作人员也就意识到图书馆有权利要求社会为其履行职责提供必要的物质条件,要求每个公民遵守图书馆的规章制度。

总之,加强图书馆立法,就可以依法办馆,以法治馆。立法、执法、守法三者有统一的准绳,必然推动图书馆事业健康发展,承担起对社会应有的责任。

重视执行现有法令

只有现行法令得到良好的执行,才能制定出更加完善的图书馆法。如果现行法令受到漠视,人们就会对法制失去信念。所以有关部门要重视执行已经颁布的各种法令。例如,对于全国图书馆事业的管理,就应按中央规定,认真做好。像图书馆统计这样的工作,对全国几十万个图书馆,应做出分门别类的统计。

又如,关于呈缴本制度的执行,凡规定享有呈缴本权利的图书馆,都应按期进行检查样本缴送情况,发现遗漏短缺,及时向有关部门报告,催促各出版社认真执行,以保证样本收藏的完整。

再如,五年计划是我国各项事业发展的重大措施,图书馆管理部门要善于向计划制定机关反映情况,提出要求,争取在五年计划中列入项目。只要指导思想对头,所立项目妥帖,就能促进事业建设有较大的发展。

与此同时,图书馆界也要认真履行自身的社会责任,千方百计去满足人民对文献信息的需求,既不轻易将读者拒之图书馆门外,更不把馆藏资源视为局部所有,而是以最大限度地实现资源共享为每个图书馆及图书馆员必须执行的法律准绳。

加强立法准备

由于我国的法制很不健全,需要制定的法律、法令很多。由国家法制部门主持制定的很少,大多是由业务主管部门提出草案,报国务院法制局审议,而后提交全国人民代表大会审查通过。因此,制定图书馆法,业务主管部门要主动,向法制部门说明立法的根据,介绍国外和我国历史上的立法情况,争取他们的重视与支持。被动等待法制部门来办这件事,那就不知要拖到什么时候了。

图书馆界虽然有不少同志很早就发出了立法的倡议,并且召开过专题讨论会,有些同志还提出了图书馆法的草案,但实事求是地说,立法的准备工作还很不够。首先对国外的立法情况介绍就不够,几个立法较早国家的图书馆法尚未译成中文,更未能深入的展开研究,对其他国家立法中的经验教训并不太清楚,从我国的实际情况出发,立法应着重解决哪些问题,也不是很明确。前面提到的立法原则与内容也只是一些同志的初步认识,是否这样,还需要研究,所有这些,与我们事业的现状是分不开的。所以在发展事业的同时,要努力做好立法的准备工作,有关主管部门需要综览全局,以战略眼光作出统筹安排。

争取尽早完成立法

我们国家正处于一个伟大的改革时代,经过近四十年的曲折徘徊,取得了经验,也吸取了教训。我们既不能自我封闭,与世隔绝,又不能亦步亦趋,跟在别人后面跑,应当对人类做出自己的贡献。

因此,充分估计客观存在的困难是必要的,这正是激励我们去进行奋斗的动力。但是也要看到自己的力量,看到我们已经有了起飞的条件,只要我们坚持不懈地去奋斗,就一定能改变落后的现状,步入先进民族之林。

图书馆立法和图书馆事业的建设,和整个国家的发展是不可分的。图书馆事业必须对国家的经济腾飞提供最有效的服务,国家的经济实力得到增强,必然会对图书馆提供更多的投资。图书馆立法就是要促进这一辩证关系在法制保障下得到良性发展。我们的立法,首先要着眼于国家的整体建设上,要在为国家建设服务的基础上发展图书馆事业。加快图书馆立法的过程也就是推进社会主义建设的过程。

我们的立法还应当是全面的,是保障全体人民充分享有民主权利的体现,包含高度的物质文明(现代技术的应用)与精神文明(最大限度的资源共享),是古老的文化传统与新的观念形态的有机结合,堪称世界之最,我们图书馆界的所有同志当为此而奋斗!

引 用 文 献

1　宓浩、黄纯元:《知识交流和交流的科学》,《图书馆学概论教学参考文选》,书目文献出版社,1985。

2　常彬彬:《北图数百万册图书"睡大觉"》,《北京晚报》1984 年 6 月 12 日。

　徐家桢:《图书的"解放"》,《读书》1984 年第 12 期。

　薛建农:《莫把图书馆变成藏书楼》,《文汇报》1985 年 6 月 4 日。

　帕尔默:《现代化图书馆应是一个开放系统》,《光明日报》1986 年 7 月 20 日。

3　周文骏:《概论图书馆学》,《图书馆学研究》1983 年第 3 期。

4　吕　斌:《从信息和信息科学看图书馆学情报学的学科性质》,《图书与情报》1983 年第 3 期。

5　邵　巍:《试论目录学、图书馆学、情报学的共同性——兼论文献信息理论的建立》,《大学图书馆通讯》1985 年第 2 期。

6　《文汇报》1986 年 2 月 5 日。

7　张晓林:《应该转变图书馆学研究的方向》,《图书馆学通讯》1985 年第 3 期。

8　黄宗忠:《图书馆学导论》,武汉大学图书情报学院,1986 年。

9　恩格斯:《家庭私有制和国家的起源》,《马克思恩格斯全集》,第 21 卷,37 页。

10　马克思:《经济学手稿》(1861 年 8 月至 1863 年 7 月),《马克思恩格斯全集》,第 47 卷,427 页。

11　费根鲍姆等:《第五代》,中国友谊出版公司,1985。

12　王纪宽:《未来二十年谁跑得最快》,北京日报出版社,1985。

13　约翰·奈斯比特:《大趋势》,中国社会科学出版社,1984。

14　刘国钧:《中国书史》,高等教育出版社,1958。

15　范愉:《现代图书情报事业与社会体制》,《北京高校图书馆》1985 年第 1 期。引用时稍有改动。

16 骆明华、孙德辉、张德芳:《开创为农业服务的新局面》,《四川图书馆学报》1983 年第 1 期。

17 万里:《决策民主化和科学化是政治体制改革的一个重要课题》,《人民日报》1986 年 8 月 15 日。

18 郭平欣:《微电子技术与电子计算机技术的发展前景》,《迎接新的技术革命》上册,湖南科学技术出版社,1984。

19 钱存训:《中国古代书史》,香港中文大学,1983。

20 转引自米哈依洛夫等:《科学交流与情报学》,科学技术文献出版社,1980。

21 威尔伯·施拉姆等:《传播学概论》,新华出版社,1984。

22 约翰·齐曼:《知识的力量——科学的社会范畴》,上海科学技术出版社,1985。

23 让－雅克·塞尔班－施赖贝尔:《世界面临挑战》,三联书店,1980。

24 《人民日报》1985 年 5 月 29 日。

25 《出版工作》1981 年第 7 期。

26 吴明泰等:《工程技术方法》,辽宁科学技术出版社,1985。

27 《技术高速发展时代的情报管理》,《科学、技术与决策》第 25 章,国防工业出版社,1980。

28 转引自《论图书馆学情报学理论的共同基础》,《情报科学》1982 年第 1 期。

29 《马克思恩格斯全集》第 1 卷第 621 页。

30 转引自《大学图书馆通讯》1986 年第 1 期。

31 刘兹恒:《关于改进我国高等图书馆专业教育的几点意见》,北京大学图书馆学系 1985 年五四科学讨论会论文。

32 彭修义:《关于开展"知识学的研究的建议"》,《图书馆学通讯》1981 年第 3 期。

33 转引自《科技情报工作概论》,科技文献出版社,1984。

34 韩存悌:《建立文献学研究体系》,《四川图书馆学报》1985 年第 3 期。

35 万良春:《从图书馆学情报学到文献信息学》,1986,中国科学院管理干部学院。

36 周文骏:《文献交流引论》,书目文献出版社,1986。

37　F. W. 兰卡斯特:《情报检索系统》,书目文献出版社,1984。

38　许力以:《人类文明和社会主义出版事业》,《中国图书评论》1986 年第 2 辑。

39　赖齐本,克劳斯等:《实用情报文献工作基础》,科学技术文献出版社,1983。

40　庄子逸、张烨:《图书馆、档案学、情报学综合教育问题的探讨》,《图书情报知识》1982 年第 1 期。

41　邵文杰:《UAP 及我国现状》,《北京图书馆通讯》1986 年第 3 期。

42　Wellish:《书目控制论——情报检索的一种理论》,《吉林图书馆学会会刊》1981 年第 6 期。

43　程三国:《书目控制与资源共享》,《北京图书馆通讯》1986 年第 3 期。

44　马尔克森,巴·埃:《美国的图书馆网》,《黑龙江图书馆》1979 年第 1—2 期。

45　《英国图书馆的现代化与网络化》,《北京图书馆通讯》1979 年第 1 期。

46　《列宁论图书馆事业》,书目文献出版社,1984。

47　R. M. Hayes:Handbook of Data Processing for Libraries,Mellville Publishing Company,1974.

48　萧力、陈钢:《论科学型图书馆网络》,《图书与情报》1984 年第 3 期。

49　北京大学图书馆学系、武汉大学图书馆学系:《图书馆学基础》,商务印书馆,1981。

50　《英汉计算机辞典》,人民邮电出版社,1984。

51　Richard de Gennaro:Library automation and networking perspectives on three decades, Library Journal, V. 108,No. 7.

52　《江苏图书馆学报》1984 年第 2 期。

53　邵国秀:《九年来我省馆际互借书刊情况统计分析》,《书刊资源利用》1982 年第 2 期。

54　玛丁,S. K.:《图书馆网络》,书目文献出版社,1983。

55　吴慰慈、邵巍:《图书馆学概论》,书目文献出版社,1985。

56　陈源蒸:《图书馆网与计算机的应用》,《计算机与图书馆》1983 年第 4 期。

57　李云增:《AACR₂ 及若干理论问题与实际问题的探讨》,北京大学图书馆学系研究生论文,1984。

58 胡耀辉:《西德、挪威、瑞典、丹麦四国图书馆考察记》,《图书馆学通讯》1984 年第 1 期。

59 丘巴梁,O. C. :《普通图书馆学》,书目文献出版社,1983。

60 吕叔湘:《需要发展地方图书馆》,《图书馆学通讯》1986 年第 3 期。

61 傅扬:《对大城市公共图书馆建设问题的探讨》,《图书馆学通讯》1979 年第 1 期。

62 吴慰慈:《图书馆事业网络化的探讨》,《图书情报科学管理讲座》,北京地区高校图书馆工作委员会,1985。

63 朱穆之:《制定文化发展战略需要考虑的几个问题》,《光明日报》1986 年 1 月 13 日。

64 冯之浚、赵红洲:《现代化与科学学》,上海知识出版社,1985。

65 赵红洲:《科学能力学引论》,科学出版社,1984。

66 《迎接新的技术革命》,湖南科学技术出版社,1984。

67 《图书情报工作》1985 年第 6 期。

68 陈维新:《研究所图书室期刊管理的几个问题》,《图书情报工作》1984 年第 3 期。

69 赵宗仁:《对发展我国计算机情报检索的看法》,《科技情报工作》1983 年第 5 期。

70 刘兹恒:《我国高校系统图书资源布局研究》,北京大学图书馆学系研究生论文,1984。

71 谢道渊:《北京大学图书馆工作的几个问题》,《全国高等学校图书馆工作会议文集》,1981。

72 萧自力:《我国文献资源建设和高校图书馆的使命》,《大学图书馆通讯》,1984 年第 6 期。

73 四川省中心图书馆委员会工作小结,1984 年 11 月。

74 《科技情报工作》1984 年第 7 期。

75 《资料工作通讯》1984 年第 3 期。

76 关于成立甘肃省图书情报协调委员会的建议,1985 年 4 月 14 日。

77 萧自力:《试论藏书结构》,《图书情报工作》1981 年第 1 期。

78 北京大学、武汉大学图书馆学系:《目录学概论》,中华书局,1983。

79 陈耀盛:《目录事业的横断性与目录学的学科性质》,《四川图书馆学报》1985 年第 2 期。

80 温元凯:《信息就是资源 人才就是资本》,《世界知识》1984 年第 14 期。

81 陈源蒸:《建立国家文献信息系统》,《情报资料工作》1987 年第 2 期。

82 阎立中:《图书在版编目》,北京大学图书馆学系 1979 年科学讨论会论文。

83 邵文杰:《采访工作书目情报源及机读目录作为书目情报源的应用》,《大学图书馆通讯》1983 年第 6 期。

84 《美国图书馆学专家讲演集》,1980 年。

85 皮高品:《评两篇有关图书分类法和"在版编目"的文章》,《四川图书馆学报》1982 年第 1 期。

86 陈超:《实行在版编目和随书发行目录卡方案初探》,《图书馆杂志》1982 年第 3 期。

87 史永元:《文献分类标准化初探》,《吉林省图书馆学会会刊》1981 年第 1 期。

88 沈浩、应恩德:《从统一编目的现状看实行在版编目的迫切性》,《河南图书馆学刊》1985 年第 3 期。

89 王益:《北美出版发行见闻》,《出版工作》1985 年第 7 期。

90 中国图书馆服务公司:《随书配片工作的新进展》,1985 年 7 月。

91 王晓龙:《一种值得注意的新型图书采访形式》,《大学图书馆通讯》1984 年第 4 期。

92 安树兰、陆玉英:《MARC 模拟系统的软件研制》,全国第二届机器检索学术交流会论文,1982。

93 《图书发行》1986 年第 185 期。

94 郭燕奎:《图书馆统编事业发展的方向》,《北京图书馆第二次科学讨论会论文集》,1978。

95 本溪市图书馆:《改善本馆藏书结构,加强馆际互借工作》,《图书馆学通讯》1985 年第 2 期。

96 《读者服务工作经验交流及学术讨论会文集》,贵阳,1985。

97 《人民日报》1987 年 2 月 22 日。

98 《全国图书馆工作会议文件》,1985。

99 杨沛超：《危机、障碍、对策——关于高等学校馆际互借的思考》，UAP国内学术讨论会论文，1986。

100 张金棣：《吸收国外先进经验，促进图书馆现代化建设》，《大学图书馆通讯》1985年第5期。

101 范铮：《美国硅谷发展道路的启示》，《大学图书馆通讯》1985年第1期。

102 萧自力：《关于改进我国图书馆藏书建设的意见》，《大学图书馆通讯》1983年第6期。

103 《北京地区高校图书馆工作》1985年第1期。

104 《马克思恩格斯全集》第25卷第120页。

105 陈钦智：《信息社会对图书情报工作的挑战》，《图书情报工作》1984年第2期。

106 钱学森：《科技情报工作的科学技术》，《北京情报学会通讯》1984年第4期。

107 唐建华：《为抢救大熊猫提供文献资料》，《大学图书馆通讯》1985年第4期。

108 斯蒂芬·R.萨蒙：《图书馆自动化系统》，书目文献出版社，1984。

109 唐纳德·桑德斯：《计算机·信息·社会》，知识出版社，1985。

110 坂本徹明：《图书馆和计算机》，书目文献出版社，1986。

111 阿芙拉姆：《MARC的历史与现实》，见《图书馆自动化参考资料》，北京大学图书馆、北京大学图书馆学系编，1980。

112 《光明日报》1986年5月25日。

113 特德：《计算机化图书馆系统引论》，书目义献出版社，1981。

114 斯图亚特：《图书馆管理》，书目文献出版社，1984。

115 黄纯元：《我国图书馆事业发展战略的若干思考》，《图书馆学基础理论研讨笔会文集》，1987，杭州。

116 丁道谦：《图书馆统计学的理论与实践》，四川省图书馆学会，1981。

117 宋榆林：《举办科技情报成果效果展览受益不浅》，《北京情报学会通讯》1983年第4期。

118 尹辉：《探索科技文献信息价值的有效方法》，《图书情报工作》1985年第5期。

119 《仙桃市"农民读书读报活动"调查报告》，《图书馆学通讯》1987年第

2 期。

120　《图书情报工作》1984 年第 2 期。

121　《日本图书馆研究文集》,东北师范大学出版社,1985。

后　记

这本小册子的写成,首先得力于北京师范大学图书馆学系袁名敦同志。1986 年,在他的安排下,为该系同学开设了"宏观图书馆学"选修课。同学们的热烈讨论,使我的认识得以深化。后来又在海淀走读大学讲了一次,并在北京大学、宁夏图书馆学会等地作过这方面的专题讲座,逐步形成了完整的稿子。经张树华、李修宇、江乃武、符志良、李明华、陈维新诸同志审阅,提出了许多宝贵的意见。成稿过程中还曾得到史永元、肖自力、辛希孟同志的热情支持。尤其是许力以同志给了极大关怀,并为作序。谨对上述诸同志表示衷心的谢意。

许多同志提出,本书应增加读者学和图书馆教育方面的内容。但苦于资料有限,以及时间关系,使本书在体系上不够完善,尚希识者鉴谅。宏观图书馆学是一个新的研究课题,作者所见,不无肤浅谬误之处,更望能得到同志们的批评指正。

谨以此书纪念母校建校九十周年。

1988 年 5 月 1 日于北京大学蔚秀园